新手学会计

案例精讲版

黄丽莉 编著

電子工業出版社
Publishing House of Electronics Industry
北京•BEIJING

内 容 简 介

本书是为会计新手准备的实务大餐。许多人会计理论学得快，可是一到实务就头疼，真要做起账来还得重头学起。

本书就是让那些不懂会计，不知道如何建账、做账的人，看一看实际做账是怎么回事，看一看真实的会计账是什么样的，及在实务中进行会计操作的具体步骤等。真正做到真账的模拟操作和演示。

本书根据会计新手的实际需要，对会计新手在初涉会计账务时遇到的难点和要点问题进行逐一说明和演示，并借助于高仿真的会计常用凭证和账簿的图片等，将会计实际工作中真实的账务处理方法和步骤展现出来，帮助会计新手们快速上手，进行会计的实际账务处理。

图书在版编目（CIP）数据

新手学会计：案例精讲版 / 黄丽莉编著. —北京：电子工业出版社，2013.11
ISBN 978-7-121-21346-5

Ⅰ. ①新… Ⅱ. ①黄… Ⅲ. ①会计学 Ⅳ. ①F230

中国版本图书馆 CIP 数据核字（2013）第 202991 号

责任编辑：徐津平
印　　刷：三河市双峰印刷装订有限公司
装　　订：三河市双峰印刷装订有限公司
出版发行：电子工业出版社
　　　　　北京市海淀区万寿路 173 信箱　邮编 100036
开　　本：720×1000　1/16　印张：19.5　字数：312 千字
印　　次：2013 年 11 月第 1 次印刷
印　　数：3000 册　定价：39.80 元

凡所购买电子工业出版社图书有缺损问题，请向购买书店调换。若书店售缺，请与本社发行部联系，联系及邮购电话：（010）88254888。

质量投诉请发邮件至 zlts@phei.com.cn，盗版侵权举报请发邮件至 dbqq@phei.com.cn。

服务热线：（010）88258888。

前　　言

这是一本专门写给会计新手看的书。

会计新手分两种，一种是完全新手，什么也不懂，还有一种是懂会计却不会做会计的人。完全新手当然要从会计理论和概念学起，而有一定基础的人则已经可以入职做会计工作了，但是看到凭证却不会填、拿起账簿也不知道登在哪里。

所以懂会计却不会做会计的人仍然是新手，而且很多是会计部门的新人。在现今的社会里，会计工作是如此的重要，经济生活是如此的繁忙，因此鲜少有人能耐心地去教一个刚入职的菜鸟如何填写凭证、如何记录账簿。而本书就是这样一个老师。

笔者编著此书的目的就是让读者在读过本书之后，能够快速地适应会计的日常工作，而其他高深的会计知识则可以在工作中慢慢学习。

那么，会计新手在入职后最需要知道的知识都有哪些呢？

一般的新手入职，最开始通常都要从凭证做起，各种各样的原始凭证，哪些是可以入账的，哪些不能入账，尽管最终不是由新人来决定的，但是也绝不能犯常识性错误，让人误解工作能力。不同的经济业务，应当填写哪种会计凭证，在什么时候填写，这都有严格的规定。

还有，新手最常做的事务就是跑腿儿的业务，比如进账、汇款、核对银行对账单等，这些事务也是要会的，虽说这些事情一般都可以请教银行的职员，但是银行业务通常较为繁忙，求人不如求己。

会计新手们当然不会永远只做打下手的活，机遇总是会降临在有准备的人身上的，所以诸如会计建账、对账、结账、会计报表、报税等都应当有所了解，最好能够有相应的概念，这样一旦有需要，就能够较为快速地上手。

本书根据会计新手的上述需求，将会计实账业务进行了梳理和规划，按照会计基础、日常实务、对账结账、会计报表和报税的主线，对会计实账业务进行模拟和演示，并使用大量的会计业务实例来重点讲解相关的难点问题。

对于会计新手来说，本书提供的不只是空洞的理论知识，更是真实账务的模拟和实际工作难点要点处理的展示。犹如一个老会计，将自己多年经验的结晶毫无保留地奉献给了会计战线上的新人们。

希望本书的每一个读者，都能够很快成为一个合格的会计工作者，最终成为一个好会计。

目　　录

第1篇　实账模拟之建账篇

第 2 篇 真账模拟之日常工作篇

第 3 篇 真账模拟之对账结账篇

第 4 篇 真账模拟之会计报表篇

PART 一

第1篇　实账模拟之建账篇

第 1 章

账务基础

会计工作是一项需要专门知识和技能且责任重大的工作。会计的主要工作内容就是对形形色色的经济业务进行账务处理。而在进行账务处理之前，会计需要对账务相关的知识和技能有所了解和掌握。本章就讲述在会计账务处理过程中必须了解和掌握的内容。

1.1 什么是会计

在现实生活中，提起会计，人们马上会想到企业单位财务部门的会计工作者及从事会计工作的这个群体。但是，实际上会计一词，还有着更多层次的含义。

1.1.1 会计的含义

会计并不是仅指那个习惯将一切有形或无形的经济资源换算成货币的形式，以便于管理和计量的职业本身，还包含着其他的含义，具体如下。

- 会计是一门经济学科，是研究会计方法、会计理论的经济学科。这个学科还有许多细密的分支，如管理会计、成本会计等；

- 会计是一份职业，是用专门的技术和手段，将一切有形或无形的经济资源，转化为以货币来计量的形式，然后进行相应的管理和监督；
- 会计是一个群体，通常将进行会计工作的人和从事财务工作的人统称为会计。

会计的这三层含义，可以用一个简单的图来表示，如图 1.1 所示。

图 1.1　会计的三层含义

1.1.2　会计的作用

会计是经济生活的监督者和管理者。作为了解和掌控经济最主要的信息来源，会计在经济生活中起着非常重要的作用。

- 提供会计信息，有助于政府部门、投资者、债权人以及其他各个方面了解和掌握企业财务状况、经营成果，并据此做出相应的投资或管理决策；
- 为政府的宏观经济管理和决策提供依据和信息基础；
- 对企业的内部经营管理发挥了重要作用。

1.1.3　会计人员的上岗要求

会计人员上岗必须持有会计从业资格证，就是通常所说的会计证。会计证是会计人员通过当地财政部门组织的会计资格考试后，所取得的合格证书，以证明会计人员的专业素质水平。也就是说，会计人员上岗前，必须先有会计从业资格证。

凡符合《会计法》、《会计从业资格管理办法》等有关法律、法规规定，申请取得会计从业资格的以下人员，均可报名考试：

（1）坚持原则，具备良好的道德品质；

（2）遵守国家法律、法规；

（3）具备一定的会计专业知识和技能；

（4）热爱会计工作，秉公办事。

1.1.4 会计职业的特点

（1）会计职业意味着很大的责任和风险。在传统的观念中，会计人员只是按照老板的命令开展工作，只需要对老板负责。但按照现代法律制度的规定和要求，企业的会计人员既要向老板负责，也要向国家和社会公众负责，这就使会计职业面临风险和责任。会计人员只有遵守国家的各项法规，恪守职业道德，严格按照国家的财经纪律工作，才能尽可能减少职业风险。

（2）会计是充满挑战的职业。我国现阶段从事会计工作的人员数量正在以很大的速度增长，无论是就业还是升职都面临激烈的竞争。然而，虽然有如此众多的会计从业者，在国内，具有国际水准和现代经营观念的高水平会计人员却十分匮乏，也只有高素质的会计人员才能够脱颖而出，成为优秀的会计人才。

（3）会计职业已经由“劳动密集型”转为“知识密集型”工作，需要不断地进行学习。在传统的会计工作中，经验和资历是至关重要的因素，会计技能往往通过师带徒的方式传递。但在现代会计工作中，随着经济活动的复杂化，会计技术、会计准则总是在不断地变化中，需要会计人员不断地更新自身的知识结构，不断地学习新的知识。

1.2　会计假设

为了保证会计核算的正常进行，在进行会计核算之前，对会计核算的核算范围、内容、基本程序和方法做出假定，并在此基础上建立会计原则，这就是会计假设，也是会计核算的基本前提。

现实生活中，随着时间的变化，企业的经济情况、国家的经济状况，甚至全球的经济状况都在时时变化。会计假设，既是为了使经济生活具有可计量性，也是为了保证会计核算的基础相同以便相互对比。

在会计假设中，无时无刻都在变化着的经济生活和经济状况具有一个相对稳定的环境。同时，在会计核算时，还常常需要将时间静止在某个时间点，以方便核算。会计假设与现实生活的关系，如图 1.2 所示。

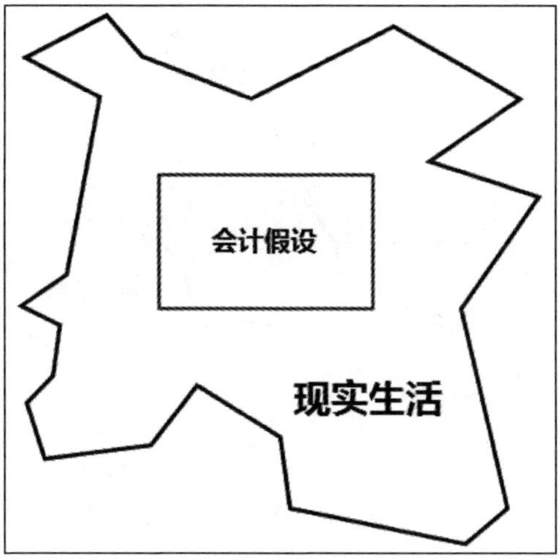

图 1.2　会计假设与现实生活的关系

本章将简要地介绍一下会计假设的主要内容。

1.2.1　会计主体

会计主体是会计的服务对象，同一个会计部门，一切会计手段都必须围绕同一个对象展开，一切经济业务都必须从服务对象的利益为出发点进行处理。

比如，A 公司向 B 公司借了一笔钱，对 A 公司的会计部门来说，这笔钱是公司的债务；对 B 公司的会计部门来说，这笔钱就是需要追讨的债权；而对 C 公司的会计部门来说，这笔钱与 C 公司无关，从而无须计入 C 公司的账目中。

同时，会计主体和法人主体虽然称呼相似，但概念却不同。法人主体是指法律承认的经济主体，而会计主体其确认的依据是经济关系。所以会计主体可能是一个法人主体，也可能是一个集团公司即法人集合，或者是一个通过控股关联在一起的公司集团。

作为会计主体，必须具备以下 3 个条件：

（1）具有一定数量的经济资源；

（2）能够进行独立的生产经营活动或其他活动；

（3）能够实行独立核算，提供反映本主体经济情况的会计报表。

会计主体所必须具备的这 3 个条件，可以用图 1.3 表示。

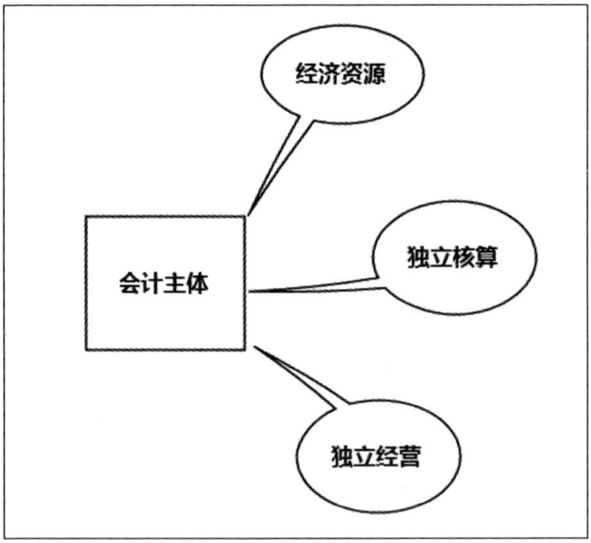

图 1.3　会计主体必须具备的 3 个条件

从上述 3 个条件可以看出，会计主体实际上是可以根据经济核算的需要而设定的。它可以是一个企业，也可以是一个企业独立的分部，甚至可以是某个企业的一个车间、一个办公室，只要具备了这 3 个条件，就可以单列出来作为会计主体进行核算。

1.2.2 持续经营

每个企业从开业到日后的经营，时刻都有可能因为各种原因倒闭。在这样的情况下，会计将无法进行正常的核算，所以就有了会计的持续经营假设。

在持续经营假设的前提下，会计核算始终将企业看做是持续经营的主体，以持续、正常的生产经营活动为前提，而不考虑破产等情况。只有企业真正到破产和倒闭时，才根据这样的情况进行特殊的会计处理。

持续经营假设为会计核算限定了时间范围。在确定会计主体后，只有假定其生产和经营活动是持续的、稳定的，会计原则和会计程序才能建立在非清算的基础上，保持会计处理的一致性和稳定性。

说明：破产清算时，会计的处理方法及程序与正常经营时完全不同。

持续经营着的企业，如同一条射线，从成立之日起，向前无穷前进。持续经营假设的图形演示，如图 1.4 所示。

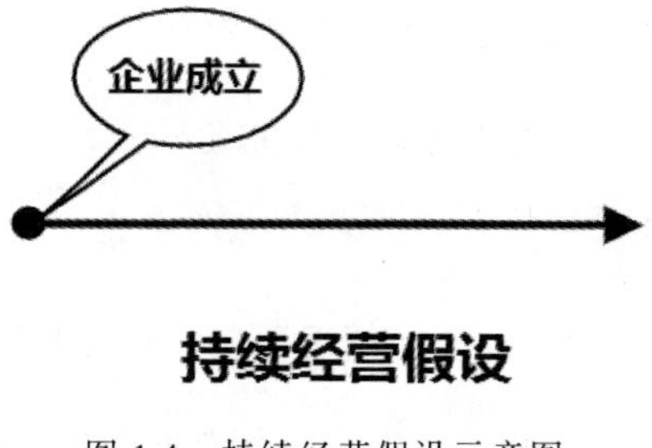

图 1.4 持续经营假设示意图

1.2.3 会计分期

会计分期是将企业持续发展的过程，划分成较短的、等长的期间，以便分期结算账目、按期编制会计报表。

新会计准则规定：企业应当划分会计期间，分期结算账目和编制财务会计报告。会计期间分为年度和中期。中期是指短于一个完整的会计年度的报告期间。

如果说会计的持续经营假设，是将企业的生产经营过程看做是一条射线，那么会计分期就是将这条射线，分成一个个等长的线段，每一段就是一个会计分期。还可以将这些大的会计分期，再进行进一步的划分，以利于更频繁细密地对经济状况进行计量和掌握。

会计分期假设与持续经营假设的对比示意图，如图 1.5 所示。

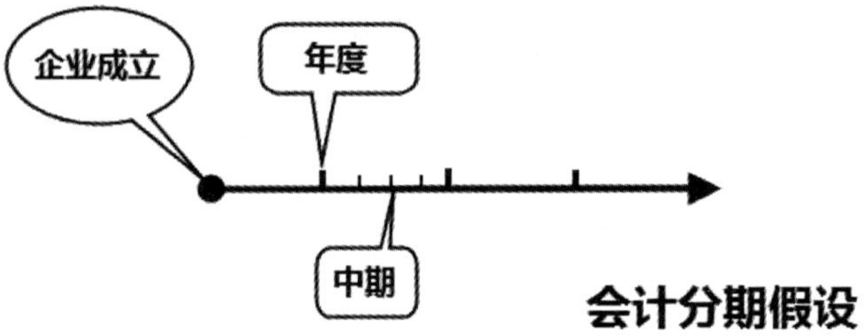

图 1.5　会计分期假设与持续经营假设的对比示意图

1.2.4　货币计量

货币计量是指企业的生产经营活动及其成果都可以通过货币来反映。新会计准则规定：企业会计应当以货币计量。其包含两层含义。

1. 假定企业的一切经济业务都可以以货币来计量。

说明：企业的大部分经济业务都可以用货币来计量，其余的部分可以想办法转化为可以用货币计量的情况，如无形资产等。

2. 假定用来计量的货币，一般情况下其币值保持不变。

说明：在进行会计核算时，一般并不考虑币值的波动变化，只有那些币值变动对企业经营影响较大的企业，才会在与外币换算时，考虑币值的变化情况。

1.2.5　会计假设的现实意义

会计人员在进行账务处理时，需要人为地将较复杂的现实经济环境，整理成为可计量的环境，这就是会计假设的由来。

会计假设也常被称为会计基本前提，实际上就是账务处理环境的几项前提条件，在这些前提条件下，会计才有可能为经营管理提供可信的、具有可比性的数据和信息。

会计假设有以下几项：

- 会计主体
- 持续经营
- 会计期间
- 货币计量

下面用一个简单的图例来说明这 4 个会计假设在进行财务核算时所起到的作用。会计假设的现实意义示意图，如图 1.6 所示。

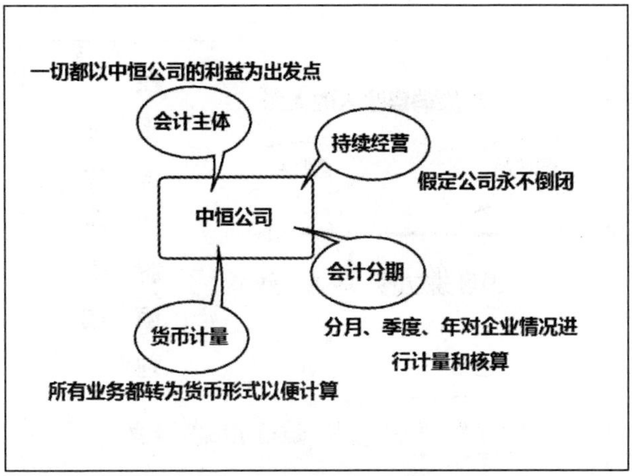

图 1.6　会计假设的现实意义示意图

1.2.6　会计核算的基础

会计核算的基础是指会计核算的基本前提和核算基本规则，即权责发生制。权责发生制在新会计准则之前，一直是作为会计核算的原则之一而存在的。新会计准则开始执行后，权责发生制已不再是会计核算的一项原则，而是会计核算的基础。

新会计准则在第一章《总则》中明确规定：企业应当以权责发生制为基础进行会计确认、计量和报告。也就是说，企业的会计核算必须以权责发生制为基础。权责发生制已成为会计核算中唯一的核算基础。

权责发生制通俗地说就是收入和费用是什么时候发生，什么时候入账的，至于钱是不是真的支出或收回，并不影响经济业务的入账时间。根据权责发生制进行收入与费用的核算，能够准确地反映特定会计期间企业真实的财务状况和经营成果。

说明：如购买的设备，虽然款已付，但其价值是在日常使用中慢慢进入产品价值中的，所以就需要以折旧的方式，按月将其纳入当月的产品成本中；而销售的产品，虽然款还未收回，但是需要以收入入账，记入当期的账务中，而款项则挂入应收款项中，等收回时再进一步处理。

权责发生制的原则应用示意图，如图 1.7 所示。

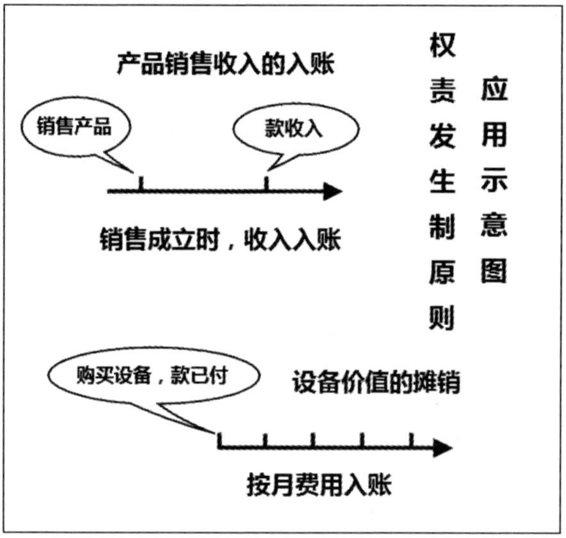

图 1.7　权责发生制的原则应用示意图

1.3　会计信息质量要求

会计核算的原则是指会计部门在进行会计核算时的一般性原则，是在进行会计核算时的指导思想和衡量标准。新会计准则在第二章《会计信息质量要求》中，对会计信息的质量进行了明确要求，其规定如下：

- 客观性原则
- 相关性原则

- 明晰性原则
- 可比性原则
- 实质重于形式原则
- 重要性原则
- 谨慎性原则
- 及时性原则

1.3.1 客观性原则

新会计准则在第二章《会计信息质量要求》第十二条中明确规定：企业应当以实际发生的交易或者事项为依据进行会计确认、计量和报告，如实反映符合确认和计量要求的各项会计要素及其他相关信息，保证会计信息真实可靠、内容完整。

上述规定就是会计核算的客观性原则。其要求会计核算须以客观存在或发生的事实为依据，其结果必须做到内容真实、数字准确、资料可靠。客观性原则，是对会计核算和会计信息的基本质量要求。

1.3.2 相关性原则

新会计准则在第二章《会计信息质量要求》第十三条中明确规定：企业提供的会计信息应当与财务会计报告使用者的经济决策需要相关，有助于财务会计报告使用者对企业过去、现在或者未来的情况做出评价或者预测。

上述规定就是会计核算的相关性原则，是指企业在进行会计核算时，要注意各个相关方面的信息需求，力争核算的结果可以满足各方面的需求。

1.3.3 明晰性原则

新会计准则在第二章《会计信息质量要求》第十四条中明确规定：企业提供的会计信息应当清晰明了，便于财务会计报告使用者理解和使用。

上述规定就是会计核算的明晰性原则。其要求是会计信息要清晰、简明，会计记录的文字应字迹工整、笔墨清晰，相关的业务摘要说明需要简单易读。

这样要求下的会计信息，不仅自己现在和以后都能看明白，其他人在当期和后期也能读懂，这才具有长期保存的价值。

1.3.4 可比性原则

新会计准则在第二章《会计信息质量要求》第十五条中明确规定：企业提供的会计信息应当具有可比性，并说明如下。

- 同一企业不同时期发生的相同或者相似的交易或者事项，应当采用一致的会计政策，不得随意变更。确需变更的，应当在附注中说明；
- 不同企业发生的相同或者相似的交易或者事项，应当采用规定的会计政策，确保会计信息口径一致、相互可比。

上述规定就是会计核算的可比性原则。在会计核算时，企业应使用相同的计量方法和处理方式，力求会计信息具有可比性。不但同一企业需要前后进行对比，不同企业之间也需要进行横向的联合对比，这样才能更好地为经济管理和宏观经济决策提供服务。

1.3.5 实质重于形式原则

新会计准则在第二章《会计信息质量要求》第十六条中明确规定：企业应当按照交易或者事项的经济实质进行会计确认、计量和报告，不应仅以交易或者事项的法律形式为依据。

上述规定就是新会计准则新提出的实质重于形式原则，是指企业在进行会计核算时，应当更注重交易或事项的经济实质，并以此为依据来进行会计核算和账务处理。当出现经济实质和法律形式不相符的情况时，应以经济实质为参照进行判断和处理。这是新会计准则更贴近国际会计准则的一个表现。

比较典型的实例是，以融资租赁的形式租入的固定资产。虽然在法律上，企业并没有该资产的所有权，从这个角度出发，似乎并不应该将其按资产入账，但是根据实质重于形式原则，在租赁合同期内，由于企业控制了该项资产的使用权及受益权，故而能在租赁合同期内有权支配资产并从中受益。所以在会计核算上，应将融资租赁的固定资产视为企业的资产。

1.3.6 重要性原则

新会计准则在第二章《会计信息质量要求》第十七条中明确规定：企业提供的会计信息应当反映与企业财务状况、经营成果和现金流量等有关的所有重要交易或者事项。

上述规定就是会计核算的重要性原则，是指会计人员在进行会计核算时，应根据经济业务的重要程度，采取相应的处理方法和程序。具体来说，就是将那些对企业生存发展影响重大的资源单独核算、分项反映、力求准确；对于那些相对次要的会计事项，在不影响会计信息真实性的情况下，可适当简化会计核算，予以合并反映。

1.3.7 谨慎性原则

新会计准则在第二章《会计信息质量要求》第十八条中明确规定：企业对交易或者事项进行会计确认、计量和报告时应当保持应有的谨慎，不应高估资产或者收益、低估负债或者费用。

上述规定就是会计核算的谨慎性原则，又称稳健性原则，是指会计人员在进行会计处理时，应当充分考虑可能发生的风险，并提前采取防范措施，减少或预防风险所带来的危害。这就要求会计人员在面对不确定因素和风险时，应当持谨慎小心的态度，做到以下 4 点：

（1）充分估计风险和损失，并对可能出现的风险和损失做好应对准备；

（2）对于无法确定的收益应尽量少计或者不计，采用更为谨慎的方式对其进行处理；

（3）对于可能对经营成果造成影响的因素，应谨慎处理，不能高估资产或收益，也不能低估负债或费用；

（4）提醒会计信息的使用者或决策者提高警惕，以应对外部经济环境的变化。

1.3.8 及时性原则

新会计准则在第二章《会计信息质量要求》第十九条中明确规定，企业对于已经发生的交易或者事项，应当及时进行会计确认、计量和报告，不得提前或者延后。

上述规定就是会计核算的及时性原则，其要求会计人员在进行账务处理时，应当讲求时效，及时进行处理，即进行会计确认、计量和报告。即在经济业务发生后，应当马上对其进行处理，以确保会计信息的时间与经济业务发生的时间相符合，以便会计信息可以及时更新，并及时得到应用。

1.4 会计的核算方法

会计核算方法，实际上就是会计的工作内容总和。而会计的工作内容共有7项，分别是：

- 设置会计科目
- 复式记账
- 填制和审核凭证
- 登记账簿
- 成本计算
- 财产清查
- 编制会计报表

这些工作内容，构成了会计工作的循环，具体如图1.8所示。

说明：在图1.8中，中间的主线就是会计的工作循环，即建账→填制和审核凭证→登记账簿→会计报表。两边的4种核算方法，也在这一循环中起到相当重要的作用。

1.4.1 会计业务的处理流程

会计工作是通过一系列专门的方法来完成的，所以会计工作也需要遵循相应的工作流程来进行。只有根据流程进行相应的工作，才不会因会计方法的繁复，而造成会计工作的无序。会计的工作流程分为两种：一种是经济业务的处理流程，另一种是会计业务循环。本节就来介绍经济业务的处理流程。

会计工作内容示意图

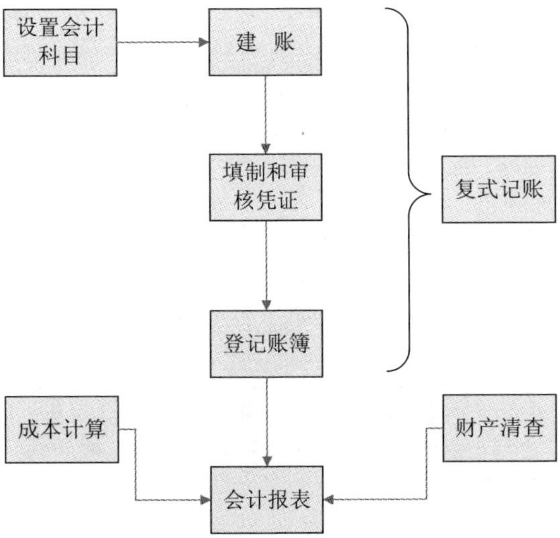

图 1.8 会计工作内容示意图

会计工作中的经济业务处理流程就是每一笔经济业务的处理过程，即从业务发生到收回或付出款项的全过程的会计处理。以销售业务的处理为例，经济业务的处理流程如下。

1．销售业务发生时，应及时将收入记入账簿中。

说明：其过程是先审核原始凭证，再填制记账凭证，然后将审核后的凭证内容记入账簿中。

2．考虑和规避风险，做好风险预防。

说明：由于销售完成时，款项并未当即收回，因此需将收入记入应收账款科目中。应收款项需要考虑款项未能及时收回的风险，在对其进行相应的评估后，计提一部分坏账准备。

3．款项收回，需要将之前挂入客户名下的应收款项扣减相应数额。

说明：应收账款科目的明细科目，一般都是客户名称，对每一个客户都建立一个明细账户，专门用来记录该客户的往来账款的情况。

4. 如果款项确定收不到，则需要用提前提出的应收账款的风险准备将该项应收款冲抵。

说明：用坏账准备来冲抵应收账款，需要通过企业财务制度所规定的审批程序，获得批准后方能进行这种处理。

综上所述，会计工作中经济业务的处理流程，如图 1.9 所示。

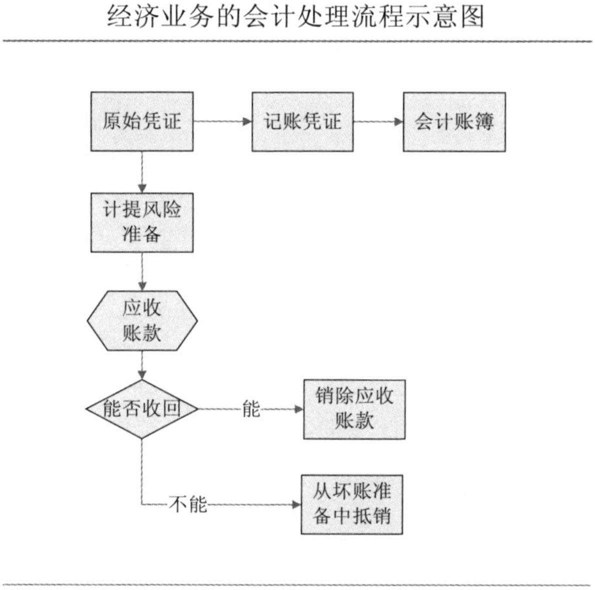

图 1.9　经济业务的处理流程示意图

1.4.2　会计的工作循环

会计的工作循环是指会计业务在每个会计分期中，对经济信息进行的会计处理过程总是周而复始、反复循环的。从经济业务发生之后填制会计凭证起，到会计期末编制报表和提交财务报告为止，这个工作程序每月都会循环往复。

会计的工作循环，其步骤和程序如下所述。

1. 填制凭证

根据原始凭证填制记账凭证，用来记录经济业务。

2. 登记日记账

根据记账凭证的先后顺序，依次将经济业务记录在日记账中。

注意 并不是所有业务都有这一步骤，很多业务并不能记录在日记账中。

3. 登记明细分类账

根据原始凭证、记账凭证或是日记账，逐笔登记各种明细分类账。

4. 登记总分类账

根据日记账或记账凭证、汇总记账凭证、科目汇总表，将经济业务记入总分类账。

5. 试算平衡

编制试算平衡表，试算各账户借方、贷方发生额及余额的总和是否相等，如果不相等，则说明账簿记录出现差错。

6. 结转成本和费用

成本和费用一般都是在期末进行结转，同时需要计算工资、福利等费用，并将这些费用计入成本中。

7. 利润分配

计算出当期利润，并根据相应的程序，对当期的利润进行分配。

8. 结转账户余额

检查并确认各账户余额无误后，本月账务结账，并将余额转为下月期初余额。

9. 编制会计报表，提交财务报告

根据总分类账和有关明细分类账户所提供的报表，总括地反映企业的经营

成果和财务状况。

会计循环的流程示意图，如图 1.10 所示。

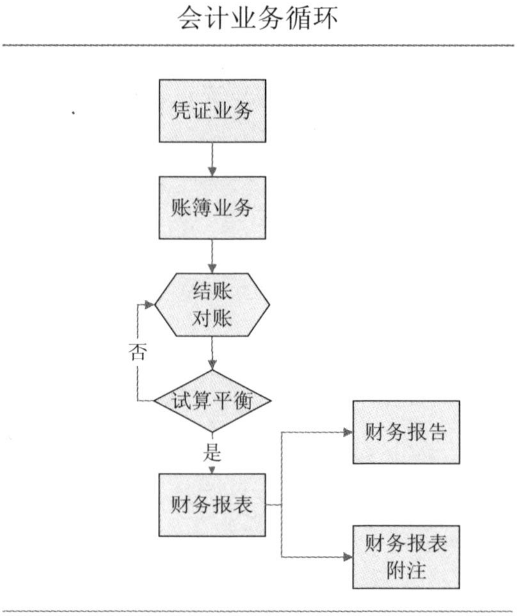

图 1.10 会计循环流程示意图

1.5 会计部门相关岗位的设置及分工

会计岗位是指从事会计工作，办理会计事项的具体职位。我国的相关法律规定，企业的会计与出纳绝对不能由同一人担任。一般情况下，企业的会计人员至少都有两名，有时可能只有一名专职会计，但是会由企业的另一人兼任出纳一职。用比较通俗的话讲，就是需要将钱账分开管理，会计管账目，出纳管钱。

1.5.1 会计的岗位设置

大型企业的会计部门，其人员配备最充足，其业务量也相应的十分巨大，所以岗位的设置比较全面。同时，根据相关业务的工作量，还会为每一个岗位配备更多的人员以及相应的助理。大型企业的会计部门，其会计相关岗位如表 1.1 所示。

说明：一般中小企业中，在进行会计岗位设置时，会根据业务需要，只设置其中某些岗位，大部分工作量少的业务可以进行适当的整合。

表 1.1 会计岗位一览表

岗位名称	工作内容
会计主管岗位	不同企业对会计主管的职位称呼不同，如财务经理、主管会计等
总账报表	负责总账及报表的相关事务
出纳	主要处理库存现金及银行存款收支相关的业务
稽核	对财务账目进行审核和审计
资金核算	负责资金的筹集和调度
往来结算	专门管理往来账目，包括记录、催讨等
材料物资核算	负债材料物资方面的管理和核算
固定资产核算	专门管理固定资产，包括记录、维护、折旧等
工资核算	专门进行员工薪酬的核算，包括工资核算、奖金、福利等
成本费用核算	专门管理费用、控制成本
收入利润核算	专门针对收入和利润业务进行核算
会计电算化管理	负责财务软件的相关事务

从表 1.1 中可以看出，大型企业的会计部门岗位众多，工作划分精细，每个岗位的人员专司其职即可。

1.5.2 会计部门的组织结构图

会计部门可设置的岗位虽然很多，但并不是所有企业都会针对每个岗位设置相应人员。对于中小型企业，甚至某些大型企业来说，由于业务的侧重点不同，各项会计业务的工作量是不平衡的，所以在各岗位的人员设置上也会有所不同。

一般来说，一个中型企业常见的会计部门组织结构图如图 1.11 所示。

会计部门组织结构图

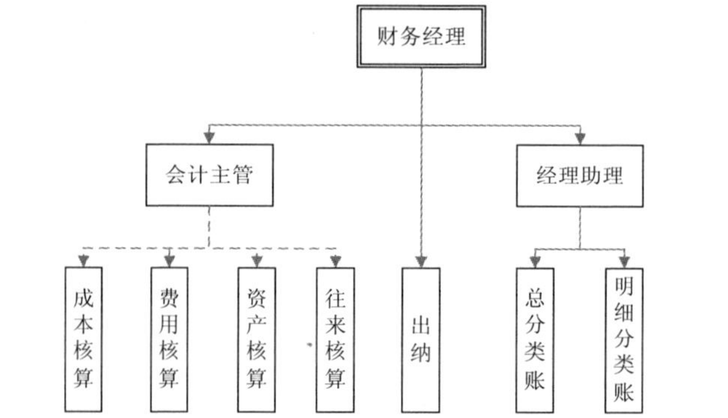

图 1.11　会计部门组织结构图

1.5.3　会计职业的发展路径

会计职业的发展路径是很广泛的，既可以是某个企业的会计人员，也可以是某个会计师事务所、某个会计服务公司等中介咨询机构。

（1）会计服务。随着企业规模的扩大和专业化分工的明确，会计核算工作也出现了外包的趋势和发展方向。会计人员可以创办会计事务所、会计公司，为客户提供会计服务和审计服务，如代客户交税、代理记账、代理编制财务报表等。因此，随着经济的深入和快速发展，会计服务也便有了广阔的发展空间。

（2）会计培训。随着财务准则和制度不断趋于国际化和统一化，要求会计人员不断地更新知识，不断接受后续教育，只有这样才能更好地适应时代经济发展的要求。

提示 我国目前的会计人员的知识结构还比较单一，会计培训刚刚起步，大有蓬勃发展的势头，因此，在未来，会计培训市场将是一个很广阔的市场空间。

（3）会计咨询。近年来，中介咨询业务呈现很快的发展势头，会计人员也可以创办咨询公司，解答有关会计方面的各种疑难杂症。企业的会计人员碰到头疼的难题时，会向咨询公司求助；企业的老总对投资项目举棋不定时，会征询咨询公司的意见；税务机关与企业发生税务争议时，会找咨询公司帮助查证。目前，我国会计咨询行业不太规范，也意味着存在很多的发展机遇。

第 2 章

如何为企业建账

任何企业在成立之初，都面临建账问题。建账是一个企业正常财务管理的开端，也是企业所拥有的资源纳入正规化管理的里程碑。所以建账对企业来说是非常重要的，不仅对大中型企业来说非常重要，对于小型企业，甚至家庭作坊，也都十分重要。

建账是个非常重要的工作，万事开头难，建账作为账务工作的开端是一件十分不容易的事。所以建账是对企业会计人员会计业务能力的考验，也能看出会计人员对企业业务的熟悉程度。

2.1 相关知识

新建单位和原有单位在年度开始时，会计人员均应根据核算工作的需要设置应用账簿，即通常所说的“建账”。建账就是根据企业具体行业要求和将来可能发生的会计业务情况，购置所需要的账簿，然后根据企业日常发生的业务情况和会计处理程序登记账簿。

2.1.1 建账的注意问题

任何单位，在建账时都要首先考虑以下问题。

1. 是否建账，需看企业自身情况

并不是每个企业都要建账，许多小型企业，由于不是查账纳税，所以是否建账实际上并没有人要求，所以不建账也是可以的，只要大概记录收支即可。所以是否建账，主要还是由企业自身的情况而定。

2. 建多少账，根据企业的业务量来定

根据企业的业务量情况不同，建账时的考虑也不同。一些可以合并的科目可以合并，一些根本没有业务的科目可以不建账簿等，都是要根据企业的业务量来定。规模大的企业，业务量大，分工复杂，会计账簿需要的册数也多；企业规模小，业务量小，会计账簿需要的册数也少。有的企业，一个会计可以处理所有经济业务，设置账簿时就可以适当精简，甚至所有的明细账可以合成一两本。

3. 要满足企业的管理需要

建立账簿是为了满足企业管理需要，为管理提供有用的会计信息，所以在建账时以满足管理需要为前提，避免重复设账、记账。

4. 要建账，先确立账务处理程序

不同的企业，其账务处理过程及步骤也不同，确立了账务处理程序，也就选择了账簿的设置。如果企业采用的是记账凭证账务处理程序，企业的总账就要根据记账凭证序时登记，这时就要准备一本序时登记总账。

不同的企业在建账时所需购置的账簿是不同的，总体讲要根据企业的规模、经济业务的繁简程度、会计人员的多少、采用的核算形式及电子化程度来确定。

2.1.2 建账的依据

企业建立新账的依据，应以经合法中介机构审验评估下列文件为基础：

- 审计报告
- 资产评估报告

说明：必须经有关部门确认或备案。

- 验资报告

相关的账务账项，还需要通过以下两个步骤后才能作为建账依据。

1. 评估调整

评估调整是指资产评估机构的评估报告，并经有关部门确认的资产评估基准日的评估价值与资产评估基准日的账面价值的差额调整。

2. 会计调整

会计调整是指资产评估基准日与会计建账基准日之间的会计账项调整。

2.1.3 建账基准日的确定

建账基准日应以公司成立日即营业执照签发日或营业执照变更日为准。

由于会计核算以年度、季度、月份进行分期核算，在实际工作中，一般以公司成立当月月末或下月月初为基准日。如果公司设立之日是在月度中的某一天，一般以下一个月的月初作为建账基准日。

2.2 建账的基本程序

企业的建账工作，不是一天两天的事，在开始建账前需要一个相对较长的资料收集期和建账人员对企业情况的熟悉期，无法一蹴而就。建账的基本程序如下。

2.2.1 建账的准备工作

建账的准备工作，是指企业在建账前的一系列准备工作，包括以下 4 项。

1. 收集企业初期经济业务相关凭证

将企业未建账时的相关原始凭证等收集起来备用，包括能说明业务的一切有效原始凭证。

2. 分析企业账务需求

根据收集到的原始凭证，分析企业账务情况，具体需要分析企业哪方面业务较多，哪方面业务较少，是否需要建立详细的成本明细账等。

在分析企业账务需求时，需要具体查看企业的情况。如果企业是软件公司，那么一些关于生产、库存的科目就可不设或进行简化合并，对于无形资产则需要设立专门的账簿进行详细记录。而如果企业是生产型企业，那么关于原材料、生产成本等相关科目就需要格外重视。

3. 建立会计科目表

根据分析完成的企业账务需求，就可以建立企业的会计科目表了。对于标准科目表中的科目并不一定要全都使用，有些业务完全可以合并记录。如在软件公司里，就不需要再细分管理费用、制造费用、生产成本等，而是统一使用管理费用即可。

4. 盘点企业相关资产

对企业现有的各项资产进行详细盘点，包括企业目前的库存现金、固定资产、办公用品、现有存货等相关物资，需要明确期初余额，对相关的债权债务、股东的投入资金等也要进行确认。

2.2.2 建账的基本程序

建账伊始最主要的工作就是账簿的启用和期初余额的填写，但也不仅仅是这两项工作，具体如下。

1. 购买相应会计用品，如账簿、凭证、票据等

相应会计用品，主要包括：

- 格式账页，如借贷余三栏式、多栏式、数量金额式等；
- 收款凭证、付款凭证、转账凭证；
- 记账凭证封面；
- 记账凭证汇总表；
- 记账凭证装订线；
- 装订工具；
- 空白资产负债表、利润表（损益表）、现金流量表等相关会计报表。

2. 对期初余额进行试算平衡

对期初余额进行试算平衡，这也是一种对期初余额的验证方法，只有期初试算平衡，才能保证期末账目无误时的试算平衡。

3. 启用账簿、填写期初余额

启用账簿、填写期初余额的具体步骤如下。

（1）根据需用的各种账簿的格式要求，预备各种账页，并将活页的账页装订成册。

（2）填写账簿的“启用表”。

说明：启用表上应写明单位名称、账簿名称、册数、编号、起止页数、启用日期以及记账人员和会计主管人员姓名，并加盖名章和单位公章。

（3）建立总账账户和明细账户。

说明：按照会计科目表的顺序、名称，在总账账页上建立总账账户，并根据总账账户明细核算的要求，在各个所属明细账户上建立二、三级明细账户。

（4）填写账户目录表，粘贴索引纸。

说明：订本式账簿，其账簿本身就有总页码，无需编号；活页式账簿，应按账户顺序编本户页次号码。各账户编列号码后，应填写“账户目录”，将账户

名称页次登入目录内，并粘贴索引纸（账户标签），写明账户名称，以利检索。

2.3　实例：工业生产企业如何建账

企业的账务体系是指企业财务部门建立的账簿和账户体系。不同的企业，其经济业务侧重点不同，账务处理过程及步骤也不同，所以账务体系也各不相同。

工业企业是指那些专门从事产品的制造、加工、生产的企业，由于工业企业会计核算涉及内容较多，又有成本归集与计算问题，所以工业企业的建账是最复杂的、账户应用也是最完全的，因此非常具有代表意义。

2.3.1　建立日记账

库存现金日记账和银行存款日记账是企业必须具备的，所有企业都要开设这两个日记账。对于不止一个银行账户的企业来说，可以根据企业银行业务的多少来决定是否多个账户合用同一个账簿。

会计人员在购买时，两种账本各购一本足矣。但如果企业开立了两个以上的银行存款账号，那么账本需要量就要视企业具体情况来确定了。如若使用完毕，再购入新账本也不为迟。常见的银行日记账样式如图 2.1 所示。

银行存款日记账
BANK JOURNAL

第 1 页

开户银行 BANK　中国工商银行深圳市支行
账号 AC/NO.　2075589998776668876

2010 年 YEAR 月 MTH	日 DATE	凭证字号 VOUCHER NO.	银行凭证 BANK CERTIFICATE	摘要 DESCRIPTION	对应科目 MATE ACCOUNT	借方 DEBIT（亿千百十万千百十元角分）	贷方 CREDIT（亿千百十万千百十元角分）	借或贷 DR/CR	余额 BALANCE（亿千百十万千百十元角分）	√
1	1			上年余额				借	¥213458700	
1	1	01001	2857	购买原材料款	原材料		¥500000	借	¥208458700	

图 2.1　银行日记账样式

2.3.2　建立总分类账

一般情况下，企业需要设立总分类账的会计科目总是固定的那几种。对于一个业务比较完备的企业来说，需要设立总分类账的会计科目，如表 2.1 所示。

表 2.1 总分类账的会计科目

资　产　类	负　债　类	所有者权益类	收入、费用类
库存现金	短期借款	实收资本（股本）	产品销售收入
银行存款	应付票据	资本公积盈余公积	产品销售成本
其他货币资金	应付账款	未分配利润	产品销售税金及附加
短期投资	其他应付款	本年利润	产品销售费用
应收票据	应付职工薪酬		其他业务收入
应收账款	应付职工薪酬		其他业务支出
其他应收款	应交税费		营业外收入
存货	其他应交款		营业外支出
待摊费用	应付利润		以前年度损益调整
长期投资	预提费用		所得税费用
固定资产	长期借款		
累计折旧	应付债券		
无形资产	长期应付款		
开办费			
长期待摊费用			

由于工业企业的会计核算更侧重存货的管理和成本的控制，所以存货相关科目和成本相关科目也要设立总账来进行核算，这些科目如表 2.2 所示。

表 2.2 工业企业特有的总账科目

存货相关账户	成本计算账户
原材料	待摊费用
在途材料	预提费用
材料采购	制造费用
委托加工材料	废品损失
低值易耗品	基本生产成本
包装物	辅助生产成本
自制半成品	
产成品	

2.3.3 建立明细分类账

在企业里，明细分类账的设置是根据企业自身管理需要和外界各部门对企业信息资料的需要来设置的。需设置的明细账的会计科目如下。

1. 资产类

- 短期投资

说明：短期投资的明细账户可以根据投资种类和对象设置，如短期基金投资等。

- 应收账款

说明：应收账款的明细账户可以根据客户名称进行设置，个人客户就以其姓名为账户名，单位客户则以其公司简称为账户名。

- 其他应收款

说明：其他应收款的明细账户可以根据应收部门、个人、项目来设置。

- 待摊费用

说明：待摊费用的明细账户可以根据费用种类来设置。

- 长期投资

说明：长期投资的明细账户可以根据投资对象或面值、溢价、折价、相关费用等设置。

- 固定资产

说明：固定资产的明细账户可以根据固定资产的类型设置，固定资产明细账可以不必每年更换新的账页。

2. 负债类

- 短期借款

说明：短期借款的明细账户，可以根据短期借款的种类或对象设置。

- 应付账款

说明：应付账款的明细账户，可以根据应付账款对象设置。

- 其他应付款

说明：其他应付款的明细账账户，可以根据应付的内容设置。

- 应付职工薪酬

说明：应付职工薪酬的明细账户，可以根据应付部门设置。

- 应付职工薪酬

说明：应付福利费的明细账户，可以根据福利费的构成内容设置。

- 应交税费

说明：应交税费的明细账户，可以根据税金的种类设置。

3. 费用类

- 产品销售费用
- 管理费用
- 财务费用

说明：费用类科目的所有明细账户，都可以按照费用的构成设置。

4. 工业企业特有的明细账

在工业企业里还应根据上述增加的总账，增加相应的明细账。

- 在途材料
- 材料采购

说明：这两个账户是为了便于核算不同来源的材料的实际成本。

- 材料成本差异

说明：材料成本差异账户是原材料备抵调整账户，按材料的品种、规格设置，反映各类或各种材料实际成本与计划成本的差异，计算材料成本差异分配率。

- 基本生产成本

说明：本科目的明细账户，可以根据企业选择的成本计算方法，按产品品种、批别、类别、生产步骤设置明细账。

- 辅助生产成本

说明：本科目的明细账户，可以根据辅助生产的部门设置。其主要用以反映归集的辅助生产费用或辅助生产成本及分配出去的辅助生产成本和转出的完工的辅助生产产品。

- 制造费用

说明：制造费用科目是所有工业企业都必须设置明细账的。本科目的明细账户，根据制造费用核算内容，如工资费、折旧费、修理费、低值易耗品摊销费、劳保费等。

至此，工业企业的建账工作就已基本完成。企业只要将这三种类型的账簿建立起来，建账的基本工作就算完成了。其他问题就是按规定进行日常会计处理，登记会计账簿了。

PART

二

第 2 篇　真账模拟之日常工作篇

第 3 章

会计凭证的制作与使用

会计凭证是记录经济业务、明确经济责任的书面证明，同时，也是登记账簿的依据。会计凭证在财务工作中有着非常重要的地位，所有的财务处理，必须依据会计凭证的记录来进行。会计凭证不仅记录了经济业务的数据，还提供了相应业务的来龙去脉、相关经济责任的负债人等。

填制和审核会计凭证是企业会计工作的开始，也是会计部门的日常主要工作之一。凭证业务在会计业务循环中的位置，如图 3.1 所示。

凭证是指能够用来证明相关事务的发生、经过和结果的书面证明。会计凭证就是在会计工作中使用的相关凭证，是指能够用来证明经济业务事项发生、明确经济责任并据以登记账簿、具有法律效力的书面证明。

会计凭证一般都是为了更好地记录经济业务而填制。会计凭证是多种多样的，可以按照不同的标志进行分类。比较常见的是按其用途和填制程序进行分类，可以将会计凭证分为两类，即：

- 原始凭证
- 记账凭证

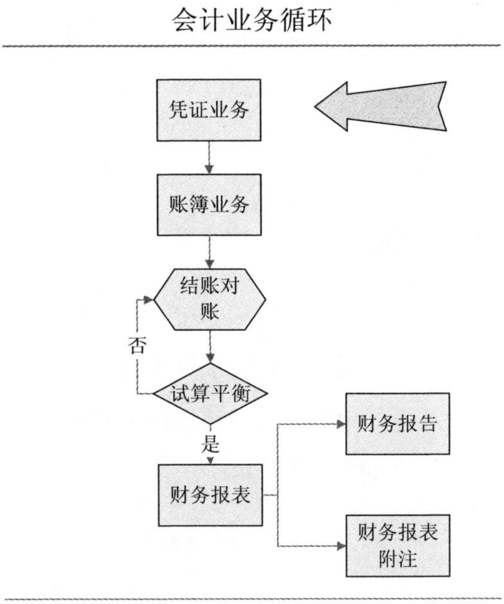

图 3.1 凭证业务在会计业务循环中的位置

3.1 原始凭证

原始凭证是指经济业务发生时取得的相关书面证明。由于原始凭证大多都是各类发票，所以在实际工作中，一般都直接将原始凭证称为“发票”。实际上这种叫法并不准确，除了发票之外，一些单据也可以作为原始凭证入账。

但是，并不是所有的发票和单据都能作为入账的依据，还需要符合一定的条件，这些条件如下：

- 是在经济业务发生或完成时取得或填制的；
- 可以记录或证明经济业务的发生或完成；
- 具有较强的法律效力。

说明：上述的三个条件中，前两个条件保证了原始凭证作为书面证明需要提供所需的完整信息，而第三条则从制度上保证了最原始的会计信息的真实性。

典型的原始凭证在工作和生活中十分常见，如可以用来报销的普通发票、增值税发票，用以记录银行账户操作的银行进账单、缴款单等，还有一些内部单据如收款收据、降价处理单等。原始凭证是进行会计核算的原始依据，是会计工作中非常重要的凭证。

3.1.1 原始凭证的分类

原始凭证有许多种，在会计的实际工作中，原始凭证的分类也因分类的依据不同而不同。会计工作中应用的原始凭证种类很多，一般有自制原始凭证和外来原始凭证两种。为了更好地显示原始凭证的类别和分类情况，特将其分类的情况制成了分类示意图，如图 3.2 所示。

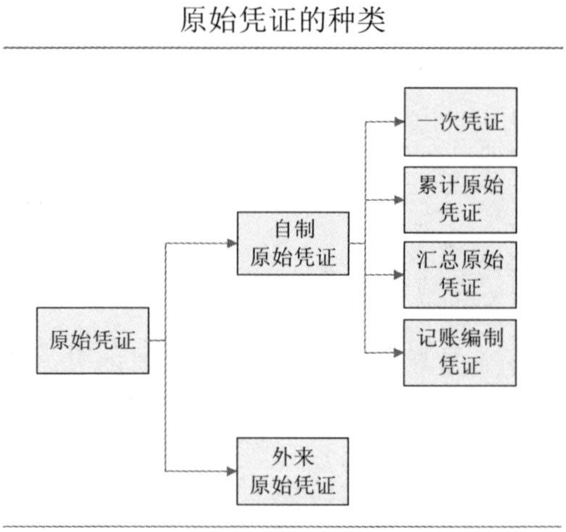

图 3.2　原始凭证的种类

第一种，按其取得或形成来源不同，可分为外来原始凭证和自制原始凭证。

- 外来原始凭证是指来自企业外部的原始凭证，如购货时取得的发票、付款时取得的对方开具的收款凭证等。

说明：只要是本单位会计主体以外得来的，都可以称之为外来凭证。即使是单独核算的企业子公司或控股公司的原始凭证，对于母公司来说也算是外来原始凭证。

- 自制原始凭证是指由本单位自制的原始凭证。如商品、材料入库时，由仓库保管人员填制的入库单，生产部门领用材料的领料单，财会部门将库存现金存入银行的现金存款单，因公出差填制的差旅费报销单，固定资产折旧计算表，收款收据，限额领料单以及发料凭证汇总表等。

说明：自制的原始凭证虽然是企业内部自制的，但是也需要有相应的保真机制，即入库单等单据，需要加盖本单位财务制度规定的印章，如公章或财务章等。如收款收据上应当加盖财务章或现金收讫章。

第二种，原始凭证根据其内容的不同，可以分为以下几类：

- 一次性凭证

其内容的填制是一次完成的，已填列的凭证不能重复使用；

- 累计凭证

在一些特定单位，为了连续反映某一时期内不断重复发生而分次进行的特定业务，需要在一张凭证中连续、累计填列该项特定业务的具体情况，这种凭证称为累计凭证。比较典型的累计凭证是限额领料单、费用登记表等。

说明：因累计凭证需要反复使用，所以必须严格遵守凭证的保管制度和材料收发手续。

- 记账编制凭证

记账编制凭证是为了记账方便而编制的原始凭证。其一般都是以实际发生或完成的经济业务为依据，由会计人员进行归类、整理的。常见的如固定资产折旧计算表、制造费用分配表和成品成本计算表等。

- 汇总原始凭证

为了简化记账凭证的填制工作，集中反映经济业务的情况，将类似的原始凭证汇总起来，编成一张原始凭证，这张凭证就是汇总原始凭证。比较典型的汇总原始凭证，如差旅费报销单，多张车票、餐饮票等都贴在同一张纸上，然后会计人员只需要制作合计数的记账凭证即可。

说明：原始凭证的分类，在实际工作当中并不严格区分，只是在需要的时候会说到，如汇总原始凭证或累计原始凭证是比较常用到的，其他的一般并不按照某种分类来称呼。

3.1.2　原始凭证的样式

原始凭证的样式多种多样，并不统一。2009 年正式投入使用的广东省商品销售统一发票，样式如图 3.3 所示。

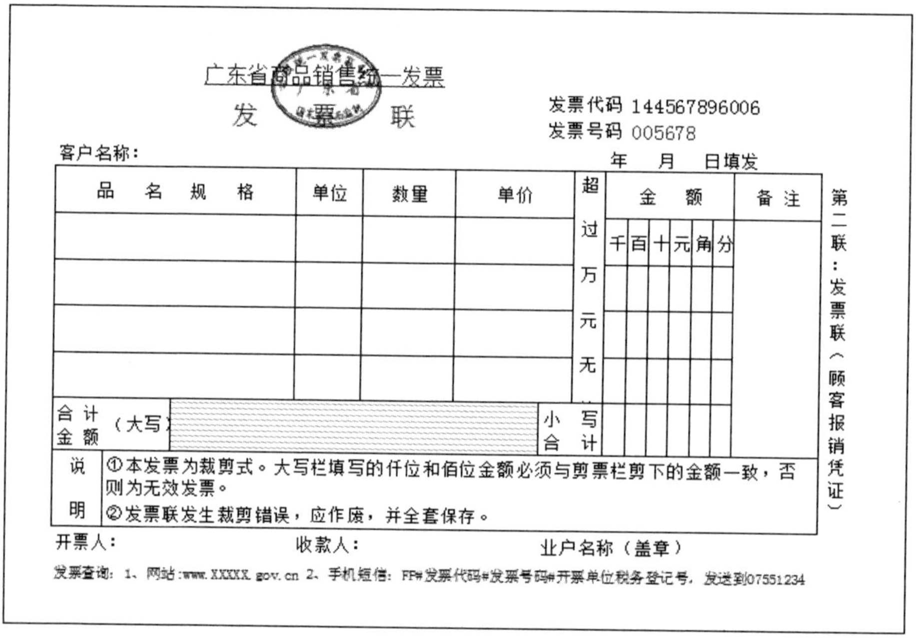

广东省商品销售统一发票

发　票　联

发票代码 144567896006
发票号码 005678

客户名称：　　　　　　年　月　日填发

品　名　规　格	单位	数量	单价	超过万元无效	金额（千）	金额（百）	金额（十）	金额（元）	金额（角）	金额（分）	备注
合计金额（大写）				小写合计							

说明：①本发票为裁剪式。大写栏填写的仟位和佰位金额必须与剪票栏剪下的金额一致，否则为无效发票。②发票联发生裁剪错误，应作废，并全套保存。

第二联：发票联（顾客报销凭证）

开票人：　　　收款人：　　　业户名称（盖章）

发票查询：1、网站:www.XXXXX.gov.cn 2、手机短信：FP#发票代码#发票号码#开票单位税务登记号，发送到07551234

图 3.3　2009 年广东省商品销售统一发票

图 3.3 中的发票是 2009 年广东省商品销售统一发票的样式，这种样式的发票比以前常用的发票多了剪票区，没有变化。

3.2　记账凭证

由于原始凭证的种类繁多，样式也多种多样，虽然提供了具体的信息，但是却不能很方便地进行会计核算。而记账凭证则是把杂乱的原始凭证整理成格式统一、科目和借贷方向明确的会计信息。所以，记账前必须要将原始凭证整理成记账凭证。

说明：就算只有一张发票，也需要将其整理成记账凭证。

3.2.1　记账凭证的分类

记账凭证的分类方法有 3 种，每一种分类方法都有不同的分类标准。笔者将记账凭证的 3 种分类方法及相应的凭证类别，做成一张总图，这样可以看得更加清楚，记账凭证的分类关系如图 3.4 所示。

图 3.4 中的 3 种分类方法，在会计实务中都会涉及，所以对于各种分类下的各类别的名称和具体的分类标准还是需要做一个初步地了解。

第一种分类方法是根据记账凭证反映的经济业务内容的不同，分为专用记账凭证和通用记账凭证两种。

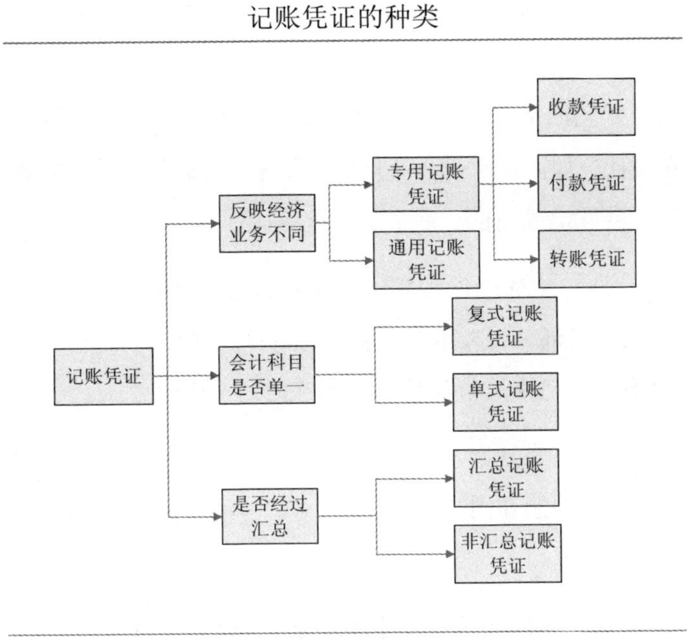

图 3.4　记账凭证分类关系图

1. 专用记账凭证

专用记账凭证又可分为收款、付款和转账3种凭证

- 收款凭证是用来记录收款业务的记账凭证。收款业务是指库存现金和银行存款的收入业务。
- 付款凭证是用来记录款项支付业务的记账凭证。支付业务主要是指库存现金或银行存款的支付。

注意 在实际工作中，收款和付款凭证一般都是由出纳人员进行编制的。涉及现金和银行存款之间的互转时，一般只做付款凭证。如存钱到银行，就只做现金付款凭证，从银行取钱，则只需做银行付款凭证。

- 转账凭证，凡不涉及款项收入的业务都使用转账凭证进行记录。

2. 通用记账凭证

通用记账凭证的名称统一称为“记账凭证”，不分收、付、转。

第二种分类方法是根据记账凭证的不同填制方式，分为单式记账凭证和复式记账凭证。

- 单式记账凭证是将一项经济业务涉及的每个会计科目都单独编制一个记账凭证，如涉及两个会计科目的业务，就需要做两个单式记账凭证，即一个借方记账凭证，一个贷方记账凭证。

说明：这种记账凭证使得每项经济业务都需要使用两张以上的凭证来记录，既容易发生错记漏记，又不利于查对，所以在现实工作中，通常并不使用这种凭证，只会计部门分工很细的企业才可能选用这种凭证。

- 复式记账凭证是最常见的记账凭证，它把同一项经济业务涉及的所有会计科目都编制在同一张凭证上，同一项业务的来龙去脉都可以体现在一张凭证上。

说明：绝大部分企业的会计部门都采用复式记账凭证来记录经济业务。

第三种分类方法是根据凭证是否汇总而将其分为汇总记账凭证和非汇总记账凭证。

- 汇总记账凭证：会计实务中，有时为了简化总账的登记工作，会将该账户下所有明细分类进行汇总，然后将汇总后的数据记入总分类账簿中。
- 非汇总记账凭证：汇总凭证以外的记账凭证都称为非汇总记账凭证。

在实际工作中，大部分比较常用的分类是第一种，即根据记账凭证反映的经济业务内容的不同而进行分类，其相应的称呼也经常会被使用，其余两种分类方法一般并不多见。

3.2.2 记账凭证的样式

记账凭证的样式一般比较统一，只是有时凭证上的名称或金额栏会有变动。如收、付、转凭证，区别很小。典型的收、付、转记账凭证的样式如图 3.5 所示。

从图 3.5 中可以看到，收款、付款、转账凭证的样式基本相同，但在细节上稍有区别，区别如下。

- 凭证名称不同。收、付、转凭证的凭证名称各自为收款凭证、付款凭证和转账凭证。
- 摘要栏上方的相关科目不同。3 个凭证摘要栏上方有所区别，收款凭证此处是“借方科目:”字样，付款凭证此处是“贷方科目:”字样，转账凭证此处无字。

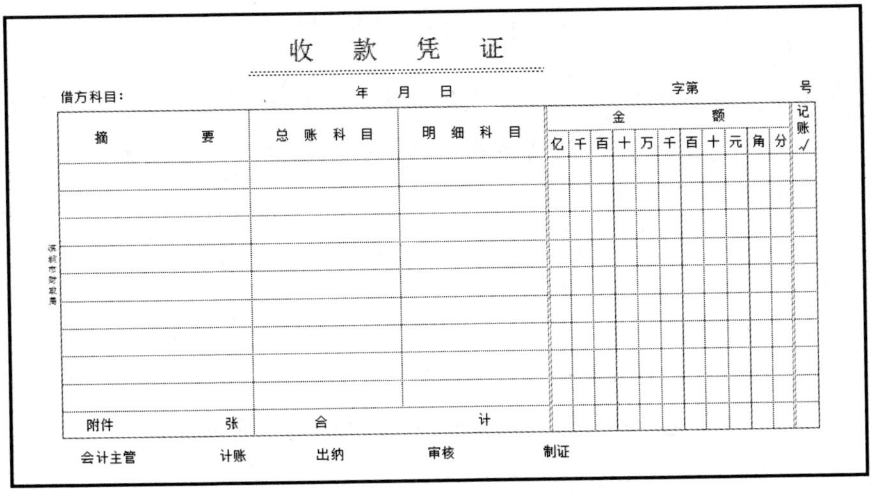
收 款 凭 证

借方科目: 年 月 日 字第 号

摘要	总账科目	明细科目	金额 亿	千	百	十	万	千	百	十	元	角	分	记账 √
附件 张	合	计												

会计主管 计账 出纳 审核 制证

图 3.5 收款凭证、付款凭证、转账凭证的一般样式

付　款　凭　证

贷方科目：　　　　　　　　年　　月　　日　　　　　　　　字第　　　号

摘　　要	总账科目	明细科目	金						额					记账√
			亿	千	百	十	万	千	百	十	元	角	分	
附件　　张	合	计												

深圳市财政局

会计主管　　计账　　出纳　　审核　　制证

转　账　凭　证

年　　月　　日　　　　　　　　字第　　　号

摘　　要	总账科目	明细科目	金						额					记账√
			亿	千	百	十	万	千	百	十	元	角	分	
附件　　张	合	计												

深圳市财政局

会计主管　　计账　　出纳　　审核　　制证

图 3.5　收款凭证、付款凭证、转账凭证的一般样式（续）

说明：收款凭证上，库存现金或银行存款必为借方，所以现金收款凭证和银行存款收款凭证的区别，就是在借方科目处填入相应的科目，而下方的表格内则只有贷方科目。付款凭证上，库存现金或银行存款必为贷方。转账凭证中，双方科目都必须填写在表格内，所以不需要上表格外填写。

一般来说，同一城市甚至同一省的凭证样式，根据当地财政部门的要求会使用统一的格式；不同省市的凭证样式在细节上有微小差异，但是总体样式是相同的。图 3.6 就是广东省深圳市的统一格式的记账凭证样式。

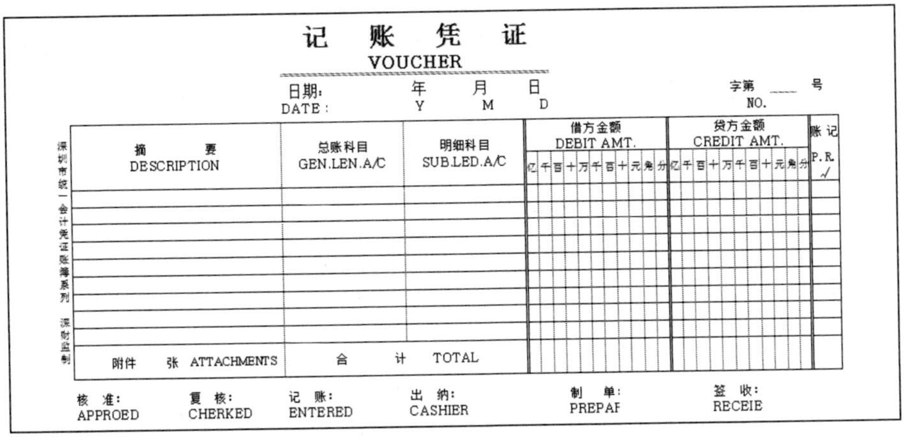
记 账 凭 证
VOUCHER
日期： 年 月 日
DATE： Y M D
字第 ____ 号
NO.
深圳市统一会计凭证账簿系列 深财监制

摘 要 DESCRIPTION	总账科目 GEN.LEN.A/C	明细科目 SUB.LED.A/C	借方金额 DEBIT AMT.	贷方金额 CREDIT AMT.	账记 P.R. √
			亿千百十万千百十元角分	亿千百十万千百十元角分	
附件 张 ATTACHMENTS	合 计 TOTAL				

核 准：APPROED 复 核：CHERKED 记 账：ENTERED 出 纳：CASHIER 制 单：PREPAF 签 收：RECEIE

图 3.6 广东省深圳市的统一格式的记账凭证样式

图 3.6 中的记账凭证与一般通用的记账凭证的主要区别，在于该凭证的相应中文项目下方标注了英文名称，这样方便企业与国外进行会计的数据交流。

3.3 会计凭证的日常处理

会计凭证的日常处理是处于会计循环中最前端的环节，在整个会计工作中占有相当重要的地位。会计凭证的日常处理是会计信息的来源和基础，也是进行会计核算的准备。会计凭证在会计业循环中所处的位置如图 3.7 所示。

图 3.7 中的凭证业务，就是指与凭证相关的会计业务，也就是会计凭证的日常处理业务。会计凭证的日常处理主要包括以下两个方面：

- 原始凭证的日常处理
- 记账凭证的日常处理

原始凭证的日常处理是会计部门的日常工作之一，也是会计循环最前端的环节。原始凭证的日常处理主要是指对原始凭证的收集和整理。其中在对原始凭证进行收集之前，还需要对原始凭证的有效性进行审核，只有通过审核的原始凭证才能作为记录经济业务的依据。

记账凭证的日常处理也是会计部门重要的日常工作之一，主要是将整理好的原始凭证进一步整合，使原始凭证所包含的会计信息，以一种统一的、更便于会计核算的方式呈现出来。当原始凭证被制成记账凭证后，其中的会计信息可以直接记入账簿中。

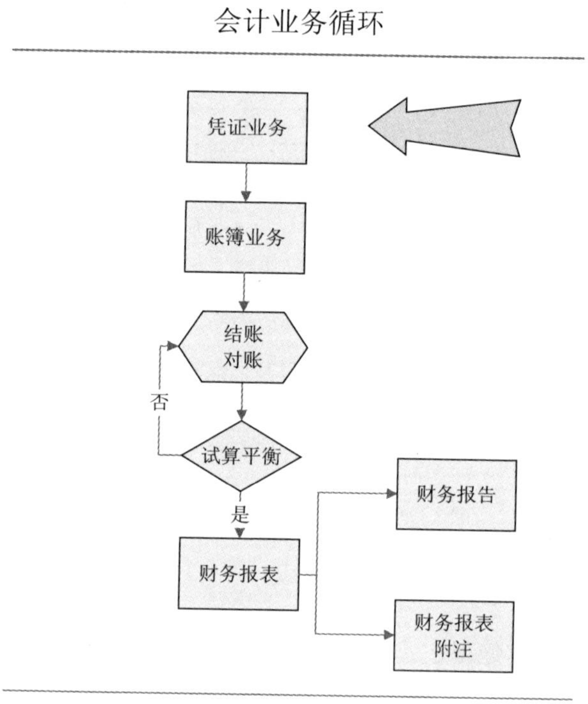

图 3.7 会计业务循环图

3.3.1 实账模拟 1：销售业务中发票和付款凭证的处理

企业购买了一批办公用品，金额为 2500 元，使用现金支票进行支付，对方开具普通发票。本笔业务中，需要收集两部门原始凭证，即：

- 商品销售普通发票
- 支付凭证

商品销售发票一般分为增值税发票和普通发票两种，由于增值税发票能够抵扣增值税的销项税，所以能发增值税发票最好。有一些业务，对方可能并不开具增值税发票，那么普通发票也可以入账。本例中为商品销售普通发票，如图 3.8 所示。

广东省商品销售统一发票

发 票 联

发票代码 144567896006

发票号码 005678

客户名称：深圳市中恒商贸有限公司

2010年3月15日填发

品名规格	单位	数量	单价	超过万元无效	金额 千	百	十	元	角	分	备注
办公用品	箱	1	2500		2	5	0	0	0	0	现金支票支付
合计金额（大写）贰仟伍佰元整				小写合计	2	5	0	0	0	0	

说明 ①本发票为裁剪式。大写栏填写的仟位和佰位金额必须与剪票栏剪下的金额一致，否则为无效发票。②发票联发生裁剪错误，应作废，并全套保存。

开票人：　收款人：李青　业户名称（盖章）

发票查询：1、网站：www.XXXXX.gov.cn 2、手机短信：FP#发票代码#发票号码#开票单位税务登记号，发送到07551234

第二联：发票联（顾客报销凭证）

深圳市中兴文具用品有限公司 445158888888888 发票专用章

图 3.8　商品销售普通发票

支付凭证是指企业支付相关款项的凭证，一般可以是支票存根、银行存账单、银行存款单，或是由对方出具的现金收据等。本例中是现金支票存根，如图 3.9 所示。

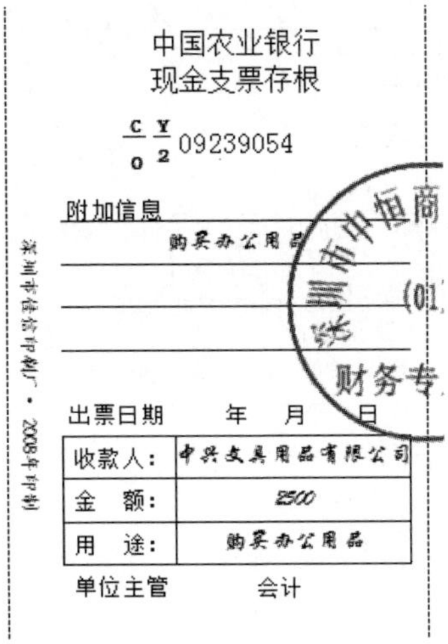
中国农业银行

现金支票存根

$\frac{C}{0}\frac{Y}{2}$ 09239054

附加信息

购买办公用品

出票日期　年　月　日

收款人：	中兴文具用品有限公司
金　额：	2500
用　途：	购买办公用品

单位主管　会计

深圳市佳信印刷厂・2008年印制

深圳市中恒商…（01… 财务专…

图 3.9　现金支票存根

下面，就对上述的原始凭证进行审核和整理，并将其中的信息填入记账凭证中，步骤如下。

1. 对原始凭证商品销售发票进行相应的审核

审核商品销售发票时，应注意以下几点：

- 票名称处，是否有税务局的发票专用章；
- 是否有客户单位的公章或财务专用章；
- 其发票上的客户名称是否是本企业名称；
- 开票人是否已签名或盖章；
- 发票的内容是否有涂改或不清楚的地方；
- 金额的大小写是否一致。

发票的审核部位，如图 3.10 所示。

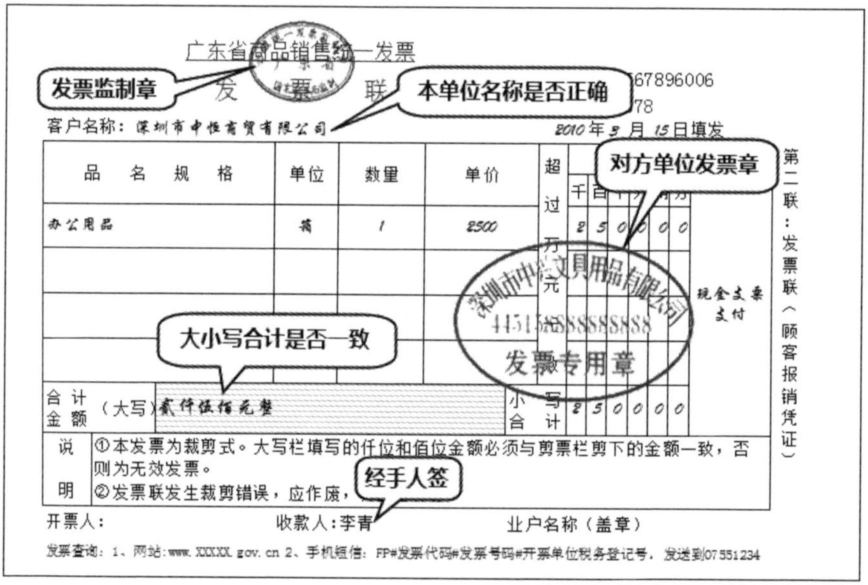

图 3.10　发票的审核部位

2. 对款项支付凭证进行相应审核

本例中款项支付凭证是现金支票存根，在对现金支票存根进行审核时，需注意以下几点。

- 核对支票号码，确为本单位所购买的相应银行支票；

说明：支票一般由单位出纳填写，然后由公章保管人员盖上相应的印鉴，将支票的本票支付对方后，相应的存根就保留在出纳处，并及时进行入账处理。所以这一项核对的内容是专指支票由他人填写和支付的情况下的核对。

- 核对支票上本单位的骑缝章；

说明：骑缝章是指企业在支票存根和本票之间的剪裁线上加盖的印章，一般应为企业的财务专用章。企业介绍信等需要保留存根的正式公文，其剪裁线上都要加盖相应的印章，如企业公章等。

- 核对收款人是否是相应的业务单位；
- 核对业务金额是否正确；
- 核对支票用途是否正确；
- 核对本单位相关人员印章；
- 核对支票存根背面的对方收款人签名。

现金支票存根的审核部位，如图 3.11 所示。

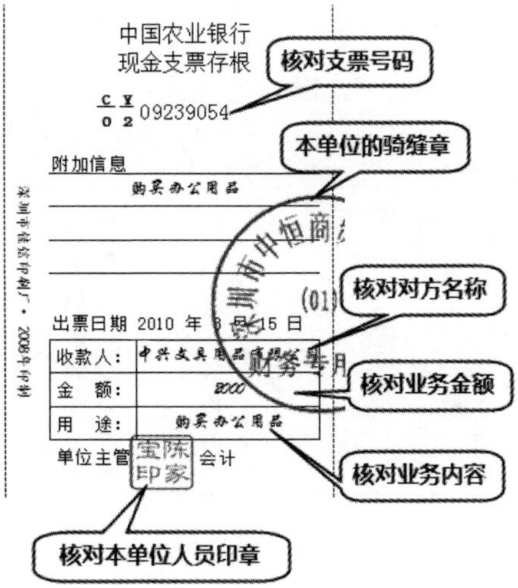

图 3.11 现金支票存根的审核部位

说明：实际上并没有明确要求对方收款人要在支票存根上签名，但是为了以后明确相应责任人，有些单位的会计部门会要求对方收款人签名，笔者比较推荐这种做法。

3. 根据审核好的原始凭证中的相应业务内容填制记账凭证

本例中是购买办公用品，则其会计分录如下：

借：管理费用　　　　　　　　　　　　　　　　　　2500

　贷：银行存款　　　　　　　　　　　　　　　　　　2500

确定了会计分录之后，就要进行填制记账凭证的过程。记账凭证在填制时，必须注意以下几项基本内容：

- 记账凭证的名称；
- 填制凭证的时间；
- 记账凭证的编号；
- 经济业务的摘要；
- 借方和贷方的会计科目；
- 附件的张数；
- 制证、审核、记账、会计主管等有关人员的签章。

根据上述分录填制完成的记账凭证，如图 3.12 所示。

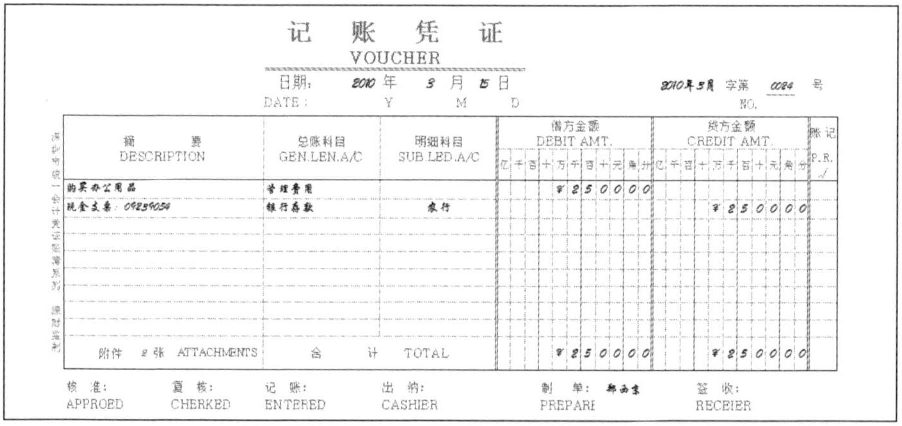

记 账 凭 证
VOUCHER

日期：2010 年 3 月 15 日　　2010年3月 字第 0024 号
DATE： Y M D　　NO.

摘要 DESCRIPTION	总账科目 GEN.LEN.A/C	明细科目 SUB.LED.A/C	借方金额 DEBIT AMT.	贷方金额 CREDIT AMT.	记账 P.R.
购买办公用品	管理费用		¥250000		
现金支票：09239054	银行存款	农行		¥250000	
附件 2 张 ATTACHMENTS	合计 TOTAL		¥250000	¥250000	

核准：APPROED　复核：CHERKED　记账：ENTERED　出纳：CASHIER　制单：郝西东 PREPARE　签收：RECEIER

图 3.12　填制完成的记账凭证

说明：刚填制完的记账凭证，一般只在制单处有签章，当记账凭证最终审核完成，登记账簿后，相关环节人员会一一在相应位置上签章。

4. 将原始凭证粘贴在一张与记账凭证等大的纸张上，以方便装订

原始凭证的粘贴并没有很严格的规定，可以选择将其贴在记账凭证的背

面，也可以另选一张小于记账凭证的纸粘贴。之所以选用等大纸张，主要是出于记账凭证整理和装订的方便，装订好之后也比较美观。

说明：在实际工作中，会计部门是直接使用作废的记账凭证来粘贴的，如果没有作废的凭证，就使用未使用的凭证。

粘贴好的原始凭证，如图 3.13 所示。

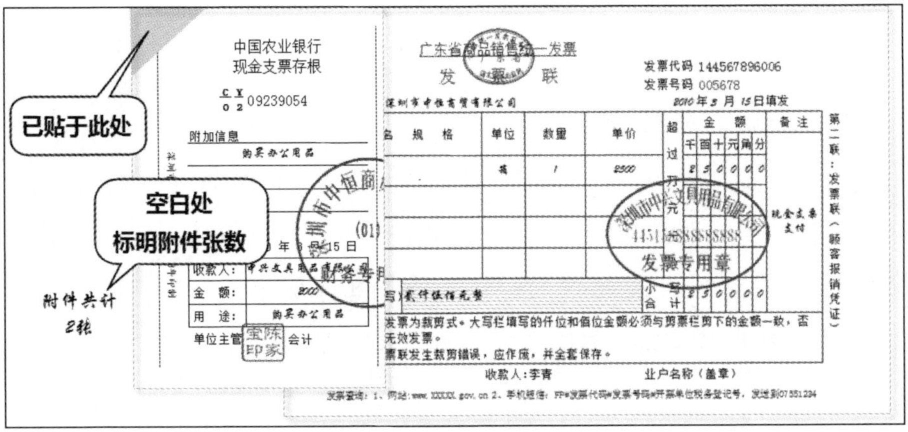

图 3.13　粘贴好的原始凭证

5．将填制好的记账凭证与粘贴好的原始凭证，用曲别针别起收好

只需将填制好的记账凭证与粘贴好的原始凭证垛齐，然后用曲别针别好即可。之后在每月结账完毕后，再将凭证装订起来。

3.3.2　实账模拟 2：差旅费发票报销处理

小李去外地出差，回来后拿了一堆各类发票来报销。这些发票有些是出租车票，有些是公交车票，还有火车票和住宿发票，大小不一，数量很多。小李出差前曾向财务部门预借差旅费 1500 元，当时由小李手书借款单入账。

本笔业务所涉及的原始凭证是相关的差旅费单据等。由于差旅费的票据较多，需要对其进行整理。然后再进行记账凭证的填制。其会计处理的相应步骤如下。

1．对原始凭证进行相应审核

对差旅费的相关发票进行审核，主要是审核以下几个方面：

- 票据的合法性；

说明：有些住宿费的发票不是正规发票，因此是不能报销的。

- 交通费、住宿费是否符合相应人员的标准；

说明：不同级别的人员出差，有不同的交通和住宿标准。

- 是否超过本次预计费用总额。

说明：如超过，需要相关人员提供说明并报请上级审批。

2. 对原始凭证进行整理

此时，有两种处理发票的方式，第一种方式是将发票贴在另一张与记账凭证等大的纸张上。按照相压、并错开的方式粘贴上去，并在空白处书写相应的统计数目。差旅费发票经粘贴、整理后，如图 3.14 所示。

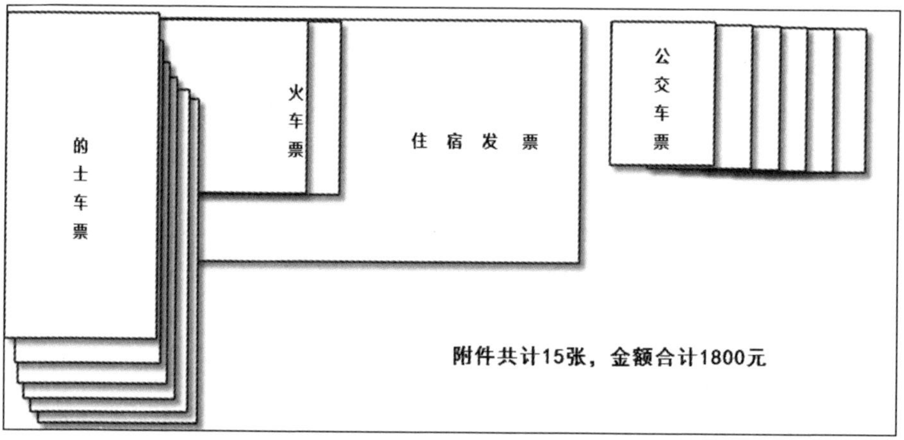

图 3.14　粘贴的差旅费发票整理后

第二种方式是使用报销凭证粘贴单来进行粘贴，即将这些发票全都整理粘贴在报销凭证粘贴单上，即按照与上一种方法相同的方式，将发票贴好，并在相应地方，填写各类发票的总张数和总金额。粘贴差旅费发票后的报销单据粘贴单，如图 3.15 所示。

说明：上述两种差旅费的粘贴方式，其区别在于是否使用印制好的、样式统一的报销单据粘贴单。如果企业的类似报销情况较多，则可以购买印制的报销单据粘贴单来使用。

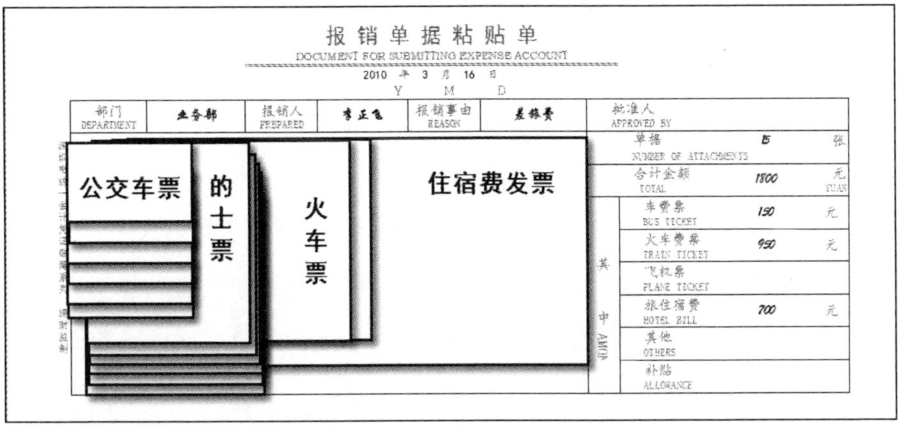

图 3.15 报销单据粘贴单

3. 根据原始凭证中的相关信息，确定会计分录，然后填制会计凭证

本例为业务部门人员出差的差旅费，应计入管理费用中，而小李出差前曾预借差旅费，所以本笔业务的会计分录如下。

借：管理费用　　1800

　　贷：其他应收款　　1500

　　贷：库存现金　　300

根据上述分录，完成填制记账凭证，如图 3.16 所示。

记 账 凭 证
VOUCHER

日期：2010 年 3 月 16 日 DATE： Y M D　　2010年3月 字第 0025 号 NO.

摘 要 DESCRIPTION	总账科目 GEN.LEN.A/C	明细科目 SUB.LED.A/C	借方金额 DEBIT AMT.	贷方金额 CREDIT AMT.	记账 P.R. ✓
报销李正飞去西安的差旅费	管理费用		¥180000		✓
	其他应收款	李正飞		¥150000	✓
	库存现金			¥30000	✓
附件 15 张 ATTACHMENTS	合 计 TOTAL		¥180000	¥180000	

核准： APPROVED　复核：魏晨 CHERKED　记账：周娜 ENTERED　出纳： CASHIER　制单：郑西京 PREPAREI　签收： RECEIER

图 3.16 填制完成的记账凭证

4．将记账凭证与粘贴好的原始凭证，用曲别针别起收好

3.3.3 实账模拟 3：应收账款之收、付、转凭证的处理

本例中，小李出差前预借差旅费为一笔业务，出差后报销又是一笔业务，上面两个例子都是使用记账凭证进行处理的，本例使用收、付、转凭证进行处理。其步骤如下。

（1）小李出差前预借差旅费 1500 元，需以其手书的借款单入账。

会计分录如下。

借：其他应收款-李正飞　　1500

　贷：库存现金　　1500

根据上述会计分录，填制付款凭证，如图 3.17 所示。

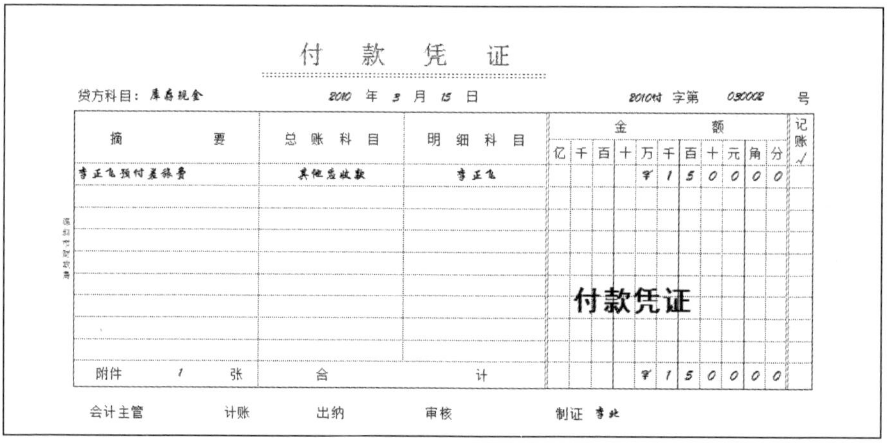

付款凭证

贷方科目：库存现金　　2010 年 3 月 15 日　　2010付 字第 030002 号

摘要	总账科目	明细科目	亿	千	百	十	万	千	百	十	元	角	分	记账√
李正飞预付差旅费	其他应收款	李正飞					￥	1	5	0	0	0	0	
附件 1 张	合计						￥	1	5	0	0	0	0	

会计主管　计账　出纳　审核　制证 李北

图 3.17　填制完成的付款凭证

填制图 3.17 中的付款凭证时需要注意以下两点：

- 左上角的贷方科目处应填写付款的相关科目，如本例中的库存现金；
- 收、付、转凭证在编号时也要分别编号，如收款凭证编 01、02、03，而再有付款凭证和转账凭证时，也必须从 01 开始重新编号。

（2）差旅费报销时，应做付款凭证。其会计分录如下。

借：管理费用　　1800

　贷：库存现金　　1800

填制好的付款凭证，与图 3.17 相似，不再展示。

（3）小李归还之前预借的差旅费，应做收款凭证。其会计分录如下。

借：库存现金　　1500

　贷：其他应收款-李正飞　　1500

根据上述会计分录，填制收款凭证，如图 3.18 所示。

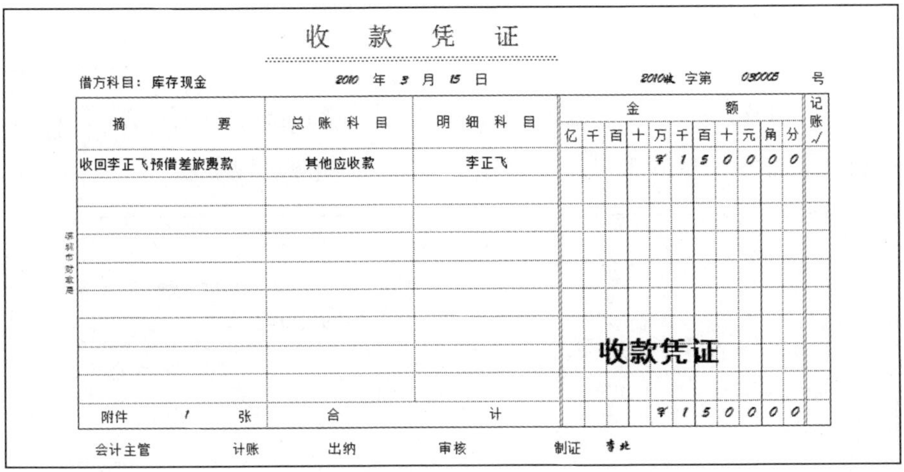
收款凭证

借方科目：库存现金　　2010 年 3 月 15 日　　2010收 字第 030005 号

摘要	总账科目	明细科目	亿	千	百	十	万	千	百	十	元	角	分	记账√
收回李正飞预借差旅费款	其他应收款	李正飞					¥	1	5	0	0	0	0	
附件 1 张	合	计					¥	1	5	0	0	0	0	

收款凭证

会计主管　　计账　　出纳　　审核　　制证 李北

图 3.18　填制完成的收款凭证

3.4　记账凭证的传递、装订和保管

记账凭证填制完成后，一般会先用曲别针将记账凭证与原始凭证粘贴页别在一起，以备后面环节的使用。这些后面环节是指：

- 记账凭证的传递过程
- 记账凭证的整理、装订、加封面等
- 记账凭证的保管

3.4.1　会计凭证的传递

会计凭证的传递是指会计从填制到归档保管整个过程中，在单位内部各有关部门和人员之间的传递程序和传递过程。当记账凭证制作完成后，就可以进行相应的传递过程了，其相应步骤如下。

（1）由指定人员对凭证内容进行审核。审核的内容包括：

- 原始凭证是否符合使用规定
- 会计分录的正确与否
- 相关数字金额是否正确无误
- 附件张数是否正确
- 制证人是否签章

（2）审核完成后，由专人进行账簿的登记。账簿登记完成后，需要在凭证处进行标记，即在凭证的最后一列打“√”号，如图 3.19 所示。

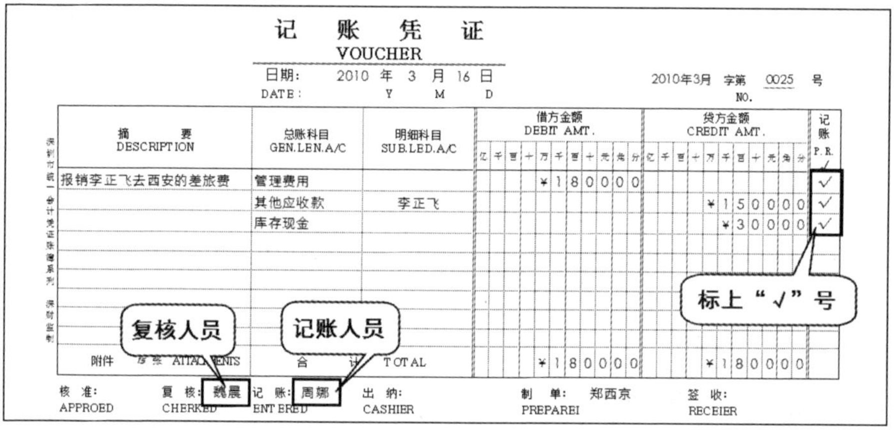

记 账 凭 证
VOUCHER

日期：2010 年 3 月 16 日
DATE： Y M D

2010年3月 字第 0025 号
NO.

摘要 DESCRIPTION	总账科目 GEN.LEN.A/C	明细科目 SUB.LED.A/C	借方金额 DEBIT AMT.	贷方金额 CREDIT AMT.	记账 P.R.
报销李正飞去西安的差旅费	管理费用		¥180000		√
	其他应收款	李正飞		¥150000	√
	库存现金			¥30000	√
附件 张 ATTACHMENTS	合计 TOTAL		¥180000	¥180000	

核准： APPROED　复核：魏晨 CHERKED　记账：周娜 ENTERED　出纳： CASHIER　制单：郑西京 PREPAREI　签收： RECEIER

图 3.19　记账后需要标记

说明：从图 3.19 中可以看出，所谓的记账后的标记，就是在凭证最右边的“记账√”栏里，标记上“√”符号。

（3）记账完成后，经会计主管确认，无误后，签名。

（4）所有流程走完后，待到月底结账完成，就可以将凭证装订起来了。

至此，记账凭证的传递过程就已完成。

记账凭证填制完毕后，还需要进行各分工负责人的传递，传递完成之后，将记账凭证装订成册，然后进行专门的保管。

记账凭证的制作、传递及保管等工作相关的操作流程，如图 3.20 所示。

记账凭证的操作流程

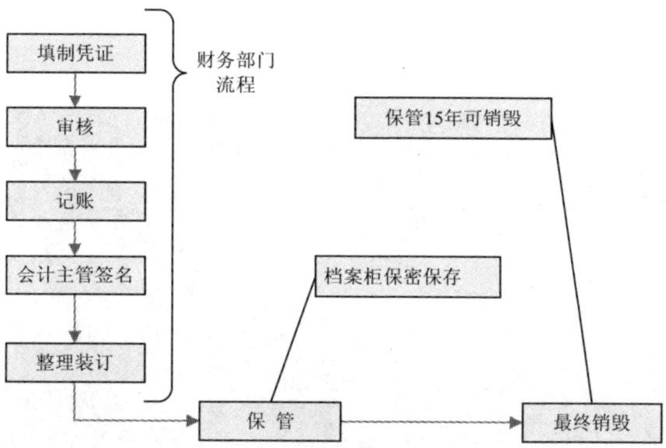

图 3.20 记账凭证的操作流程

3.4.2 记账凭证的装订

记账凭证的装订是指将登记完毕的记账凭证，连同凭证所附的原始凭证等，按凭证的编号顺序装订成册。

在填制记账凭证之前，已对原始凭证进行了相应的整理。即将大小不一的原始凭证按照记账凭证的大小进行折叠和粘贴，使其大小与记账凭证大小相同，或与记账凭证的右上角齐平。这样整理的目的就是在装订记账凭证时可以装订整齐，装订成册后又可以保证不能随意增减原始凭证。

会计凭证的装订一般在月末，即本月账务结账后进行。会计凭证装订好后，用牛皮纸的封面和封底，把会计凭证和原始凭证都以左上角垛齐，打孔用线装订结实后，再包上包角纸即可。装订的方法比较简单，不再多说。

会计凭证装订时需要注意以下几点：

- 记账凭证一定要按编号顺序码放；
- 收、付、转凭证一般都分册装订，如果业务很少也可以装订成一册；
- 将记账凭证汇总表、银行存款余额调节表放在最前面，并放上封面、封底；
- 装订好后，要在包角纸的接口处加盖骑缝章，以防私拆凭证；
- 要在封面封底上注明相关情况如日期、册数等。在凭证册的左侧包住的地方可以注上编号，以方便日后查找。

说明：记账凭证装订好后，其封面应当填写详细的相关内容。记账凭证的封面和封底在文具店里有专用的牛皮纸质地的，可以直接购买使用。常见的凭证封面如图 3.21 所示。

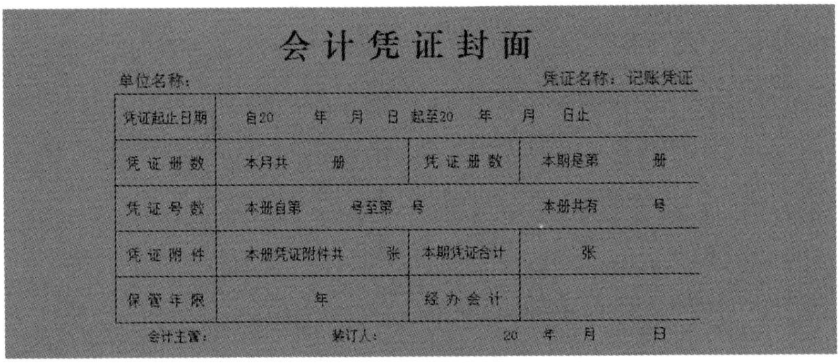

会计凭证封面

单位名称：　　　　凭证名称：记账凭证

凭证起止日期	自20　年　月　日 起至20　年　月　日止		
凭证册数	本月共　册	凭证册数	本期是第　册
凭证号数	本册自第　号至第　号		本册共有　号
凭证附件	本册凭证附件共　张	本期凭证合计	张
保管年限	年	经办会计	

会计主管：　　装订人：　　20　年　月　日

图 3.21　会计凭证封面样式

3.4.3　记账凭证的保管

记账凭证装订好之后，就要归档保管。由于会计凭证是重要的财务资料，因此对会计凭证的保管和相应的规定十分严格，其保管期限也有明确的法律规定。记账凭证保管的相关规定如下：

- 装订好的会计凭证，要按年、月的顺序排列保存，一般由专人保管；

注意　出纳不得兼管会计档案。

- 凭证装订好后，先由财务部门保管，以备随时查对账目，年底终了后，还可暂时由财会部门保存一年，过后须由本单位档案部门保管；
- 需要调阅会计凭证，应当进行申请，经批准方能查阅；

说明：调阅时，应填写“会计档案调阅表”，详细填写调阅会计凭证的名称，调阅日期、调阅人姓名、调阅理由、调阅批准人等。

- 原始凭证不得外借，确需外借时，须经相关主管的批准方可。

说明：由谁批准，须看企业的财务审批制度的规定。外借的原始凭证须专设登记簿登记，说明所复制的会计凭证名称、张数，并由提供人员和收取人员共同签名或者盖章。

第 4 章

账簿的记录和修改

账簿是在会计核算中记录会计账务的文档，又称账本。账簿可以将零散的会计凭证内容，分门别类地登记起来，这样不但便于查找，也便于核算。如果说会计凭证是整合后的经济业务信息，那么会计账簿就是将这些信息进一步归类放置的容器。

由于会计凭证的数量很多，又很分散，而且只能零散地反映个别经济业务的内容，无法连续、系统、全面地监督一个经济单位在一定时期内的所有经济业务的情况，所以，需要将分散在会计凭证上大量的会计数据资料，加以归类整理，然后准确而有序地记录在账簿上。

因此，账簿是会计工作中最重要的文档资料，其不仅可以使经济数据更加系统和完整，还为会计部门的对账、结账和制作报表等提供了服务。

4.1 账簿基础

账簿是记录会计信息的簿籍，其将经济业务序时、分类地记录在账页上。

为了适应企业不同业务的需求，账簿具有多种格式，其登记的规则也不尽相同。在进行相关的账簿业务处理前，首先要了解账簿的相关情况，以及与账簿业务相关的知识。

4.1.1 会计账簿的意义

账簿业务是会计业务循环的第二环节，即归整和记录环节。账簿业务主要包括以下两项内容：

- 设置账簿
- 登记账簿

设置账簿是根据不同的经济业务状况，适当地设置账簿，以利于核算；而登记账簿则是对会计信息的更新整理和最终记录。可以说，设置和登记账簿是对经济信息进行加工整理的一种专门方法，是会计核算工作中的一个重要环节。

会计账簿相关业务在会计业务循环中的位置如图 4.1 所示。

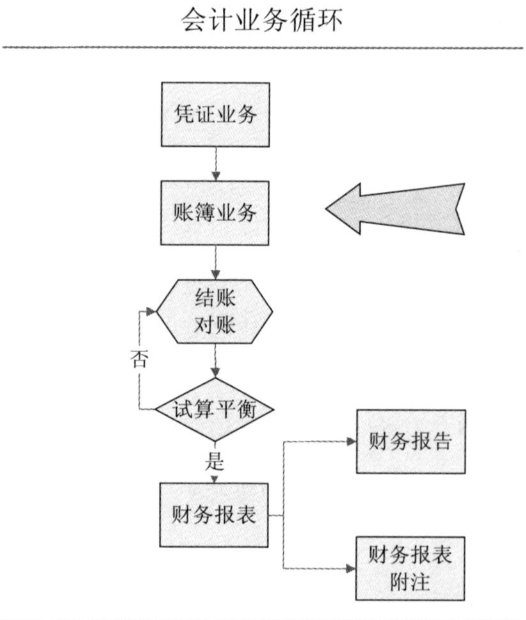

图 4.1　会计账簿在会计业务循环中的位置

4.1.2　会计账簿的分类

由于账簿需要记录的会计信息复杂多样，各种经济业务中其信息的记录要求也各不相同，所以账簿的种类也多种多样。财务处理中常用的账簿分类有以下几种：

- 按账簿样式分类，分为订本账和活页账；
- 按账簿中账页的格式分类，分为三栏式、数量金额式和多栏式；
- 按账簿中账户的属性，分为总账、明细账和日记账等。

说明：每种账簿都有其相应的适用范围，不同的账户要使用的账簿也有相应的规定，如银行存款和日记账的日常支出，必须建立日记账，而日记账则必须使用订本账簿来记录等。

会计账簿的分类示意图，如图 4.2 所示。

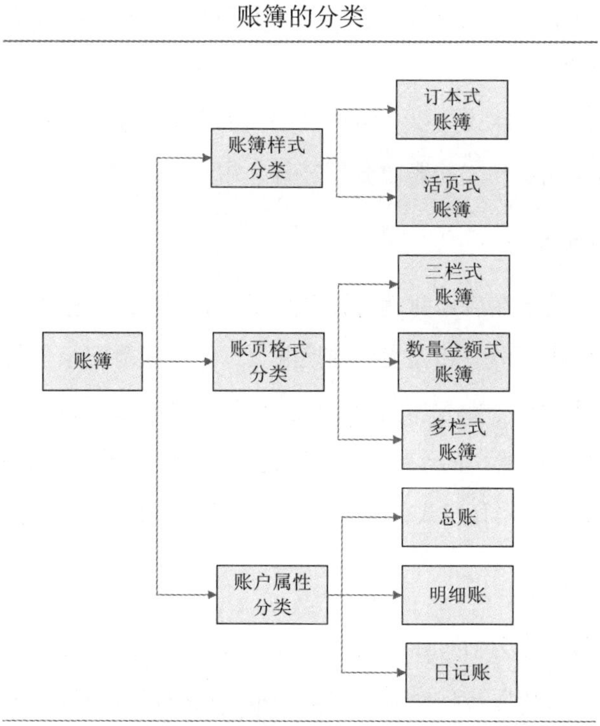

图 4.2　会计账簿的分类示意图

4.1.3 账簿的基本结构

由于各种账簿所记录的经济业务不同，因此其账簿格式也是多种多样的，但其基本结构都是相同的。一个会计账簿应具备以下基本内容：

- 封面，是指封面和封底；
- 扉页，记录账簿的基本信息，如启用日期、截止日期，页数、册次、相关人员名单及签章，以及账户目录等。
- 账页，即记录会计信息的、有固定格式的纸页。

4.1.4 会计账簿的外观样式

会计账簿的样式，主要是指两个方面：

- 一是指会计账簿的外观样式，即其是否为订本账簿，订本账簿与活页账簿的样式是有区别的；
- 二是指账簿中内页的不同格式，即三栏式账簿、数量金额式账簿和多栏式账簿。

会计账簿的外观样式主要有两种，一种为订本账簿，另一种则是活页账簿。下面就对这两种外观样式的账簿分别进行介绍。

1. 订本式账簿

订本式账簿是指在启用前就将许多张账页装订成册并连续编号的账簿。其优点是能够避免账页散失和人为的抽换账页，保证账簿记录资料的安全性。缺点是必须事先估计每个账户所需要的账页张数，预留账页过多，会造成浪费，而预留太少又会影响账户的连续登记。因此，一般情况下，比较重要的、账户数量变化不大的账簿使用订本式，如总账、库存现金日记账和银行存款日记账等。

2. 活页式账簿

活页式账簿简称为活页账。是由通用的活页账簿封面与相应的活页账页组成。账簿的厚度由相应账户所需页数来决定。这种账簿的特点是，在启用前没有编写账页顺序号，在使用过程中将各张账页置放在活页的账夹内，或者临时拴扎成册。

这种账簿的优点是可以根据实际增添账页，不会造成浪费，使用比较灵活，便于分工记账。但是，这种账簿的账页容易丢失和被抽换。因此，在采用这种账簿时，空白账页在使用时必须连续编号，并且有关人员必须在账页上盖章，并应定期装订成册，以防止弊端的产生。活页式账簿一般适应于明细分类账。

4.1.5 会计账簿的内页格式

账簿的样式不同，主要是指账页样式的多种多样。不同的账页，因其反映的经济业务内容不同，其格式也各有不同，但是基本元素却是相同的。账页上相同的基本元素包括：

- 账户名称
- 登账日期
- 凭证种类和号数栏
- 摘要栏
- 金额栏
- 总页次和分页次

会计账簿的内页，也就是常说的会计账簿中的账页。账页是会计账簿中记录会计信息的实际载体，其样式实际上决定了账簿的性质。

会计账簿的内页有以下几种：

- 账簿扉页
- 账户目录表
- 三栏式账页
- 数量金额式账页
- 日记账账页

下面就对上述各种账簿内页的格式进行一一介绍。

1. 账簿扉页

账簿扉页就是账簿的首页。所有账簿的首页都应设置账簿启用表，并在表中填写本账簿的相应信息。通用的账簿启用表的样式如图 4.3 所示。

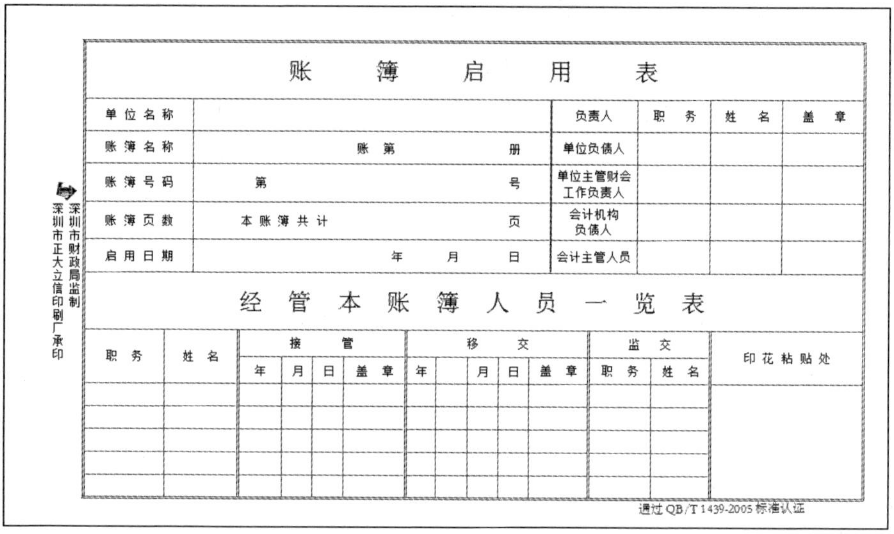

深圳市财政局监制
深圳市正大立信印刷厂承印

账 簿 启 用 表

		负责人	职 务	姓 名	盖 章
单位名称					
账簿名称	账 第 册	单位负债人			
账簿号码	第 号	单位主管财会工作负责人			
账簿页数	本账簿共计 页	会计机构负债人			
启用日期	年 月 日	会计主管人员			

经 管 本 账 簿 人 员 一 览 表

职 务	姓 名	接管				移交					监交		印花粘贴处
		年	月	日	盖 章	年		月	日	盖 章	职 务	姓 名	

通过 QB/T 1439-2005 标准认证

图 4.3 通用的账簿启用表的样式

从图 4.3 中可以看出，账簿首页的账簿启用表，不但记录着账簿启用时的相关信息，还明确了本账簿会计信息的相关责任人。在表的下方，对账簿的经手人员和管理人员也进行了相应记录。

2. 账户目录表

账户目录表是本账簿中所有账户的列表，一般紧跟在扉页后面。账户目录表的主要作用是，方便对本账簿中相关账户的查找和使用。常见的账户目录表的样式如图 4.4 所示。

从图 4.4 中可以看出，在账户目录表中，每个账户都需要记录科目编号、科目名称及页号，这样便于会计人员进行账簿的相关操作。

3. 三栏式账页

三栏式账页是最常用的会计账页样式，其最大特点就是金额栏共有三栏，即借方金额、贷方金额和余额三栏，故而得名。正是由于三栏式账页可以兼顾借方、贷方及余额，所以很多账户都可应用这种账页。

账 户 目 录

顺序	编号	名称	页号	顺序	编号	名称	页号	顺序	编号	名称	页号	顺序	编号	名称	页号
1				26				51				76			
2				27				52				77			
3				28				53				78			
4				29				54				79			
5				30				55				80			
6				31				56				81			
7				32				57				82			
8				33				58				83			
9				34				59				84			
10				35				60				85			
11				36				61				86			
12				37				62				87			
13				38				63				88			
14				39				64				89			
15				40				65				90			
16				41				66				91			
17				42				67				92			
18				43				68				93			
19				44				69				94			
20				45				70				95			
21				46				71				96			
22				47				72				97			
23				48				73				98			
24				49				74				99			
25				50				75				100			

图 4.4 常见的账户目录表样式

三栏式账页应用广泛，不仅总分类账会使用，在明细账中也有广泛地应用。同时三栏式账页还能够替代其他格式的账页，对一些较特别的账户，一样能够进行相应的信息记录。

三栏式总分类账的账页样式如图 4.5 所示。

总 分 类 账

会计科目：________ 第___页，总_____页

2009 年		凭证		摘要	借方金额											贷方金额											借或贷	余额											√
月	日	类	号		亿	千	百	十	万	千	百	十	元	角	分	亿	千	百	十	万	千	百	十	元	角	分		亿	千	百	十	万	千	百	十	元	角	分	

深圳市财政局监制
深圳市正大立信印刷厂承印

图 4.5 三栏式总分类账账页样式

说明：三栏式账页既可以记录总分类账，也可以记录明细分类账，两者的区别是：总分类账一般是订本账簿，而明细分类账是活页账簿。

4. 多栏式账页

多栏式账页是将属于同一个总账科目的各个明细科目合并在一张账页上进行登记的会计账簿内页。使用多栏式账页的会计账簿就称为多栏式账簿。

多栏式账页一般多用于相关科目明细账的记录，所以又称为多栏式明细账页。其适用于那些要求对金额进行分析的有关费用成本、收入成果类科目的明细分类核算。例如，要对“主营业务收入”、“管理费用”、“销售费用”、“生产成本”等总账科目的明细科目进行记录时，一般就会采用多栏式账页。

多栏式明细分类账账页的样式，如图 4.6 所示。

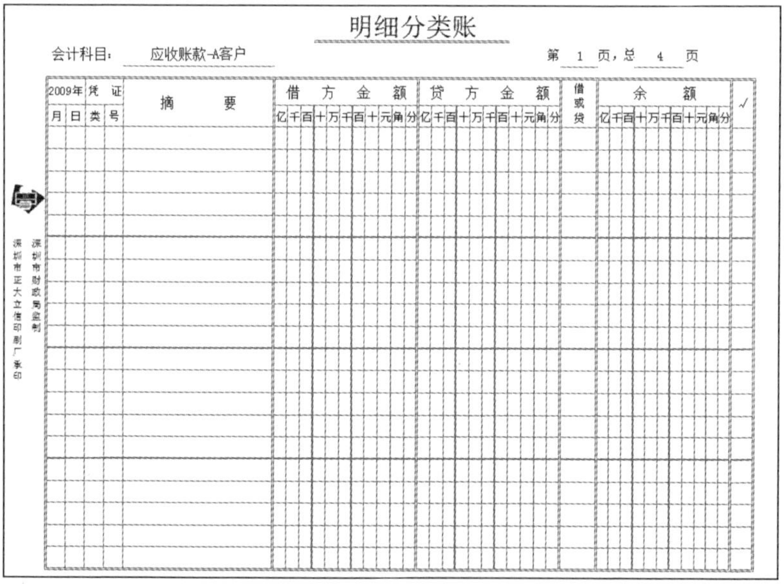
明细分类账

会计科目：应收账款-A客户　　第 1 页，总 4 页

2009年		凭证		摘要	借方金额	贷方金额	借或贷	余额	√
月	日	类	号		亿千百十万千百十元角分	亿千百十万千百十元角分		亿千百十万千百十元角分	

图 4.6　多栏式明细分类账账页样式

5. 日记账账页

日记账的账页是专门用于记录日记账的账簿内页，主要用于银行存款日记账和库存现金日记账的日常记录。

日记账一般都是订本账，账页的样式也比较固定。从样式上来看，日记账账页与三栏账页非常像，只是日记账的账页上多出了收付款凭证栏，需要记录相应款项收支凭证的编号，如银行凭证的号码、收款单的号码等。

而银行日记账与库存现金日记账的样式几乎是一模一样，只是在银行日记账中，收付款凭证是与银行相关的，如支票、银行进账单、存款单存根等，而库存现金日记账中则是与现金支付相关的原始凭证的编号，如现金支票、现金存款单、相关的现金收据、收条等。

常见的银行存款日记账的账页，其样式如图 4.7 所示。

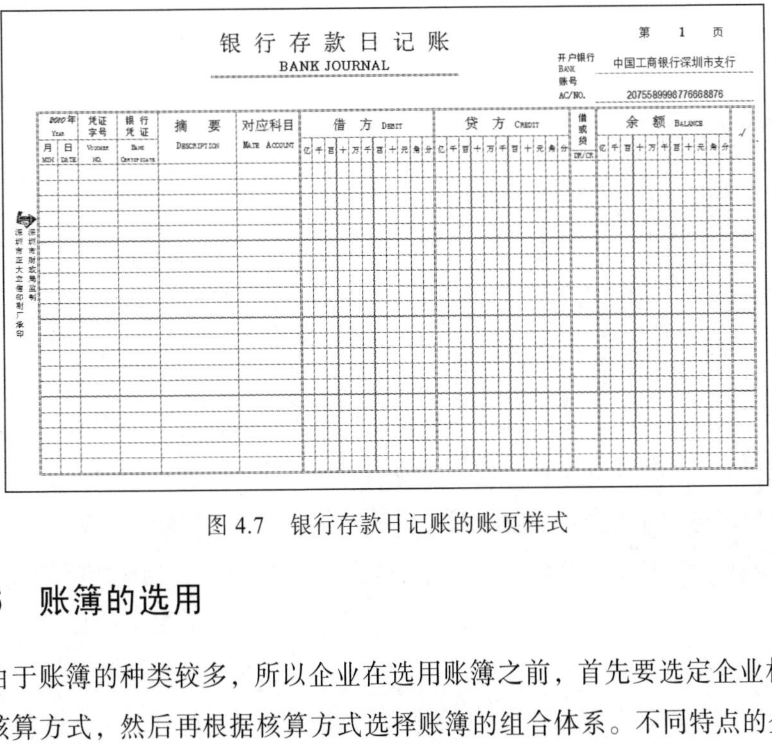

图 4.7 银行存款日记账的账页样式

4.1.6 账簿的选用

由于账簿的种类较多，所以企业在选用账簿之前，首先要选定企业相应账户的核算方式，然后再根据核算方式选择账簿的组合体系。不同特点的企业，其适宜的核算方式和账簿组合体系不同，如表 4.1 所示。

表 4.1 不同特点的企业的核算方式和账簿组合体系

规模	单位特点	应采用的核算形式	可设置的账簿体系
小规模企业	小规模纳税人	记账凭证核算形式	1. 库存现金、银行存款日记账 2. 固定资产、材料、费用、明细账 3. 总账
		日记总账核算形式	1. 库存现金、银行存款日记账 2. 日记总账 3. 固定资产、材料明细账

续表

规模	单位特点	应采用的核算形式	可设置的账簿体系
大中型企业	一般纳税人	科目汇总表核算形式 汇总记账凭证核算形式	1. 库存现金、银行存款日记账 2. 固定资产、材料、应收（付）账款、其他应收（付）款、长（短）期投资、实收资本、生产成本、费用等明细账 3. 总账（购货簿、销货簿）
	收付款业务多 转账业务少	多栏式日记账核算形式	1. 四本多栏式日记账 2. 固定资产、材料、应收（付）账款、其他应收（付）款、长（短）期投资、实收资本、生产成本、费用等明细账 3. 总账（购货簿、销货簿）
大中型企业	收付款业务多 转账业务亦多	多栏式日记账 汇总转账凭证核算形式	1. 四本多栏式日记账 2. 固定资产、材料、应收（付）账款、其他应收（付）款、长（短）期投资、实收资本、生产成本、费用等明细账 3. 总账（购货簿、销货簿）
	转账业务较少	科目汇总表 转账日记账核算形式	1. 库存现金、银行存款日记账 2. 必要的明细账、转账日记账 3. 总账

根据表 4.1 的账簿选用原则，企业可以在法律允许的范围内对企业所使用的账户及相应的账簿进行自由选择。企业建账时，基本已选择了需核算的账户，即会计科目。因此在选用账簿时，只需根据账户特点选择相应的账簿即可。

不同类型的账户，根据其数据和信息的特点，其所要采用的会计账簿也不相同。有些账户根据国家相关财经法规的限制，必须使用指定种类的账簿，如银行日记账和库存现金日记账，这两者都必须使用规定格式的订本账簿；而大多数账户都可以由会计人员根据业务的需要或个人的习惯进行相应的选择。常见科目的账簿选用如表 4.2 所示。

表 4.2 常见科目的账簿选用

账户名称	账户属性	账本样式	帐页格式
库存现金	日记账	订本账	三栏式
银行存款	日记账	订本账	三栏式
应收账款	总账	活页账	三栏式
预付账款	总账	活页账	三栏式
其他应收款	总账	活页账	三栏式

续表

账户名称	账户属性	账本样式	帐页格式
待摊费用	总账	活页账	三栏式
存货	总账	活页账	数量金额式
固定资产	总账	活页账	多栏式
待处理财产损益	总账	活页账	三栏式
应付账款	总账	活页账	三栏式
其他应付款	总账	活页账	三栏式
实收资本	总账	活页账	三栏式
盈余公积	总账	活页账	三栏式
未分配利润	总账	活页账	三栏式
营运成本	总账	活页账	三栏式
主营业务收入	总账	活页账	三栏式
其他业务收入	总账	活页账	三栏式
管理费用	总账	活页账	三栏式
财务费用	总账	活页账	三栏式

说明：表中列示的账户是会计业务中最常见的账户，可以从这些账户的账簿选择中举一反三，了解其他类似账户的账簿选择。

从表 4.2 中可以看出，不同类型的账户，根据其反映的经济内容的不同，其所选用的账簿也不相同，这使得根据会计科目选择账簿就比较难以实行。不过由于许多账户都存在共通性，所以可以根据会计科目的类别进行账簿格式的选择。根据账户所属类别，其选择的账簿如表 4.3 所示。

表 4.3　不同类别账户的账簿选择

账户类型	账　　簿	格　　式	相关科目
总账	订本式	三栏式	所有总账科目
明细账	活页式	三栏式	往来及收入、成本科目的明细账
		数量金额式	固定资产明细及存货明细
		多栏式	管理费用等
日记账	订本式	三栏式	库存现金日记账和银行日记账

用户在实际工作中，可以直接根据表 4.3 进行账簿的选择，其选择的规则如下：

- 一般的科目选择三栏式账簿即可。因为几乎所有账户都可以使用三栏式账簿进行记录，只有一些比较特殊的账户需要使用其他格式的账簿。

- 凡牵涉到数量和单价的明细账，可以使用数量金额式账簿，是否使用订本账，要看企业相关科目情况的变化幅度。如果是变化较小的科目，如固定资产明细，可以选用订本样式的数量金额账簿，当然只要标好页码，不使用订本账簿也是可以的。
- 凡牵涉到多项明细科目的，如管理费用明细、制造费用明细等，可以使用多栏式账簿进行核算，是否采用订本账簿，则需要根据科目的具体情况来定。

4.2 会计账簿的设置和登记

会计账簿的设置就是企业在建账时选择账簿、合理安排各账簿中的账户排列等工作。而会计账簿的登记就是会计部门在日常工作中的记账。

会计账簿的设置是否合理，关系到企业日后大量的日常记账、对账工作是否能够井然有序地高效进行，也关系到会计账簿资源的合理应用，如尽量避免在年底时还剩余大半本未使用的订本账簿，而必须弃用和保存的情况。

会计账簿的登记，不但是会计部门最重要的日常工作，还是会计循环中工作量最大，也是最重要的一个环节。会计账簿的登记包括账簿的启用、结转和日常记录。

4.2.1 会计账簿的设置

会计账簿的设置一般以方便核算为第一原则，但也需要兼顾会计信息的保真。所以在进行会计账簿设置时，需要注意以下几个方面：

- 相关账户应使用订本账还是活页账；
- 相关账户应使用哪种账簿内页格式；
- 哪些账户可在同一账簿中进行核算；
- 每个账户应预留多少页；
- 各账簿可以使用的期限等。

4.2.2 账簿的启用

账簿的启用是指在新的会计年度开始时，或者会计人员进行交接时，启用全新的账簿以结转清楚、明确责任。为了保证账簿记录的合法性，明确记账责任，在启用账簿时，都要填写启用账簿首页的“账簿启用表”。账簿启用中出现的错弊主要有：账簿封面及扉页上所列项目未填写或填写不全，无法明确有关责任，继而掩盖在职期间的有关非法行为。避免此错弊的方法是审阅账簿封面及扉页是否登记齐全，只要应该登记的项目齐全即可。

1. 填写账簿启用表

为了保证账簿记录的合法性，明确记账责任，应在启用账簿的首页附“账簿启用表”。其内容包括：启用日期、账簿名称、账簿编号、账簿页数、记账人员和会计主管人员姓名，并加盖单位公章和会计主管及记账人员名章。

账簿启用时，需要填写账簿启用表，其填写步骤如下。

（1）在账簿启用表中填写单位名称。

需要在账簿启用表中填写单位的全称，并加盖公章。

（2）填写账簿名称。

账簿名称一般包括以下两个方面：

- 第一是账簿的名称，如实例中的“应收账款明细分类账”；
- 第二是册数。有些企业如果应收账款单位很多，那么就可能出现第二册、第三册，甚至可能更多。

（3）填写账簿号码及账簿的总页数。

一般企业的账簿都会根据相关规则进行编号，以方便登记和管理，所以需要在账簿首页填写编号，以方便日后的查找。

> **提示** 一般来说账簿的号码还会贴在账簿的封面和脊部，以便账簿在文档柜竖立放置时查找。

（4）填写账簿页数。

对于订本账簿而言，页数一般是已经固定的，即固定为200页，而活页账簿，由于可能会存在后期增减页数的情况，所以此处可以先不填写。

（5）填写启用日期。

账簿的启用日期，一般就是账簿的实际启用日期，即什么时候可能使用账簿记账，当天的日期就是账簿的启用日期。

（6）填写单位主管人员的姓名并盖章。

（7）填写经管人员姓名、职务并盖章。

说明：如有会计人员调动，则需要在账簿启用表下方的经管本账簿人员一览表处填写交接日期，监交人及交接双方的签名签章。

（8）贴印花税票。

根据印花税法的规定，印花税必须在账簿启用的当月贴花，逾期贴花可以加收滞纳金，但不会罚款。

说明：在现实中，由于账簿印花是由纳税人自行贴花并划销，因此只要在税务检查前贴花并划销即可，其他人无法证明其是否按时贴花。

填写完成的账簿启用表，如图4.8所示。

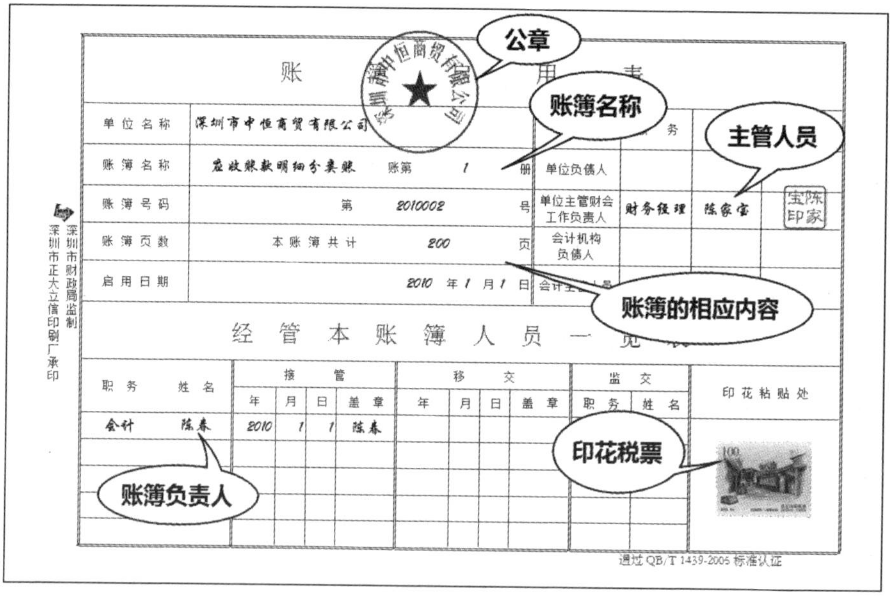

图4.8　填写完成的账簿启用表

2. 填写账簿的账户目录

账户目录表是本账簿中记录的所有账户的账户名称目录。其不但将账户名列示在目录表中，而且还标明了账户所在的页码，类似图书的书目一般，便于在实际工作中的使用和查找。对于总账科目下的明细科目，也需要逐一列明在表格中。

账簿的启用表后面，一般都会有账户目录表页。账簿账户目录表页的样式，如图 4.9 所示。

账　户　目　录

顺序	编号	名称	页号	顺序	编号	名称	页号	顺序	编号	名称	页号	顺序	编号	名称	页号
1				26				51				76			
2				27				52				77			
3				28				53				78			
4				29				54				79			
5				30				55				80			
6				31				56				81			
7				32				57				82			
8				33				58				83			
9				34				59				84			
10				35				60				85			
11				36				61				86			
12				37				62				87			
13				38				63				88			
14				39				64				89			
15				40				65				90			
16				41				66				91			
17				42				67				92			
18				43				68				93			
19				44				69				94			
20				45				70				95			
21				46				71				96			
22				47				72				97			
23				48				73				98			
24				49				74				99			
25				50				75				100			

图 4.9　账簿账户目录表页的样式

账户目录表一般只占用账簿中的一张，即一张两面，每面的表格可以记录 100 个总账科目或明细科目目录，两面即可记录 200 个账户。如果仍不够用，则可以根据情况增加账户目录表页。

说明：一般来说，订本账簿的账户目录表页是完全够用的。

4.3　会计账簿的登记

会计账簿的登记，简称“记账”，是指会计人员根据已审核无误的记账凭证，将相关经济业务的数据填写在会计账簿中。会计账簿的登记是会计工作循环中账簿业务的主要工作，在实际工作中，记账基本等同于账簿业务的全部。

4.3.1 会计账簿的记账规则

会计账簿在进行登记操作时，需要遵循一定的记账规则，具体如下。

（1）登记会计账簿时，应当将会计凭证日期、编号、业务内容摘要、金额和其他有关资料逐项记入账内，做到数字准确、摘要清楚、登记及时、字迹工整。

（2）登记完毕后，要在记账凭证上签名或者盖章，并注明相应的符号，表示已经记账。

说明：一般情况下，是在相应的记账栏内打上"√"来注明已记账。

（3）账簿中书写的文字和数字上面要留有适当空格，不要写满格，一般应占格距的1/2。

说明：这是因为有时账簿出现错误，使用划线更正法时，会将原来的记录用红线划去，此时，留出的1/2的位置就可以标示划线原因，并由相关责任人盖章，如果没有空格就无法进行相应的操作。

（4）登记账簿时要用蓝黑墨水或者碳素墨水书写，不得使用圆珠笔（银行的复写账簿除外）或者铅笔书写。

说明：圆珠笔的字迹几年就会消褪，不能长期保存，不建议使用；铅笔不但极易消褪模糊，更重要的是修改起来也非常方便，不利于会计信息的安全。

（5）下列情况，可以用红色墨水记账。

- 按照红字冲账的记账凭证，冲销错误记录；
- 在不设借、贷等栏的多栏式账页中，登记减少数；
- 在三栏式账户的余额栏前，如未印明余额方向的，在余额栏内登记负数余额；
- 根据国家统一会计制度的规定，可以用红字登记的其他会计记录。

（6）各种账簿应按页次顺序连续登记，不得跳行、隔页。如果发生跳行、隔页，应当将空行、空页划线注销，或者注明“此行空白”或“此页空白”字样，并由记账人员签名或者盖章。

（7）凡需要结出余额的账户，结出余额后，应当在“借或贷”等栏内注明借或贷。没有余额的账户，则应注明“平”字，并在余额栏内填写“0”。

（8）每一账页登记完毕时，应结出本页合计及余额，并在合计行的摘要栏内写“转下页”字样；然后，在下页的第一行将前页的余额转入，摘要栏内写“承前页”。

说明：对需要结计本月发生额的账户，结计“过次页”的本页合计数应当为自本月初起至本页末止的发生额合计数；对需要结计本年累计发生额的账户，结计“过次页”的本页合计数应当为自年初起至本页末止的累计数；对既不需要结计本月发生额，也不需要结计本年累计发生额的账户，可以只将每页末的余额结转次页。

4.3.2 记账数字的写法规则

在记账时，不但要求字迹工整，字体用正楷，而且记账的数字也有相应的规定。下面就来介绍记账人员专用的阿拉伯数字的写法规则。

1. 数字写法

阿拉伯数字在书写时，不得连笔写，必须一个一个地写。阿拉伯数字金额前必须书写货币币种符号或者货币名称的简写和币种符号（例如￥、£、$）。币种符号与阿拉伯数字之间不得留有空白。如果在金额数字前书写了币种符号，数字后面就不必再写货币单位。

会计人员记账使用的数字，其写法是有专门的样式和规定的。这些写法在手工记账的情况下，能最大限度地保证账目中数字的不可更改性。会计专用的阿拉拍数字的写法，如图 4.10 所示。

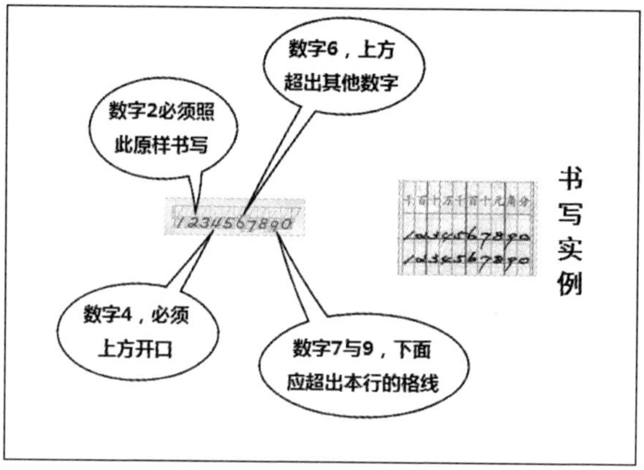

图 4.10　会计专用的阿拉伯数字写法

2. 尾数到分

所有以元为单位的阿拉伯数字，除表示单价等情况外，一律填写到角分；无角分的，角位和分位可以填写“00”，或者填写符号“—”，如“12.—”；有角无分的，分位应当填写“0”，即必须写为“￥12.90”不得用符号“—”代替。

特别说明：使用符号“—”代替角位、分位的“00”，这个仅是手写账簿用法，电子账簿还是需要输入“00”。

3. 大写金额

在重要的财务文件上，为防止对重要数据的篡改，需要将数字金额用大写文字书写。这些大写文字，笔画较多，并且只在财务文档中使用。大写文字与阿拉伯数字及中文数字的对照表，如表 4.4 所示。

表 4.4　大小写数字对比表

小写数字	中文数字	大写数字
0	○	零
1	一	壹
2	二	贰
3	三	叁/参
4	四	肆
5	五	伍
6	六	陆

续表

小写数字	中文数字	大写数字
7	七	柒
8	八	捌
9	九	玖
10	十	拾
100	百	佰
1000	千	仟
10000	万	万
100000000	亿	亿
1000000000000	兆	兆

在使用大写数字书写金额时，只要不是到分位都有数字的，大写数字后面都要跟个“整”字。如数字 12.80，用大写数字写为“壹拾贰元捌角整”，而 12.81 则应写为“壹拾贰元捌角壹分”。

而对于小写金额中的“0”，其在不同的位置时，大写金额的写法也不同。小写数字“0”的不同写法与规则，如表 4.5 所示。

表 4.5 “0”的写法与规则

小写数字	大写规则	实　例	
		小　写	大　写
中间只有一个“0”的	只写一个“零”字	￥108.00	人民币壹佰零捌元整
中间连续有几个“0”的		￥10008.00	人民币壹万零捌元整
元位是“0”的	不写“零”字	￥1080.50	人民币壹仟零捌拾元伍角整
		￥10800.50	人民币壹万零捌佰元伍角整
		￥100080.5	人民币壹拾万零捌拾元伍角整

4. 货币名称

小写金额前一定要有货币符号，以说明币种。大写金额的数字前应有货币名称，如金额 12.81 元，在记账时，小写应为“￥12.81”，大写则应为“人民币壹拾贰元捌角壹分”。

4.3.3 实例 1：银行存款日记账的登记

2010 年 1 月 1 日，本年度的银行存款日记账正式启用，账簿启用后，上年的银行存款余额为 2134587.00。第一笔业务是企业支付的一笔购买原材料的货款，金额为 50000 元。银行存款日记账启用后，已将上年余额转入新账簿中，如图 4.11 所示。

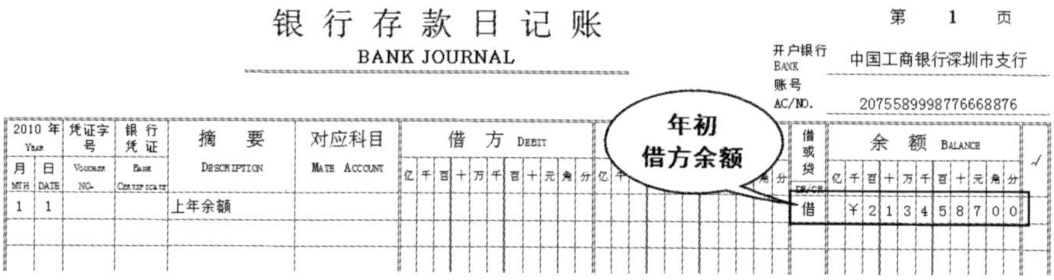

图 4.11　银行日记账中的上年余额

上述经济业务的登记方法和步骤如下：

说明：原始凭证已整理，记账凭证已填制完成。

1. 填写账页的日期栏

此栏的日期并不是填写当前日期，此日期应与会计凭证上的日期一致，即 2010 年 1 月 1 日，如图 4.12 所示。

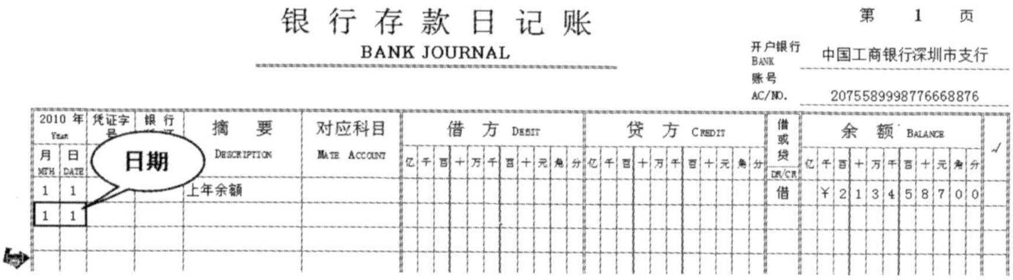

图 4.12　填写账页日期栏

说明：对日记账来说，凭证日期应与当前日期相同。

2. 填写账页的凭证编号和银行凭证编号

在凭证栏填写凭证的种类和编号，如果企业实施收、付、转凭证系统，则凭证的种类有现收、现付、银收、银付及转账 5 种。若不分收、付、转凭证，则只须填写编号即可，如图 4.13 所示。

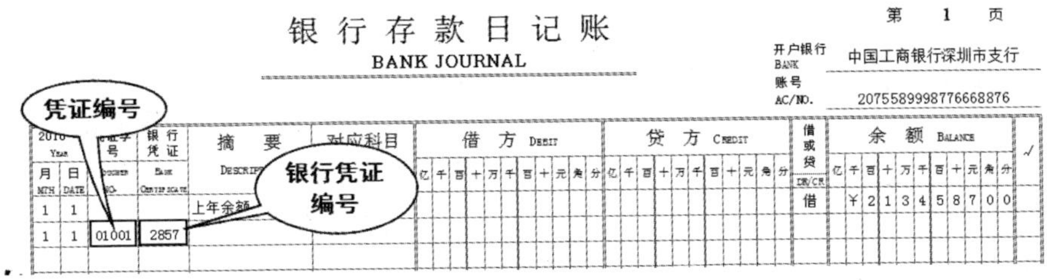

图 4.13 填写凭证编号和银行凭证编号

银行凭证栏是填写银行相关凭证编号的位置。一般银行的相关凭证，如支票、汇票、进账单等都有编号，这些编号是唯一的，在银行电脑系统中都存有记录，所以将这些编号填入后，一方面可以防止做假账和伪账，另一方面，也可以不用拿出装订好的原始凭证就查询相应的银行业务。

3. 填写账页的摘要栏

在此处填写相关经济业务的内容，文字要简练，内容要概括，如图 4.14 所示。

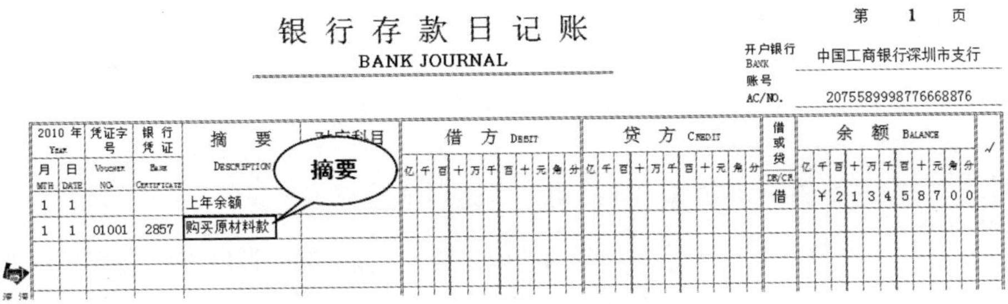

图 4.14 填写账页的摘要栏

4. 填写账页的对应科目栏

本账页是库存现金日记账，只记录与现金有关的业务，此栏就是填写会计凭证中与库存现金科目相对应的其他科目。

如下面这个会计分录。

借：原材料

　贷：银行存款

对应科目栏内就填写“原材料”，如图 4.15 所示。

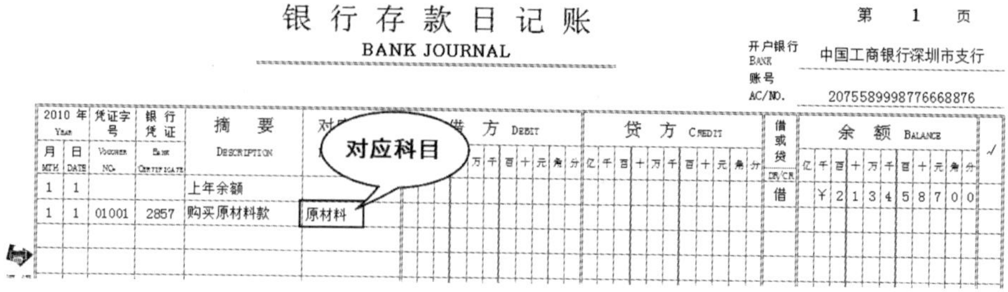

图 4.15 填写账页的对应科目栏

5. 填写账页的贷方栏

在此处填写银行存款的收入或支出。对银行存款科目而言，收入应记入借方栏，而支出则应记入贷方栏，如图 4.16 所示。

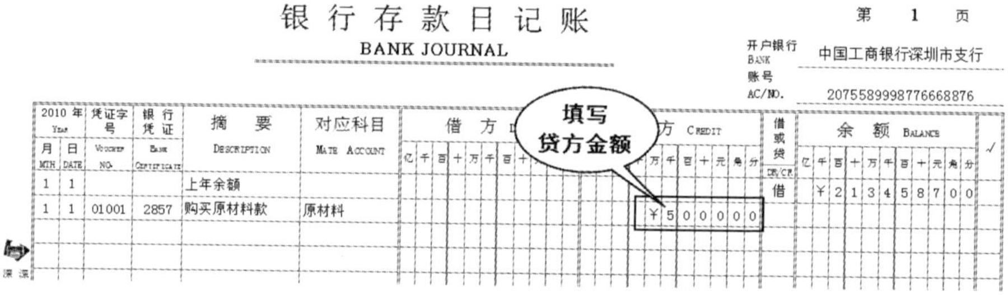

图 4.16 填写账页的贷方栏

6. 填写账页的余额栏，并标明余额是借或是贷

银行存款日记账中，一般每笔业务记录完之后，都会即时把当前余额计算并记录在与业务记录同一行的余额栏中。所以银行日记账余额栏中的数字，就是当前本银行账户中的账面余额，如图 4.17 所示。

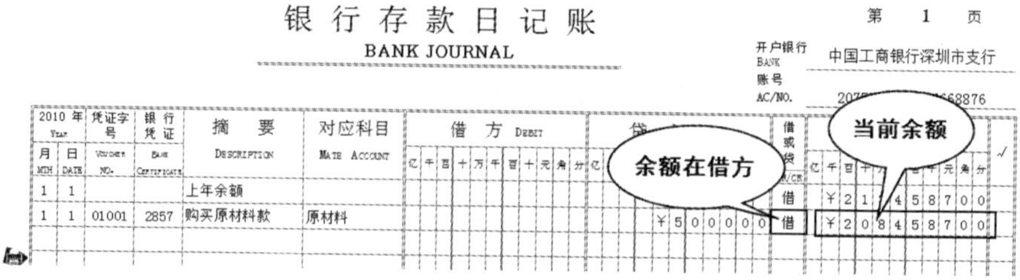

图 4.17 填写账页的余额栏

至此，银行日记账的登记就完成了。登记完成后，账簿中账页的效果如图 4.18 所示。

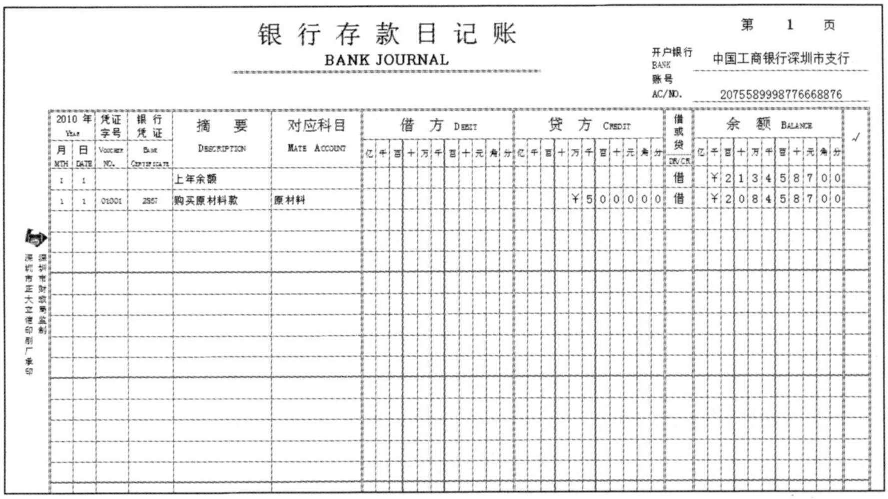
银行存款日记账 BANK JOURNAL　　第 1 页

开户银行 BANK：中国工商银行深圳市支行

账号 AC/NO.：2075589998776668876

2010年 月 MTH	日 DATE	凭证字号 VOUCHER NO.	银行凭证 BANK CERTIFICATE	摘要 DESCRIPTION	对应科目 MATE ACCOUNT	借方 DEBIT	贷方 CREDIT	借或贷 DR/CR	余额 BALANCE	√
1	1			上年余额				借	¥213458700	
1	1	01001	2867	购买原材料款	原材料		¥500000	借	¥208458700	

图 4.18　登记完成的银行存款日记账的效果

4.3.4　实例 2：总分类账的登记

总分类账也称为总账，是记录所有会计科目总账的账簿，即该账簿中只有相应科目合计数据，并不记录科目中明细分类的数据。正是由于总分类账有这样的特性，因此一般企业的总账都是按照会计科目的编号顺序，依次开设账户。

由于总分类账能够全面地将企业的经济活动情况反映出来，并且还是会计报表的主要数据提供者，因此，任何单位只要建账，就必须要建总分类账。总分类账在进行登记时，需要根据会计凭证的制证时间，顺序地记录在账簿中，其登记方法与步骤如下。

（1）在日期栏中填写会计凭证上的日期。

说明：在有许多明细分类账户的情况下，总分类账很可能会根据汇总记账凭证来填写，而日期栏中仍要以汇总记账凭证上的填制日期为准。

（2）填写账页的凭证栏。在此处填写凭证的种类和编号，凭证的种类有现收、现付、银收、银付和转账 5 种。

（3）填写账页的摘要栏。在此处填写相关经济业务的内容，文字要简练，内容要概括。

（4）填写借方金额栏、贷方金额栏。在此处填写本科目的借方发生额和贷方发生额。

（5）填写借或贷本栏中记录余额的借贷方向，若本栏中为借，则余额为借方余额；同理，若本栏中为贷，则表示当前余额是贷方余额。

（6）填写余额栏，即当前科目的余额数字，并需要在“借或贷”一栏中，填写余额的方向，即余额是借方余额还是贷方余额。当余额为0时，“借或贷”栏填写“平”。

说明：和日记账不同的是，总分类账只在每月终了时进行月结。并不会每日都结出余额，而且许多总分类科目也不是每天都有相关业务。

4.3.5 实例3：明细分类账的登记

明细分类账是用来分类登记经济业务的账簿。因为很可能会经常增加明细分类，所以明细分类账一般采用活页式账簿。如应收账款科目，其明细分类就是欠款的客户名称，只要增加了应收账款的客户，就需要增加一个以该客户为名的明细科目。

各种明细分类账是根据实际需要，分别以二级科目或明细科目开设账户，用来分类、连续地记录有关科目的详细资料。如应收账款科目，其总账主要反映应收账款的总合计数字，而各明细分类账则反映某一个特定客户的账户中应收账款的发生和归还的详细状况。

应收账款的明细分类账，一般采用三栏式活页账簿。明细分类账的填写方法和步骤与总分类账的基本相同，此处不再赘述。

说明：在实际工作中，明细分类账的账页上都会贴上一个个名贴，并相互错开，以便查找相应的明细科目。

4.3.6 实例 4：生产成本多栏式明细分类账的登记

多栏式明细分类账，一般是由会计人员根据审核无误的记账凭证或原始凭证逐笔登记的。生产成本多栏式明细分类账，属于借方多栏式明细账，即只在借方设多栏，平时在借方登记成本或相关费用的发生额，贷方则记录月末将成本费用转出的数额。

多栏式明细分类账的登记步骤如下。

1. 填写日期栏

根据凭证上经济业务的发生日期来填写。

2. 填写凭证栏

在凭证栏中，填写凭证的种类和编号。

3. 填写摘要栏

填写经济业务的简要说明，摘要的文字要简短，内容要清楚，以读者能够明白业务的基本情况为准则。

4. 填写借方栏金额

生产成本一般只设借方多栏账，借方发生额按对方科目分类记入账页中，比如下面的会计分录。

借：生产成本　　1000

　贷：原材料　　1000

此业务在记录生产成本的多栏明细账时，应在摘要栏中记录领用原材料，然后在借方栏中，原材料一列填写相应的金额，如图 4.19 所示。

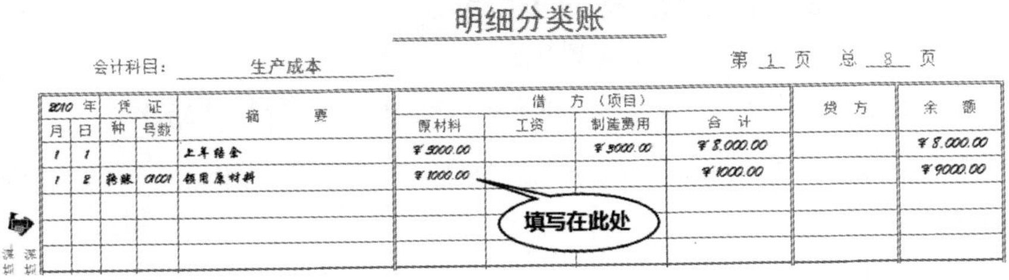

图 4.19　生产成本明细分类账中借方金额的填写

如果在平时贷方有了发生额，应该用红笔记在借方的多栏中。如生产产品时领用的材料还余 1000，退回仓库，会计分录为。

借：原材料　　500

　贷：生产成本　　500

这笔会计分录，总账应登在生产成本的贷方，在登记生产成本借方多栏明细账时，应该用红字记在借方“原材料”科目下，表示抵减领用的材料，如图 4.20 所示。

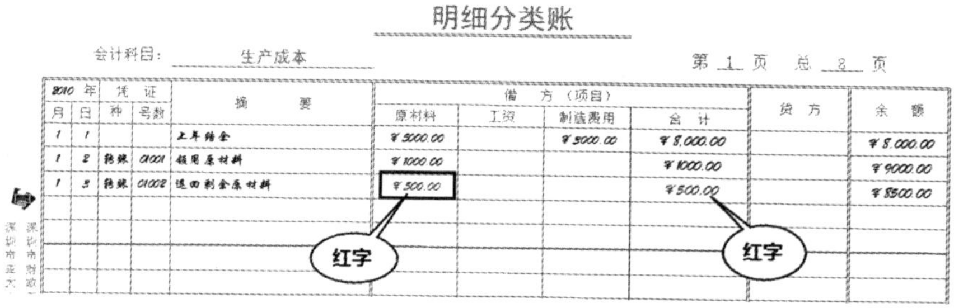
明细分类账

会计科目：生产成本　　第 1 页　总 8 页

2010 年		凭证		摘要	借方（项目）				贷方	余额
月	日	种	号数		原材料	工资	制造费用	合计		
1	1			上年结余	¥5000.00		¥3000.00	¥8,000.00		¥8,000.00
1	2	转账	01001	领用原材料	¥1000.00			¥1000.00		¥9000.00
1	3	转账	01002	退回剩余原材料	¥500.00			¥500.00		¥8500.00

图 4.20　填写生产成本的贷方发生额

5．填写借方合计金额数

借方金额填写完成后，需要及时结出本笔业务的借方合计。具体可查看图 4.19 和图 4.20。

6．结算当前余额

本笔业务记录完成后，应当及时结出余额。具体可查看图 4.19 和图 4.20。至此，生产成本明细分类账填写完毕。

4.4　会计账簿的更换与保管

会计账簿是企业重要的经济档案，一般情况下，会计账簿最多只使用一年。在每个会计年度开始的时候，都要更换全新的账簿，旧的账簿在结转后会妥善保管若干年。

4.4.1 会计账簿的更换

一般来说，企业的大部分账簿都要至少每年更换一次，如企业的总分类账、明细分类账及库存现金、银行存款日记等。但由于固定资产数量多，变化小，所以固定资产明细账可以延续使用，而如果是固定资产卡片，则更是可以使用多年。

一般启用新账簿，都有严格的启用程序和规定，对相应的人员列表、签章等都有明确的规定。账簿启用后，需要将上年相关账户的余额转到新账簿中，即在新账簿相应账户的首页第一行摘要栏中，注明“上年余额”字样，然后将余额填写在同一行的金额栏中。

结转过来的账簿，如图 4.21 所示。

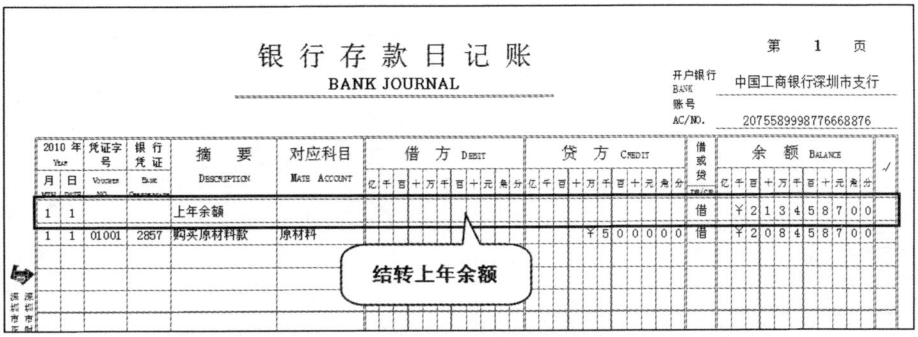
银行存款日记账
BANK JOURNAL
第 1 页
开户银行 BANK 中国工商银行深圳市支行
账号 AC/NO. 2075589998776668876

2010年 月	日	凭证字号	银行凭证	摘要	对应科目	借方	贷方	借或贷	余额	√
1	1			上年余额				借	¥213458700	
1	1	01001	2857	购买原材料款	原材料		¥500000	借	¥208458700	

图 4.21 账簿结转后的新账簿首页

4.4.2 会计账簿的保管

账簿更换下来后，需要将其活页加上封面装订起来，由主管人员签字盖章后，与订本账一起造册归档。归档时需要填写归档登记表以明确责任。会计账簿都有一定的保管期限，就企业会计而言，国家规定会计凭证保管期限为 15 年，其中，涉及外事和重大事项的会计凭证为永久保管。会计账簿中，不同用途不同内容的账簿，其规定的保管期限也不同：

- 一般日记账保管 15 年；
- 库存现金和银行存款日记账保管 25 年；

- 明细账和总账保管 15 年；
- 固定资本卡片在固定资产清理报废后保管 5 年；
- 辅助账簿保管 15 年，涉外和重大事项会计账簿为永久保管；
- 会计报表中，年度会计报表永久保管，月、季会计报表保管 5 年。

会计账簿的保管期限如表 4.6 所示。

表 4.6　会计账簿的保管期限

账　　簿	保管期限	说　　明
总账	15 年	/
日记总账		/
备查账簿		/
库存现金日记账	25 年	/
银行日记账		/
固定资产卡片	5 年	在固定资产报废之前清理的

第 5 章

货币资金的账务处理

货币资金是指企业所拥有的货币形态的资产。货币资金是十分重要的交易媒介，几乎企业所有的经济活动都与之相关。可以说货币资金是企业最重要的资产。货币资金有 3 种形式，包括：

- 现金
- 银行存款
- 其他货币资金等

货币资金是企业最重要的资产，因此其管理也格外重要，所以其账务处理必须按照既定的、严格的程序来进行，必须遵循一系列严格的配套制度，如法定的岗位设置、森严的保管规则和完善的使用流程等。针对不同形态的货币资金，会计部门在进行账务处理时都有相应的步骤和流程。

说明 1：法定的岗位设置是指法律严格规定企业的会计与出纳不得由同一人担任，以杜绝会计舞弊。

说明 2：保管规则是指企业银行印鉴等重要印章都必须由会计或会计主管

保管，出纳出支票时，必须由他人盖上印章；而企业的现金库存量也有严格的限制，必须经指定的审批程序允许方可库存。

说明 3：对现金的使用流程也有完善而严格的规定，对可以使用现金的情况有着明确的规定，严禁不符合规定的使用现金。

5.1 库存现金的账务处理

库存现金又称现金，就是实际工作中常说的现金，是指以货币真实形态存在的资金，实际上就是钞票。库存现金的账务处理具有鲜明的特点，即：

- 在处理程序上要特别关注库存现金的安全性；
- 在处理手续上要特别关注责任的界定明确。

之所以库存现金的处理具有这样的特点主要是因为库存现金极具流通性，可以说只要出了保险柜，几乎无法确定其特定归属，所以在处理时要格外注意。我国的会计法规定，库存现金只能用于特定的用途，不得随意使用库存现金。

库存现金的使用范围如下：

- 支付职工个人的工资、奖金、津贴；
- 支付职工的抚恤金、丧葬补助费以及各种劳保、福利，国家规定的对个人的其他支出；
- 支付个人劳务报酬；
- 根据国家规定发给个人的科学技术、文化艺术、体育等各种奖金；
- 支付向个人收购农副产品和其他物资的价款；
- 出差人员必须随身携带的差旅费；
- 结算起点（1000 元）以下的零星支出；
- 经中国人民银行确定需要支付库存现金的其他支出。

5.1.1 实例 1：差旅费现金收支处理

差旅费的账务处理很常见，也是非常典型的库存现金处理账务，其处理方法涉及了现金收款凭证、现金付款凭证和转账凭证，还涉及了各类明细账和库存现金日记账。本节将对处理过程中的每个步骤都进行详细的说明和图示。

差旅费的账务处理流程，如图 5.1 所示。

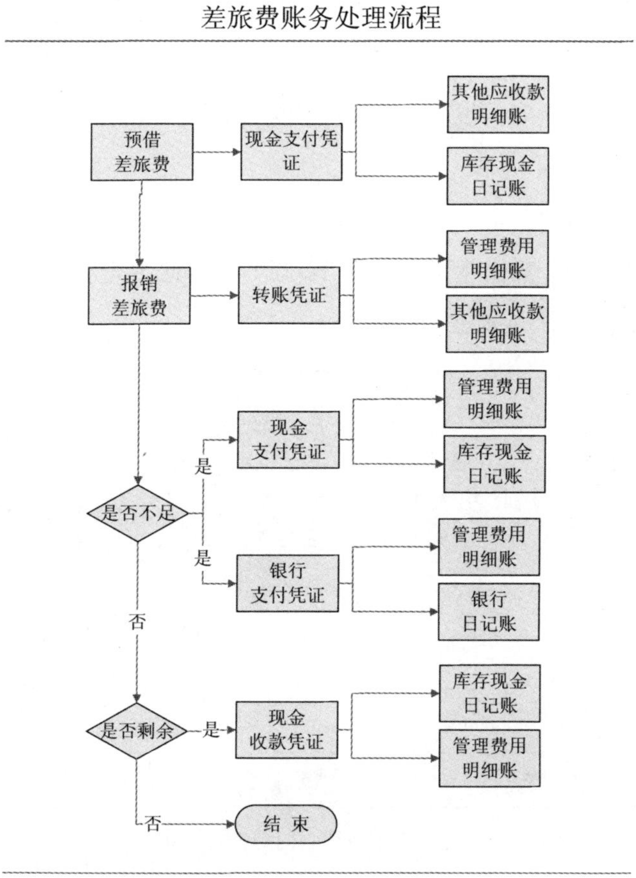

图 5.1 差旅费的账务处理流程

图 5.1 中所示的差旅费账务处理流程，每一列都有其特定的意义：

- 第一列是差旅费处理流程的阶段；
- 第二列是相应阶段需填写的会计凭证类型；
- 第三列则是相应阶段需登记的会计账簿。

下面根据实例来说明差旅费在实际会计工作中的账务处理。

注意 第三列中，在上方的账簿表示数据记入其借方，下方的账簿表示数据记入其贷方。

李正飞接公司通知到北京出差。临行前，他向公司财务借差旅费 2000 元，回来后报销相应费用 1800 元，将剩余款 200 元交回财务。这笔业务的账务处理步骤如下。

（1）借到差旅费时，填制付款凭证。会计分录如下。

借：其他应收款-小张　　　　2000

　贷：库存现金　　　　2000

在支付借款时，需由李正飞书写借款条，并以此为凭填制现金付款凭证，填好的现金付款凭证，如图 5.2 所示。

付　款　凭　证

贷方科目：库存现金　　　　2010 年 3 月 10 日　　　　2010年3月 付 字第 0002 号

摘要	总账科目	明细科目	金额											记账√
			亿	千	百	十	万	千	百	十	元	角	分	
李正飞预付差旅费	其他应收款	李正飞					￥	2	0	0	0	0	0	
附件 1 张	合	计					￥	2	0	0	0	0	0	

会计主管　　计账　　出纳　　审核　　制证　周正

图 5.2　李正飞填制的现金付款凭证

说明：从图 5.2 中可以看出，在填写库存现金的付款凭证时，只需填写一行即可。

（2）将付款凭证的内容记入库存现金日记账，如图 5.3 所示。

说明 1：从图 5.3 中可以看出，在库存现金日记账的贷方记入了 2000 元，其当前余额发生了改变。

说明 2：一般情况下，库存现金日记账是由出纳人员登记的，登记的时间是填制完会计凭证以后。具体的时间可以根据出纳人员的工作安排具体调整，但一般情况下需当天登记。

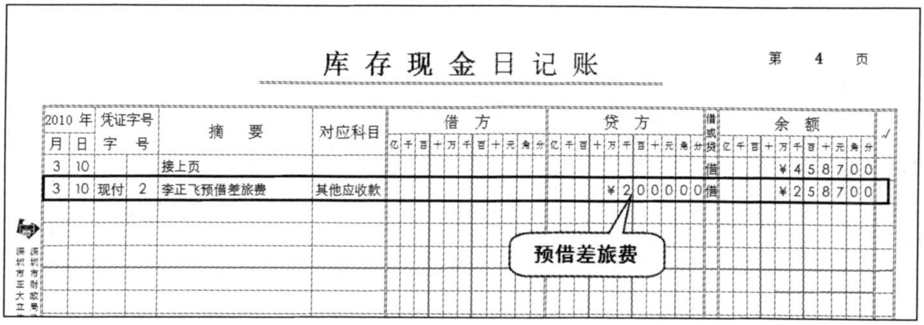

库存现金日记账 第 4 页

2010年 月	日	凭证字号 字	号	摘要	对应科目	借方	贷方	借或贷	余额	√
3	10			接上页				借	¥458700	
3	10	现付	2	李正飞预借差旅费	其他应收款		¥200000	借	¥258700	

图 5.3　将付款凭证的内容记入库存现金日记账

（3）将付款凭证的内容记入其他应收款的明细分类账中，如图 5.4 所示。

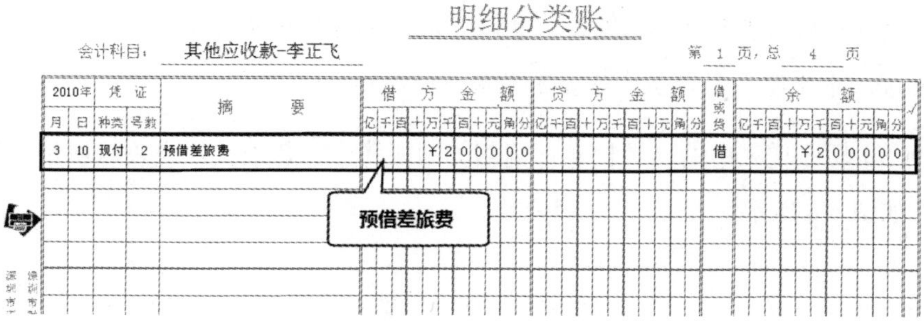

明细分类账

会计科目：其他应收款-李正飞　　第 1 页，总 4 页

2010年 月	日	凭证 种类	号数	摘要	借方金额	贷方金额	借或贷	余额	
3	10	现付	2	预借差旅费	¥200000		借	¥200000	

图 5.4　将凭证内容记入科目的明细账中

说明 1：从图 5.4 中可以看出，在其他应收款账户的李正飞明细账户内，借方记入 2000 元，显示当前李正飞挂在账上的应收款为 2000 元。

说明 2：一般情况下，明细账是根据记账凭证登记的，而总账则是根据记账凭证汇总表或科目汇总表登记的，所以明细账是即时登记的，而总账则是集中登记或到月底时登记。

（4）3 月 15 日报销差旅费用时，会计分录如下。

借：管理费用-差旅费　　1800

　贷：其他应收款-小张　　1800

此分录应填写转账凭证。填写完成的转账凭证，如图 5.5 所示。

转 帐 凭 证

2010 年 3 月 15 日　　　　2010年3月 转 字第 0006 号

摘要	总账科目	明细科目	借方金额	贷方金额	记账√
报销李正飞差旅费	管理费用	差旅费	￥180000		
	其他应收款	李正飞		￥180000	
附件 28 张	合	计	￥180000	￥180000	

会计主管　　计账　　出纳　　审核　　制证 郑西

图 5.5　报销差旅费之转账凭证

说明：从图 5.5 中可以看出，转账凭证在填写时需要填写借贷双方的科目及金额，并且借方金额合计与贷方金额合计应相等。

（5）转账凭证中的会计信息记到相关的账簿中，其中其他应收款明细分类账，如图 5.6 所示。

明细分类账

会计科目：其他应收款-李正飞　　　　第 1 页，总 4 页

2010年 月	日	凭证 种类	号数	摘要	借方金额	贷方金额	借或贷	余额	√
3	10	现付	2	预借差旅费	￥200000		借	￥200000	
	15	转账	6	报销差旅费		￥180000	借	￥20000	

报销差旅费

图 5.6　报销差旅费之其他应收款明细分类账

说明：从图 5.6 中可以看出，其他应收款—李正飞明细账户中，贷方记入了 1800 元，由于该账户为借方余额，所以将其扣减为 200 元。

（6）将转账凭证中的会计信息登记在管理费用明细分类账中，如图 5.7 所示。

明细分类账

会计科目：管理费用　　　　第 2 页 总 8 页

2010 年		凭证		摘要	借方（项目）						贷方	余额
月	日	种	号数		工资	福利费	差旅费	交通费	办公费	合计		
3	10			接上页	¥15,000.00	¥2,000.00	¥1,000.00	¥2,000.00	¥4,000.00	¥24,000.00		¥24,000.00
3	15	转账	6	报销李正飞差旅费			¥1,800.00			¥1,800.00		¥25,800.00

报销差旅费

图 5.7 报销差旅费之管理费用明细分类账

说明：从图 5.7 中可以看出，管理费用多栏明细账中，差旅费一栏中增加了 1800 元，管理费用账户的当前余额也随之增加了 1800 元。

（7）当李正飞交回未用完的预借差旅费 200 元时，会计分录如下。

借：库存现金　　200

　贷：其他应收款-李正飞　　200

根据上述会计分录，填制现金收款凭证，如图 5.8 所示。

收 款 凭 证

借方科目：库存现金　　2010 年 3 月 15 日　　2010年3月 收 字第 0005 号

摘要	总账科目	明细科目	亿	千	百	十	万	千	百	十	元	角	分	记账√
收回李正飞未用完的差旅费	其他应收款	李正飞						¥	2	0	0	0	0	
附件 1 张	合	计						¥	2	0	0	0	0	

会计主管　　计账　　出纳　　审核　　制证 周正

图 5.8 收回差旅费之收款凭证

说明：李正飞交回差旅费剩余款项时，应即刻将其挂到账上的其他应收款扣减。

（8）根据图 5.8 中的收款凭证，登记入账。其他应收款明细分类账，如

图 5.9 所示。

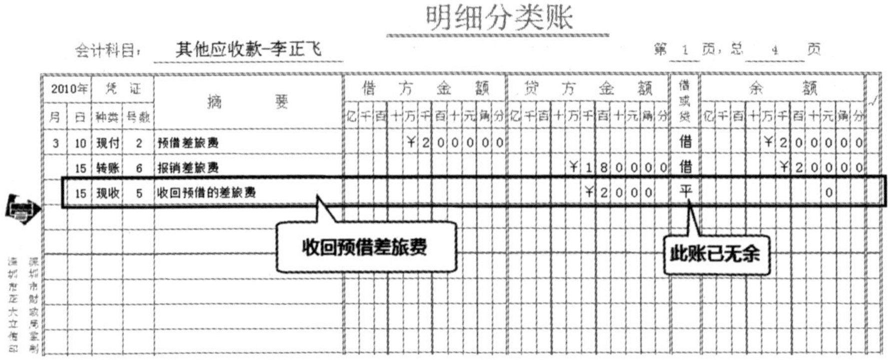

明细分类账

会计科目：其他应收款-李正飞　　　　第 1 页，总 4 页

2010年 月	日	凭证 种类	号数	摘要	借方金额	贷方金额	借或贷	余额	√
3	10	现付	2	预借差旅费	¥200000		借	¥200000	
	15	转账	6	报销差旅费		¥180000	借	¥20000	
	15	现收	5	收回预借的差旅费		¥2000	平	0	

图 5.9　收回预借差旅费之其他应收款明细分类账

说明：从图 5.9 中可以看出，李正飞的其他应收款已清，明细账页中已无余额。

（9）根据图 5.8 中的收款凭证，登记库存现金日记账，如图 5.10 所示。

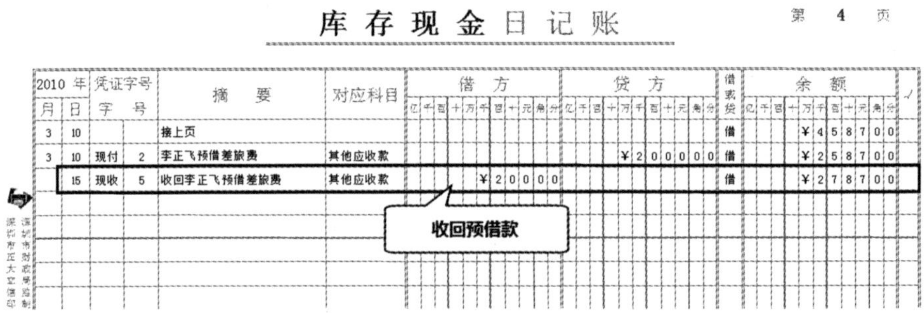

库存现金日记账　　　　第 4 页

2010年 月	日	凭证字号 字	号	摘要	对应科目	借方	贷方	借或贷	余额	√
3	10			接上页				借	¥458700	
3	10	现付	2	李正飞预借差旅费	其他应收款		¥200000	借	¥258700	
	15	现收	5	收回李正飞预借差旅费	其他应收款	¥20000		借	¥278700	

图 5.10　收回预借差旅费之库存现金日记账

说明：从图 5.10 可以看出，收到还回的预借差旅费之后，库存现金的余额增加了。

（10）最后，将上述各明细账的内容分别记入其总分类账中。

至此，差旅费从预借到报销的全部会计处理已完成。

5.1.2 实例 2：支付现金奖金

员工奖金在我国法律中是允许使用现金支付的。在进行奖金的发放时，应根据企业库存现金的额度灵活处理：

- 若库存现金额度大于奖金金额，则可以直接使用备用金支付奖金，然后将库存现金补足；
- 若库存现金额度小于奖金金额，可以根据相应的原始凭证，预先提取相应金额，然后进行发放。

奖金发放的账务处理流程，如图 5.11 所示。

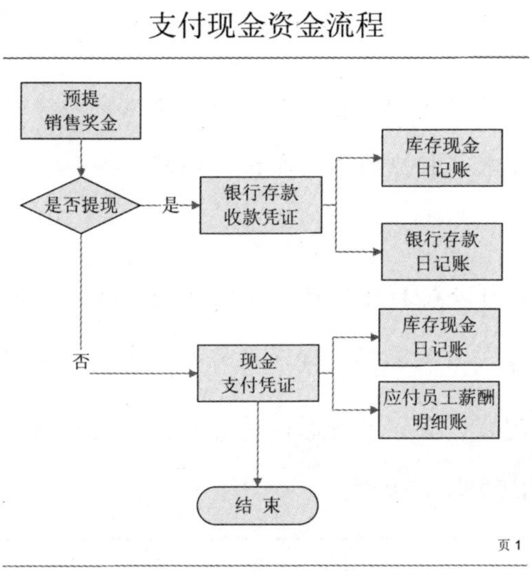

图 5.11 奖金发放的账务处理流程

某公司月末以现金形式向员工发放奖金。小周本月的销售奖金 800 元，由于奖金用库存现金支付，所以小周直接到出纳处领到了这笔资金。这笔业务的会计处理步骤如下。

（1）预先从银行支取需发放的奖金金额，做会计分录如下。

借：库存现金　　800

　贷：银行存款　　800

根据上述分录，填制银行付款凭证，如图 5.12 所示。

付 款 凭 证

贷方科目：银行存款　　2010 年 3 月 20 日　　2010年3月 付 字第 0008 号

摘要	总账科目	明细科目	金额	记账√
为发放奖金支取现金	库存现金		¥80000	
建行，账号2009876758				
附件 2 张	合	计	¥80000	

会计主管　计账　出纳　审核　制证 周正

图 5.12　提取现金之银行付款凭证

说明 1：从图 5.12 中可以看出，银行付款凭证中可将银行账号写在摘要栏中，有些单位还会要求将相应的银行凭证号码写在摘要栏中，这样做的用意是方便日后查阅。

说明 2：当在银行存款和库存现金之间进行互转时，只做付款凭证，如本例提取现金，应做银行付款凭证，如果是存入现金，则应做现金付款凭证。

（2）根据上述记账凭证，进行库存现金日记账账簿的登记。登记完成的库存现金日记账，如图 5.13 所示。

库 存 现 金 日 记 账　　第 4 页

2010 年 月	日	凭证字号 字	号	摘要	对应科目	借方	贷方	借或贷	余额	√
3	10			接上页				借	¥458700	
3	10	现付	2	李正飞预借差旅费	其他应收款		¥200000	借	¥258700	
	15	现收	5	收回李正飞预借差旅费	其他应收款	¥20000		借	¥278700	
	20	银付	8	提现	银行存款	¥80000		借	¥358700	

提取现金

图 5.13　提取现金之库存现金日记账

说明：从图 5.13 中可以看出，库存现金日记账中借方记入了相应金额，其余额也增加了。

（3）根据记账凭证进行银行存款日记账的登记。登记完成的银行存款日记账，如图 5.14 所示。

银行存款日记账　　第 3 页

开户银行：建设银行

账　号：2009876758

2010年 月	日	凭证 字	号	银行凭证	摘要	对应科目	借方（亿千百十万千百十元角分）	贷方（亿千百十万千百十元角分）	借或贷	余额（亿千百十万千百十元角分）	√
3	20				接上页				借	¥213458700	
	20	银付	8	现支258	提现	库存现金		¥80000	借	¥213378700	

提取现金

图 5.14　提取现金之银行存款日记账

（4）小周领到奖金后，做如下会计分录。

借：应付职工薪酬　　800

　贷：库存现金　　800

根据上述会计分录，填制现金付款凭证，如图 5.15 所示。

付　款　凭　证

贷方科目：库存现金　　2010 年 3 月 20 日　　2010年3月 付 字第 0007 号

摘要	总账科目	明细科目	金额（亿千百十万千百十元角分）	记账√
支付周林销售资金	应付员工薪酬	工资	¥80000	
附件 1 张	合	计	¥80000	

会计主管　　计账　　出纳　　审核　　制证　周正

图 5.15　支付奖金之现金付款凭证

说明：奖金与工资一般是在同一账户内核算的，所以图 5.15 中应付员工薪酬的明细科目为工资。

（5）根据上述记账凭证，登记应付员工薪酬明细账。登记好的应付员工薪酬明细分类账，如图 5.16 所示。

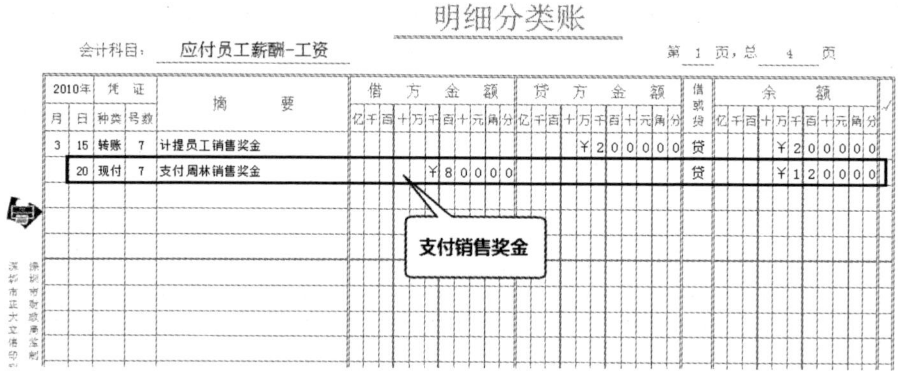

明细分类账

会计科目：应付员工薪酬-工资　　第 1 页，总 4 页

2010年 月	日	凭证 种类	号数	摘要	借方金额	贷方金额	借或贷	余额	√
3	15	转账	7	计提员工销售奖金		¥200000	贷	¥200000	
	20	现付	7	支付周林销售奖金	¥80000		贷	¥120000	

图 5.16　支付奖金之应付员工薪酬明细分类账

（6）根据上述记账凭证，登记库存现金日记账。登记好的库存现金日记账，如图 5.17 所示。

（7）最后，将上述各明细账的内容分别记入其总分类账中。

至此，向员工支付现金奖金的会计账务处理就完成了。

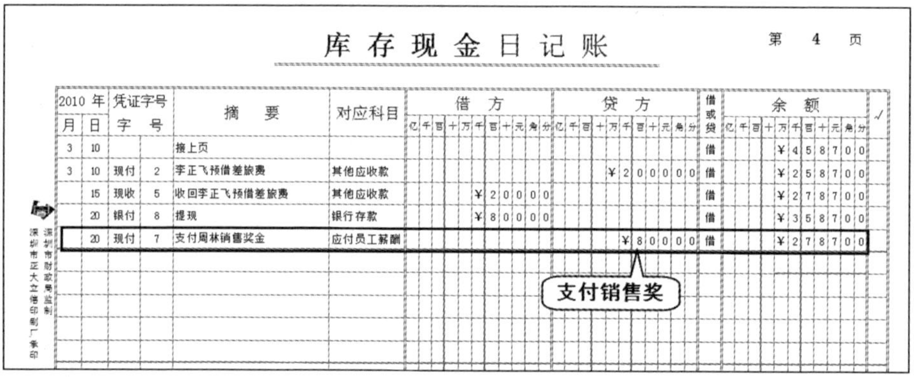

库存现金日记账　　第 4 页

2010年 月	日	凭证字号 字	号	摘要	对应科目	借方	贷方	借或贷	余额	√
3	10			接上页				借	¥458700	
3	10	现付	2	李正飞预借差旅费	其他应收款		¥200000	借	¥258700	
	15	现收	5	收回李正飞预借差旅费	其他应收款	¥20000		借	¥278700	
	20	银付	8	提现	银行存款	¥80000		借	¥358700	
	20	现付	7	支付周林销售奖金	应付员工薪酬		¥80000	借	¥278700	

图 5.17　支付奖金之库存现金日记账

5.1.3　现金长短款账务处理

现金长短款，是指实际现金与日记账账面余额有差异的情况，如图 5.17 所示。其主要是指以下两种情况：

- 当实际库存现金多于日记账账面余额时，多出的就称为长款；
- 当实际库存现金比日记账的账面余额少时称为短款。

无论是长款还是短款，会计人员都应当格外注意，一定要查明长短款的原因，以便对长短款做出处理。而且，长短款的出现说明会计的账务处理肯定出了某种问题，也许是记账方式问题，也可能是人员品质问题，或者是某个记账的环节出现了差错。

库存现金长短款的原因很多，其针对性的解决方案如表 5.1 所示。

表 5.1 库存现金长短款的原因及处理方法

类　型	现　象	处理方法
账务错误	收付的会计分录金额有错	使用补记法或红字冲销法进行更正
	登记库存现金日记账有误	
	收付库存现金而未做收付款凭证	
人员失误	出纳人员收付现金中出现差错	由出纳人员个人赔偿
	丢失现金	
被盗、被挪用	财务部门失窃等	报警处理
	被相关人员挪用	

1. 账务错误的处理

账务错误是指在由于账务处理和登记的失误造成的长短款。对这种情况下的长短款，其处理方法有以下几种：

- 凭证更正法是指在凭证填制错误的情况下，若还未记账，可将错误凭证抽出，用正确的凭证代替；如果已记账，那么做一个与原凭证数额相等、方向相反的凭证来冲抵，然后再填制正确的凭证。
- 红字冲销法是指对已记账的账务记录而言，可以使用红字将原错误记录冲抵，然后再以正确的记录重新登记。
- 补记法已记账的情况下，如果错误记录中科目方向无误，只是金额比正确数额小，那么可以使用补记法，用不足的数额补做一个记账凭证，然后再登记到会计账簿上。

2. 人员失误造成的长短款的处理

所谓人员失误有两种情况，即：

- 出纳人员在处理现金收支时，多收或少收；
- 由于保管不力，造成短款。

对人员失误造成的长短款，一般会先挂入待处理财产损益账户中，然后在原因明确后再进行相应的处理，其处理流程如图 5.18 所示。

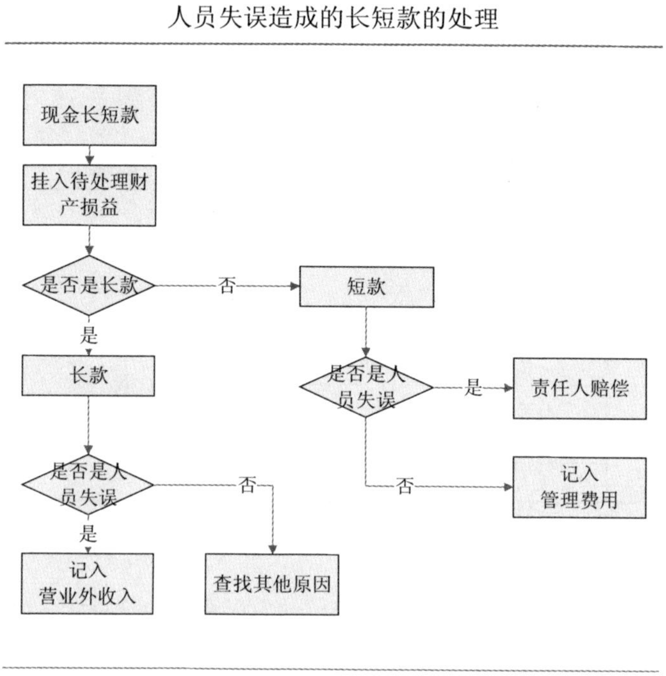

图 5.18 人员失误造成的长短款的处理

3. 库存现金被盗、被挪用等

一般情况下，库存现金被盗或被挪用不是财务部门人员的责任，但由于被盗或被挪用的性质比较恶劣，可以由警方来协助处理。但是大部分情况下，被盗或被挪用的现金是无法找回的，所以在会计处理时，被盗或被挪用的现金损失，最终会纳入营业外支出。

5.1.4 实例 3：正常原因的库存现金长款账务处理

2010 年 3 月 21 日，出纳小周发现，库存的现金数额比库存现金日记账的账面金额多出 50 元。小周自查后发现，由于 21 日是放薪日，许多员工的工资都从小周这里领取。而工资在计算的过程中有角有分，如 1258.35 元，员工们在领取时，就只领 1258 元，剩余的 3 角 5 分就留在了库存现金中。

通过多名员工类似情况的积累，使库存现金发生长款。小周将上述情况报告财务经理后，经理批示，将长款按营业外收入记入公司账目中。此笔业务的账务处理过程和步骤如下。

（1）发现长款时，先将长款挂入过渡账户中。其会计分录如下。

借：库存现金　　50

　贷：待处理财产损益　　50

说明：上述分录应填制现金收款凭证。此时库存现金日记账的账面余额已与实际的现金库存量相同。

（2）将上述会计分录的数据记入库存现金日记账中。

（3）将上述会计分录的数据记入待处理财产损益明细账中。

（4）财务经理批示后，将长款按营业外收入记入财务账目中。其会计分录如下。

借：待处理财产损益　　50

　贷：营业外收入　　50

说明：上述会计分录应填制转账凭证，此时库存现金的长款已按营业外收入入账。

（5）将上述会计分录的数据记入待处理财产损益明细账中。

（6）将上述会计分录的数据记入营业外收入明细账中。

（7）最后，将上述各明细账的内容分别记入其总分类账中。

至此，库存现金长款的会计账务处理已完成。

5.1.5 实例4：查明责任人的库存现金短款账务处理

在公司季度的统一盘点中发现，库存现金实际存量小于库存现金的账面余额，即发生现金短款200元的情况。经调查，由于出纳小周保管不力，造成库存现金丢失。经公司领导研究决定，该短款由出纳小周进行赔偿。

此笔短款业务的处理过程和步骤如下。

（1）发现短款时，先将款项挂入过渡账户，其会计分录如下。

借：待处理财产损益　　200

贷：库存现金 200

说明：上述会计分录应填制现金付款凭证。

（2）将上述会计分录的数据记入库存现金日记账贷方。

（3）将上述会计分录的数据记入待处理财产损益明细账借方。

（4）经公司领导研究决定，此短款由出纳赔付，于是将短款挂入出纳个人名下，做应收款处理。其会计分录如下。

借：其他应收款-小周 200

贷：待处理财产损益 200

说明：上述会计分录应填制转账凭证。

（5）将上述会计分录的数据记入待处理财产损益明细账贷方。

（6）将上述会计分录的数据记入营业外收入明细账借方。

（7）小周用现金支付了应付的短款赔偿，该款项收到后，应做会计分录如下。

借：库存现金 200

贷：其他应收款-小周 200

说明：上述会计分录应填制现金收款凭证。

（8）将上述会计分录的数据记入库存现金日记账借方。

（9）将上述会计分录的数据记入其他应收款明细账，小周名下账页的贷方。

（10）最后，将上述各明细账的内容分别记入其总分类账中。

5.1.6 实例5：被盗后的库存现金短款账务处理

公司的财务室昨天晚上被盗，盗贼撬开财务室的门锁和出纳的抽屉，将公司备用金全部偷走，金额为800元。公司已向警方报警。经警方的调查，此次被盗并不是内部人员所为。由于被盗款项已无法追回，经公司领导批准，此款项作为管理费用记入公司的账目中。

此笔业务的会计处理过程与步骤如下。

（1）发生被盗后，先将丢失的现金挂入过渡账户，应做会计分录如下。

借：待处理财产损益　　800

　贷：库存现金　　800

说明：上述会计分录应填制现金付款凭证。凭证填制完成后，再根据凭证进行相应账簿的登录。

（2）经公司批准，短款可作为管理费用冲抵，其会计分录如下。

借：管理费用　　800

　贷：待处理财产损益　　800

说明 1：上述会计分录应填制转账凭证。

说明 2：一般情况下，人为的一些经济损失应记入管理费用等账户中，而存货、固定资产等自然灾害损失，则应记录为营业外支出。

至此，被盗引起的短款，其账务处理过程已完成。

5.2 银行存款的账务处理

由于相关法律法规的严格界定，我国的企业一经注册，就必定已有一个企业基本账户。企业的一切经济往来，一般都要求由银行来介入处理。这样，一方面政府可以通过银行的介入，有效地掌握经济方面的情况；另一方面，银行的介入也能有效防止企业内外部的财务舞弊。

银行存款是指存放在企业银行账户中的企业的货币资金。与库存现金不同的是银行存款并没有实际形态，其只是银行系统中的一组数字。由于银行的媒介作用，数字形式的货币资金，其交易和流通非常方便快捷。

当然，银行存款也可以通过一定的手段，如现金支票、汇票等，进行存在方式上的转换。与银行存款有关的经济业务非常多，所以并不能一一列举，本章只选择几个会计工作中较为常见的银行存款业务的实例。

5.2.1 实例 1：将销售收入存入银行

出纳小王将本日的销售收入——现金 1000 元，存入公司的对公银行账户——建行账户中。其账务处理过程及步骤如下。

（1）将销售收入存入建行账户中，应做会计分录如下。

借：银行存款　　1000

　贷：产品销售收入　　1000

说明：上述会计分录应填制银行收款凭证，如图 5.19 所示。

收　款　凭　证

借方科目：银行存款　　2010 年 3 月 21 日　　2010年3月 收 字第 0005 号

摘　要	总 账 科 目	明 细 科 目	金额：亿	千	百	十	万	千	百	十	元	角	分	记账√
存入当日产品销售收入	产品销售收入	A产品					¥	1	0	0	0	0	0	
现金进账单：2345678														
附件 1 张	合	计					¥	1	0	0	0	0	0	

会计主管　　计账　　出纳　　审核　　制证 周正

图 5.19　存入销售收入之银行收款凭证

（2）按上述会计凭证，将其内容登入银行存款日记账中，如图 5.20 所示。

（3）按上述会计凭证，将其内容登入产品销售收入明细分类账中，如图 5.21 所示。

（4）最后，将上述各明细账的内容分别记入其总分类账中。

至此，存入销售收入的会计处理程序已完成。

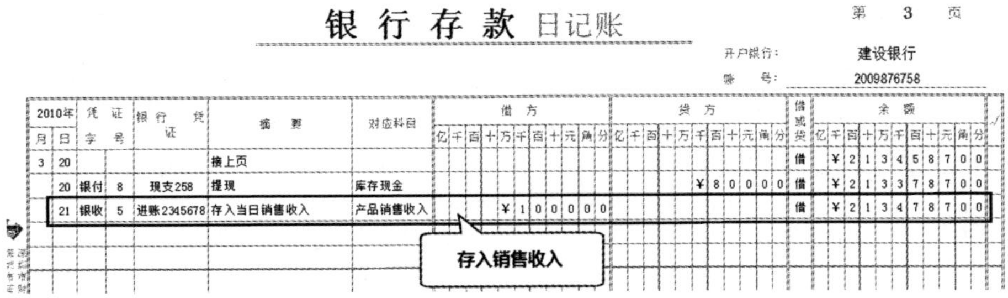

图 5.20 存入销售收入之银行日记账

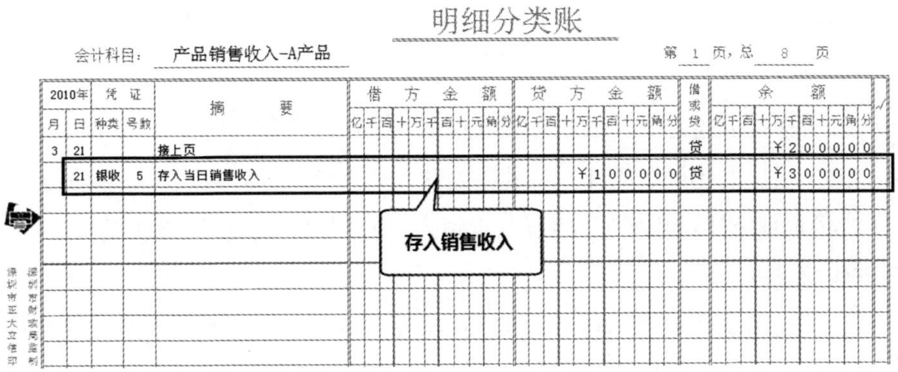

图 5.21 存入销售收入之产品销售收入明细分类账

5.2.2 实例 2：赊销产品的处理

企业 3 个月前销售了一批产品，价款共计 11700 元，其中 1700 元为增值税。由于是老客户 A 工厂，所以允许其 3 个月后付货款。其账务处理过程及步骤如下。

（1）2009 年 12 月 21 日，企业发货时，销售交易已成立，故此业务应作会计分录如下。

借：应收账款-A 工厂　　11700

　贷：主营业务收入　　10000

　　应交税费-应交增值税（销项税额）　　1700

说明：上述会计分录应填制转账凭证，如图 5.22 所示。

转 帐 凭 证

2009 年 12 月 21 日　　2009年12月 转 字第 0009 号

摘要	总账科目	明细科目	借方金额											贷方金额											记账√
			亿	千	百	十	万	千	百	十	元	角	分	亿	千	百	十	万	千	百	十	元	角	分	
向A工厂销售产品	应收账款	A工厂				¥	1	1	7	0	0	0	0												
增值税发票，号码：23456	主营业务收入																¥	1	0	0	0	0	0	0	
	应交税费	应交增值税																¥	1	7	0	0	0	0	
附件 1 张	合	计				¥	1	1	7	0	0	0	0				¥	1	1	7	0	0	0	0	

会计主管　　计账　　出纳　　审核　　制证 郑西

图 5.22　赊销产品之转账凭证

（2）根据上述记账凭证，将其数据填入“应收账款”明细账借方。

（3）根据上述记账凭证，将其数据填入“主营业务收入”明细账贷方。

（4）根据上述记账凭证，将其数据填入“应交税费-应交增值税（销项税额）”明细账的贷方。

（5）2010 年 3 月 21 日，3 个月期限已到，A 工厂支付所欠货款，已收到。此时应做会计凭证如下。

借：银行存款　　11700

　贷：应收账款-A 公司　　11700

说明：上述会计分录应填制银行收款凭证，如图 5.23 所示。

收 款 凭 证

借方科目：银行存款　　2010 年 3 月 21 日　　2010年3月 收 字第 0006 号

摘要	总账科目	明细科目	金额											记账√
			亿	千	百	十	万	千	百	十	元	角	分	
收到A工厂所欠货款	应收账款	A工厂				¥	1	1	7	0	0	0	0	
转账支票，号码：2345678														
附件 1 张	合	计				¥	1	1	7	0	0	0	0	

会计主管　　计账　　出纳　　审核　　制证 周正

图 5.23　赊销产品之银行收款凭证

（6）根据上述记账凭证，将其数据填入“银行存款”日记账借方，如图 5.24 所示。

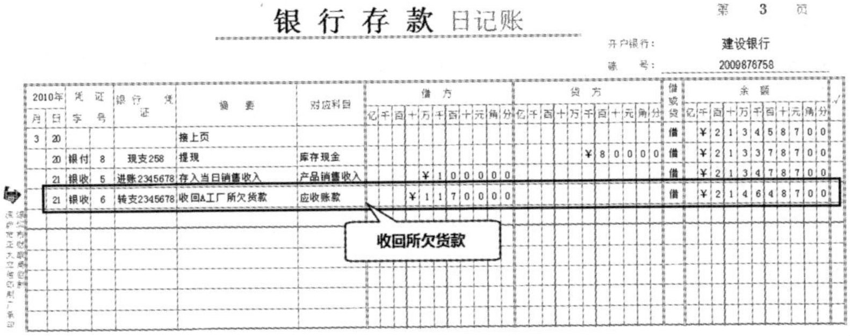

银行存款日记账　　第 3 页

开户银行：建设银行

账　　号：2009876758

2010年月	日	凭证字	号	银行凭证	摘要	对应科目	借方	贷方	借或贷	余额	√
3	20				接上页				借	¥213458700	
	20	银付	8	现支258	提现	库存现金		¥80000	借	¥213378700	
	21	银收	5	进账2345678	存入当日销售收入	产品销售收入	¥100000		借	¥213478700	
	21	银收	6	转支2345678	收回A工厂所欠货款	应收账款	¥1170000		借	¥214648700	

图 5.24　赊销产品之银行存款日记账

（7）根据上述记账凭证，将其数据填入“应收账款”明细账贷方。

（8）最后，将上述各明细账的内容分别记入其总分类账中。

至此，赊销产品的账务处理已完成。

5.2.3　实例 3：支付原材料货款

小张到外地采购了一批原材料，货款共计 25000 元。材料运到时，对方要求财务将款打入对方的公司账户中，目前材料款已付，运费 500 元由买方承担。其账务处理过程及步骤如下。

（1）支付材料款后，此笔业务就已完成。此业务应做会计分录如下。

借：原材料　　25000

　　应交税费-应交增值税（进项税额）　　4250

　贷：银行存款　　29250

说明：上述会计分录应填制银行收款凭证，如图 5.25 所示。

（2）根据上述记账凭证，将其数据填入“原材料”明细账的借方。

（3）根据上述记账凭证，将其数据填入“应交税费-应交增值税（进项税额）”明细账的借方。

收 款 凭 证

借方科目：银行存款　　2010 年 3 月 21 日　　2010年3月 收 字第 0005 号

摘要	总账科目	明细科目	金额											记账√
			亿	千	百	十	万	千	百	十	元	角	分	
支付原材料货款	原材料						2	5	0	0	0	0	0	
进项税额	应交税费	应交增值税						4	2	5	0	0	0	
转支：25086														
附件 1 张	合计						2	9	2	5	0	0	0	

会计主管　　计账　　出纳　　审核　　制证 周正

图 5.25　支付原材料货款之银行收款凭证

（4）根据上述记账凭证，将其数据填入“银行存款”日记账的贷方。

（5）支付原材料运费，应做会计分录如下。

借：制造费用　　500

　贷：银行存款　　500

说明：原材料的运费需要计入原材料成本中，由于此例中运费由买方在价款外支付，所以可以先记入制造费用，月底时再结转入相关产品成本中。

（6）根据上述记账凭证，将其数据填入“制造费用”明细账的借方。

（7）根据上述记账凭证，将其数据填入“银行存款”日记账的贷方。

（8）最后，将上述各明细账的内容分别记入其总分类账中。

至此，支付原材料及其运费的账务处理已完成。

5.2.4 实例 4：银行账户余额调节表

银行账户余额调节表，是当银行账面余额与企业银行账的账面余额不符时，对双方余额进行调节的会计表格。银行账面余额经过调整后，与企业银行存款账面余额相同，则说明双方的账务无误，否则还需要进一步核对双方账目。

银行账户的余额调节，可以单方调节，即只调节其中一方的余额，如单独调节银行账面余额；也可以双方调节，即双方的余额都进行调节。在实际的会计工作当中，通常使用银行账户余额调节表来进行双方调节。

下面就用一个实例，来说明银行账户余额调节的编制方法。

财务部接到银行对账单，发现与银行存款的账面余额有差异，因此需要对银行账户余额进行调节。经查未达账项如下：

- 银行代收的货款 4300 元，企业尚未收到相关凭证；
- 银行代缴的电话费 1258 元，企业尚未收到发票；
- 银行代缴电费 598 元，企业尚未收到发票；
- 企业收到货款支票，已入账但尚未到银行进账；
- 企业开出转账支票，支付固定资产修理费 670 元，对方尚未进账；
- 企业开出转账支票，支付货款 6000 元，对方尚未进账。

说明：未达账项是指企业账面与银行账面未能同步的账项，如银行代付的款项，往往银行已支付，但是在对方的发票未邮寄到之前，企业无法入账，所以会造成企业的银行存款账面余额与银行的账面余额不同。

根据上述的未达账款，编制银行账户余额调节表，如图 5.26 所示。

说明：从图 5.26 中可以看出，余额调节表是将未达账项分为企业未达账项和银行未达账项进行处理，调节后，若企业账面余额与银行账面余额相等，则说明企业的银行存款账目无误。

建设银行　余额调整表

对账日期：　2010年3月21日

日记账		银行对账单	
账面余额	¥3,000.00	对账单余额	¥4,284.00
加：银行已收企业未收款	¥4,300.00	加：企业已收银行未收款	¥7,830.00
委托收款	¥4,300.00	收到货款支票	¥7,830.00
减：银行已付企业未付款	¥1,856.00	减：企业已付银行未付款	¥6,670.00
代付电话费	¥1,258.00	转支修理费	¥670.00
代付电费	¥598.00	转支货款	¥6,000.00
调整后金额	¥5,444.00	调整后余额	¥5,444.00

图 5.26　银行余额调节表

5.3 其他货币资金的账务处理

其他货币资金是指企业所拥有的除库存现金、银行存款以外的其他各种货币资金。其他货币资金包括以下几种：

- 外埠存款
- 银行汇票存款
- 银行本票存款
- 信用证存款
- 在途货币资金

上述的这些货币资金，都统一纳入到“其他货币资金”科目中进行核算。对一般的企业来说，其他货币资金业务是较少的。其他货币资金一般都存在于与外国客户常打交道、与国外的相关渠道来往密切的企业。

本节就主要讲讲较常见的其他货币资金业务的账务处理方法。

5.3.1 实例 1：外埠存款的账务处理

公司在成都设立了长期采购点，并派专门的采购员驻留，所以也需要在成都本地开设账户，存放采购货款。现公司财务部将采购款 200000 元汇入成都的银行账户中。其账务处理过程及步骤如下。

（1）汇往成都建行账户的款项，应做会计分录如下。

借：其他货币资金-外埠存款　　200000
　贷：银行存款　　200000

说明：上述会计分录应填制银行付款凭证，如图 5.27 所示。

（2）使用成都建行账户支付货款，应做会计分录如下。

借：库存商品　　180000
　贷：其他货币资金-外埠存款　　180000

说明：上述会计分录应填制其他货币资金付款凭证，如图 5.28 所示。

付 款 凭 证

贷方科目：银行存款　　2010 年 3 月 20 日　　2010年3月 付 字第 0012 号

摘　　要	总 账 科 目	明 细 科 目	金					额						记账√
			亿	千	百	十	万	千	百	十	元	角	分	
汇往公司成都建行账户货款	其他货币资金	外埠存款			¥	2	0	0	0	0	0	0	0	
建行，账号2009876758														
成都建行，4000876056														
附件　1　张	合	计			¥	2	0	0	0	0	0	0	0	

会计主管　　计账　　出纳　　审核　　制证　周正

图 5.27　外埠银行存款之银行付款凭证

付 款 凭 证

贷方科目：其他货币资金-外埠存款　　2010 年 3 月 25 日　　2010年3月 付 字第 001 号

摘　　要	总 账 科 目	明 细 科 目	金					额						记账√
			亿	千	百	十	万	千	百	十	元	角	分	
公司成都建行账户支付购货款	库存商品				¥	1	8	0	0	0	0	0	0	
成都建行，4000876056														
附件　1　张	合	计			¥	1	8	0	0	0	0	0	0	

会计主管　　计账　　出纳　　审核　　制证　周正

图 5.28　外埠银行存款之其他货币资金付款凭证

（3）采购任务完成后，将多余的外埠存款转回当地银行时，应做会计分录如下。

借：银行存款　　20000

　贷：其他货币资金-外埠存款　　20000

说明：上述会计分录应填制银行存款收款凭证，如图 5.29 所示。

收　款　凭　证

借方科目：银行存款　　　　2010 年 3 月 30 日　　　　2010年3月 收 字第 0008 号

摘要	总账科目	明细科目	金额 亿	千	百	十	万	千	百	十	元	角	分	记账√
收回未用完的成都建行外埠存款	其他货币资金	外埠存款				￥	2	0	0	0	0	0	0	
转账支票，号码：5545678														
附件 1 张	合	计				￥	2	0	0	0	0	0	0	

会计主管　　计账　　出纳　　审核　　制证 周正

图 5.29　外埠银行存款之银行收款凭证

（4）根据上述凭证，对相应账簿进行登记。

至此，其他货币资金，外埠存款业务的账务处理已完成。

5.3.2　实例 2：向银行交纳信用证保证金

信用证是由银行出具的信用保证文书，在国际贸易中经常采用这种付款方式。信用证是银行提供的，保证购货方有付款能力，并且能够有条件的承诺付款给受益人，是比较重要的银行文件。目前国内多家银行纷纷大力开展国内信用证业务，使用信用证的企业也将越来越多。

企业向银行申请开立信用证时，应按规定向银行提交以下书面文件：

- 开证申请书
- 信用证申请人承诺书
- 购销合同

信用证的功能与银行承兑汇票类似，但与银行承兑汇票又有所区别，其最重要的区别有两点：

- 信用证要求付款时，受益人提供的单据必须与开具信用证时提供的资料相符，否则据付。这使得信用证的风险更小，而银行承兑汇票则只需要汇票上的印鉴、背书等完备无误，就可以付款；
- 信用证对交易风险的保护性更强，相应的其费用也较高，而银行承兑汇票则只需要交纳万分之五的手续费即可。

信用证保证金也称为信用证保证金存款，是指采用信用证结算方式的企业为取得信用证而按规定存入银行信用证保证金专户的款项。当达到信用证付款条件时，即相关单据符合信用证开具时提供的资料，银行会直接从保证金中支付相应的款项。

下面就以一个国际信用证的实例，来说明信用证业务的账务处理流程。

晨光公司经营外贸业务，常常需要银行开具信用证，以方便与海外客户进行交易。开具信用证需要向银行交纳一定数额的保证金，本次信用证需要交200万元作为保证金。

（1）交纳保证金200万元，应做会计分录如下。

借：其他货币资金-信用证保证金　　2000000

　贷：银行存款　　2000000

说明：上述会计分录应填制银行付款凭证，如图5.30所示。

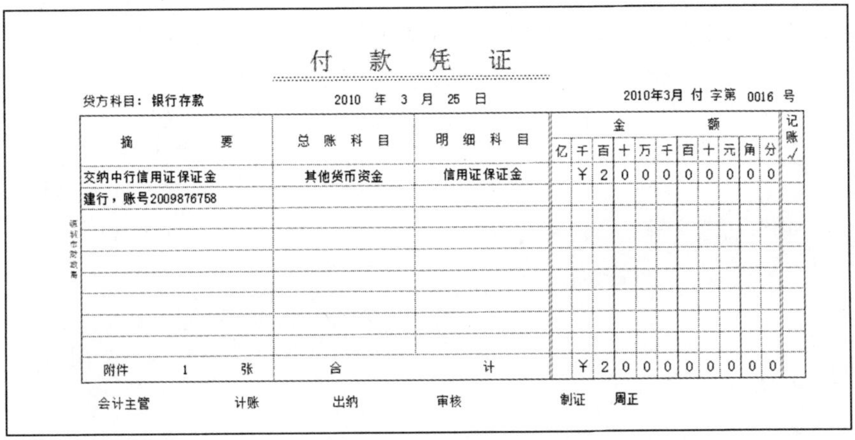

付　款　凭　证

贷方科目：银行存款　　2010 年 3 月 25 日　　2010年3月 付 字第 0016 号

摘要	总账科目	明细科目	亿	千	百	十	万	千	百	十	元	角	分	记账√
交纳中行信用证保证金	其他货币资金	信用证保证金		¥	2	0	0	0	0	0	0	0	0	
建行，账号2009876758														
附件 1 张	合	计		¥	2	0	0	0	0	0	0	0	0	

会计主管　　计账　　出纳　　审核　　制证 周正

图5.30 信用证保证金之银行付款凭证

（2）使用信用证保证金购得原材料时，应做会计分录如下。

借：库存商品　　1800000

　贷：其他货币资金-信用证保证金　　1800000

说明：上述会计分录应填制其他货币资金付款凭证，如图5.31所示。

付款凭证

贷方科目：其他货币资金-信用证保证金　　2010 年 3 月 25 日　　2010年3月 付 字第 002 号

摘要	总账科目	明细科目	亿	千	百	十	万	千	百	十	元	角	分	记账√
支付购原材料货款	原材料			¥	1	8	0	0	0	0	0	0	0	
信用证付款														
附件 5 张	合	计		¥	1	8	0	0	0	0	0	0	0	

会计主管　　计账　　出纳　　审核　　制证 周正

图 5.31　信用证保证金之其他货币资金付款凭证

（3）采购任务完成后，将多余的信用证保证金转回企业账户时，应做会计分录如下。

借：银行存款　　200000

　贷：其他货币资金-信用证保证金　　200000

说明：上述会计分录应填制银行存款收款凭证，如图 5.32 所示。

收款凭证

借方科目：银行存款　　2010 年 3 月 30 日　　2010年3月 收 字第 0009 号

摘要	总账科目	明细科目	亿	千	百	十	万	千	百	十	元	角	分	记账√
银行退回剩余信用证保证金	其他货币资金	信用证保证金			¥	2	0	0	0	0	0	0	0	
附件 1 张	合	计			¥	2	0	0	0	0	0	0	0	

会计主管　　计账　　出纳　　审核　　制证 周正

图 5.32　信用证之银行收款凭证

（4）根据上述凭证，对相应账簿进行登记。

至此，其他货币资金国际信用证业务的账务处理已完成。

5.4　备用金的账务处理

备用金就是备用现金，是一种较为特殊的库存现金。而绝大多数的企业中，备用金几乎就等同于库存现金。大部分出纳的手中管理着的正是备用金。

备用金是一个比较学术的概念，是指财会部门按企业有关制度规定，拨付所属报账单位和企业内部有关业务与职能管理部门，用于零售找零、收购零星商品物资或日常业务零星开支的备用现金。备用金有两种管理模式，即：

- 不定额备用金
- 定额备用金

不定额备用金多用于备用金并非常规制度的企业，即企业并不会常备备用金，只是需要多少领用多少。而定额备用金则是企业经常有零星支出，需要常备现金支出。所谓定额是指备用金有一定限额，只要不超过限额的支出，可直接从备用金中支付。事后还需将缺数补齐。

备用金从严格意义上讲应是一种企业内部的往来科目，因其账务处理过程和方法与货币资产科目类似，所以也放在本章来讲。

5.4.1　实例1：不定额备用金的账务处理

不定额备用金的账务处理，实际上就是对库存现金的账务处理。如企业需要购买一批文具，出纳员交由文具公司报价后，以报价单填写相应的请款单据，获批后，使用现金或支票进行购买。

A公司的库存现金管理制度为不定额备用金制，最近公司需要购买一批文具，文具公司的报价为2400元，经报批后，由出纳提出相应数额的现金前去购买。其账务处理过程及步骤如下。

（1）获得上级批准后，出纳去银行提取现金，应做会计分录如下。

借：库存现金　　2400

　贷：银行存款　　2400

说明：需要准备现金，计划购买时，根据报价单报批。

上述会计分录应填制银行付款凭证，如图 5.33 所示。

付 款 凭 证

贷方科目：银行存款　　2010 年 3 月 25 日　　2010年3月 付 字第 0017 号

摘要	总账科目	明细科目	亿	千	百	十	万	千	百	十	元	角	分	记账√
提现	库存现金						¥	2	4	0	0	0	0	
建行，账号2009876758														
现金支票，234567														
附件 1 张	合	计					¥	2	4	0	0	0	0	

会计主管　　计账　　出纳　　审核　　制证　周正

图 5.33　不定额备用金之银行付款凭证

（2）购买文具回来后，根据购货发票报账，应做会计分录如下。

借：管理费用　　2400

　贷：库存现金　　2400

上述会计分录应填制库存现金付款凭证，如图 5.34 所示。

付 款 凭 证

贷方科目：库存现金　　2010 年 3 月 25 日　　2010年3月 付 字第 0012 号

摘要	总账科目	明细科目	亿	千	百	十	万	千	百	十	元	角	分	记账√
购买办公用品（文具）	管理费用	办公费					¥	2	4	0	0	0	0	
附件 2 张	合	计					¥	2	4	0	0	0	0	

会计主管　　计账　　出纳　　审核　　制证　周正

图 5.34　不定额备用金之库存现金付款凭证

（3）将本笔业务记录在库存现金日记账中，如图 5.35 所示。

说明 1：备用金既可以使用库存现金日记账进行记录，也可以用专门的备用金明细账来记录，主要看企业是否同时存在库存现金和备用金，如果同时存在，那么应当单独开设备用金明细账。

说明 2：从图 5.35 中可以看出，根据购货发票报账后，库存现金为 0。所以实行不定额备用金制度的企业，平时无花销时，实际上并不存在库存现金。这种制度比较适合平时零星花费较少的企业。

库 存 现 金 日 记 账　　　第 1 页

2010 年 月	日	凭证字号 字	号	摘要	对应科目	借方	贷方	借或贷	余额	✓
3	25	银付	17	提现	银行存款	¥240000		借	¥240000	
	25	现付	12	购买办公用品（文具）	管理费用		¥240000	平	0	

余额为"0"

图 5.35　不定额备用金之库存现金日记账

5.4.2　实例 2：定额备用金的账务处理

定额备用金是指备用金的额度固定，随用随补的备用金形式。这种备用金制度的特点是：

- 备用金的相应金额挂在保管人的其他应收账款上，便于管理；
- 支出多少，领取多少，总额保持不变；
- 多出相应金额的库存现金应及时存入银行；
- 由于总金额固定，因此核对十分方便。

使用定额备用金制度的企业很多，所以定额备用金的日常会计处理也是较为常见的账务处理操作。下面就以一个实例来说明定额备用金制度下的账务处理方法。

周易公司每天有大量的快递费用支付，所以使用定额备用金制度，备用金的金额为 3000 元。昨天支付快递费共计 2000 元，快递公司开具了一张 2000 元的发票，出纳小王以该发票到财务科报销，将备用金余款 1000 元交回财务，以便明日出差。其账务处理过程及步骤如下。

（1）建立定额备用金时，先取出现金，应做会计分录如下。

借：库存现金　3000

　贷：银行存款　3000

（2）然后将相应金额挂入应收科目，应做会计分录如下。

借：其他应收款-备用金　3000

　贷：库存现金　3000

（3）零星支出 2000 元快递费进行报销时，应做会计分录如下。

借：管理费用　2000

　贷：库存现金　2000

（4）将备用金余款交回财务，暂时取消备用金时，应做会计分录如下。

借：库存现金　3000

　贷：其他应收款-备用金　3000

第 6 章

往来业务的账务处理

往来是指企业与其他企业的经济往来；而会计所说的往来业务则是指企业因业务关系而带来的债权或债务业务。企业的会计部门，将企业的债权称为应收款项，而债务则称为应付款项，预收和预付则是较特殊的情况。

往来业务因涉及的科目一般都成对出现，科目名称也十分相似，如应收账款与应付账款等。前缀为应收、应付的往来业务，一般是货物与款项不同步，应收为企业已发货，而款未收的情况，应付则相反；而前缀为其他应收或其他应付的往来业务，一般则是指与销售或主营业务无关的其他原因造成的应收、应付款项。常见的往来业务的会计科目列表如表 6.1 所示。

表 6.1　往来业务的会计科目列表

类　别	科　目
应收款项	应收账款
	应收票据
	其他应收款
应付款项	应付账款
	应付票据
	其他应付款
预收及预付	预收账款
	预付账款

6.1 应收账款的账务处理

应收账款是指企业因销售商品、产品或提供劳务而形成的债权。具体来说就是指企业与客户之间交易完成后，企业还未收到相应的款项，这样的业务就称为应收账款。

一般以货物交出为界，只要货物已交付对方，企业就认为销售收入已确立，货款是否收到，并不作为交易的确认理由。所以一旦交易成立，已收到的货款可以直接记入银行存款账户中，而未收到的货款则应记入“应收账款”账户中。

应收账款的账务处理，主要有以下几个特点：

- 应收账款的明细账户，就是每笔应收账款的债务人名称；
- 应收账款的产生、收回都必须同时记录在明细账和总账上；
- 应收账款的余额，财务部门应例行与对方单位核对、催其返款。

应收账款的账务处理是比较常见的会计处理过程，下面就以一个实例来说明其处理过程及步骤。

实例：应收账款的账务处理

某服装厂销售一批服装给假日商城，价值总计58000元，增值税率为17%，委托银行支付垫付运费2000元。此业务的账务处理过程及步骤如下。

（1）应收账款产生时，应做会计分录如下。

借：应收账款-假日商场　　67860

　贷：主营业务收入　　58000

　　　应交税费-应交增值税（销项税额）　　9860

上述会计分录，应填制转账凭证，如图6.1所示。

（2）根据上述分录，应登记相应的账簿如下。

- 应收账款明细账，假日商场账户之借方；
- 主营业务收入明细账贷方；
- 应交税费明细账，应交增值税（销项税额）贷方。

转 帐 凭 证

2010 年 3 月 21 日　　　　2010年3月 转 字第 0009 号

摘要	总账科目	明细科目	借方金额											贷方金额											记账√
			亿	千	百	十	万	千	百	十	元	角	分	亿	千	百	十	万	千	百	十	元	角	分	
向假日商场销售服装	应收账款	假日商场				￥	6	7	8	6	0	0	0												
增值税发票，号码：23456	主营业务收入																￥	5	8	0	0	0	0	0	
	应交税费	应交增值税																￥	9	8	6	0	0	0	
附件 1 张	合	计				￥	6	7	8	6	0	0	0				￥	6	7	8	6	0	0	0	

会计主管　　计账　　出纳　　审核　　制证 郑西

图 6.1　应收账款之转账凭证

（3）代垫的运费，也应记入对方的应收账款中，应做会计分录如下。

借：应收账款-假日商场　　2000

　贷：银行存款　　2000

说明：上述会计分录应填制银行付款凭证。

（4）根据上述分录，应登记相应的账簿如下。

- 应收账款明细账，假日商场账户之借方；
- 银行存款日记账贷方。

（5）收回货款后，应做会计分录如下。

借：银行存款　　69800

　贷：应收账款-假日商场　　69800

说明：上述会计分录应填制银行收款凭证。

（6）根据上述分录，应登记相应的账簿如下。

- 银行存款日记账借方；
- 应收账款明细账，假日商场账户之贷方。

此时，本笔业务已全部记录在应收账款—假日商场的明细分类账户中，如图 6.2 所示。

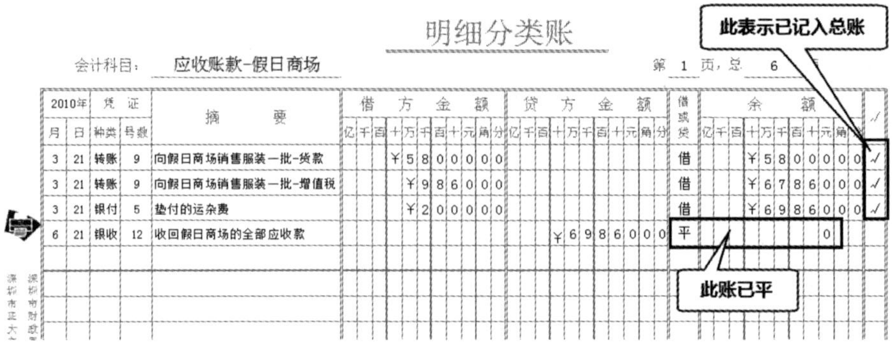

明细分类账

会计科目：应收账款-假日商场　　第 1 页，总 6

2010年 月	日	凭证 种类	号数	摘要	借方金额	贷方金额	借或贷	余额	√
3	21	转账	9	向假日商场销售服装一批-货款	¥580000		借	¥580000	√
3	21	转账	9	向假日商场销售服装一批-增值税	¥98600		借	¥678600	√
3	21	银付	5	垫付的运杂费	¥20000		借	¥698600	√
6	21	银收	12	收回假日商场的全部应收款		¥698600	平	0	

图 6.2　应收账款之明细分类账

（7）最后，将以上所有业务，记录到各相应总分类账簿中。

至此，应收账款的账务处理已完成。

6.2　应收票据的账务处理

应收票据是指企业持有的，具有到期收款性质的票据。虽然可以用于支付的票据有许多种，如汇票、本票、支票等，但是应收票据科目中所指的票据，特指汇票。常见的应收票据有两种，即：

- 商业承兑汇票
- 银行承兑汇票

商业承兑汇票是由银行以外的付款人承兑的票据。商业承兑汇票既可以由付款人签发并承兑，也可以由收款人签发后交由付款人承兑。

银行承兑汇票是指由企业在开户行申请并经银行审查同意承兑的远期汇票。这种汇票的特点是：

- 由企业签发，经银行批准后成立，两者签立承兑协议；
- 由银行保证承兑，即到期不论开出汇票的企业是否已将款项打入银行账户，银行都要按承诺进行兑付；
- 票面有相应的利率，以偿付客户未当场拿到款项的损失，该票息兑付时支付。

应收票据的账务处理与应收账款十分类似，也是在确认销售时入账，在收到款项时平账。只是应收票据会有票息和贴现的情况出现，所以在处理时，比应收账款稍稍麻烦一些。但是由于应收票据带有到期兑付的承诺，且该承诺还具有一定的法律效应，所以风险会小得多。

6.2.1 实例 1：不带息应收票据的账务处理

2009 年 12 月 1 日，公司向其广东总代理恒远公司出售了一批新产品，价值 10 万元，增值税率为 17%。

10 天后，即 2009 年 12 月 11 日，公司收到恒远公司开具的商业汇票，汇票面值为 117000 元，支付期为 3 个月。

2009 年 3 月 11 日，即 3 个月后，恒远公司开具的商业汇票兑付，款项打入公司账户。

其账务处理过程及步骤如下。

（1）2009 年 12 月 1 日，交易成立时收入确认，由于款未收到，故先记入应收账款账户中，其会计分录如下。

借：应收账款-恒远公司　　117000

　贷：主营业务收入　　100000

　　应交税费-应交增值税（销项税额）　　17000

说明：上述会计分录应填制转账凭证，如图 6.3 所示。

转　帐　凭　证

2009 年 12 月 1 日　　2009年12月 转 字第 0001 号

摘　要	总账科目	明细科目	借方金额	贷方金额	记账√
销售新产品给恒远公司	应收账款	恒远公司	￥11700000		
增值税发票，号码：23456	主营业务收入			￥10000000	
	应交税费	应交增值税		￥1700000	
附件 1 张	合	计	￥11700000	￥11700000	

会计主管　　计账　　出纳　　审核　　制证 郑西

图 6.3　销售收入确认时的转账凭证

（2）根据上述分录，登记相应的账簿，即：

- “应收账款”明细账的恒远公司账户之借方；
- “主营业务收入”明细账贷方；
- “应交税费”明细账的“应交增值税（销项税额）”贷方。

（3）2009 年 12 月 11 日，收到商业汇票，将应收账款转为应收票据，会计分录如下。

借：应收票据-恒远公司　　　　117000

　贷：应收账款-恒远公司　　　　117000

说明：上述会计分录应填制转账凭证，如图 6.4 所示。

（4）根据上述分录，登记相应的账簿，即：

- “应收票据”明细账的恒远公司账户之借方；
- “应收账款”明细账的恒远公司账户之贷方。

转　账　凭　证

2009 年 12 月 11 日　　　　2009年12月 转 字第 0005 号

摘要	总账科目	明细科目	借方金额											贷方金额											记账√
			亿	千	百	十	万	千	百	十	元	角	分	亿	千	百	十	万	千	百	十	元	角	分	
收到恒远公司的商业承兑	应收票据	恒远公司			￥	1	1	7	0	0	0	0	0												
汇票，号码为4596079	应收账款	恒远公司														￥	1	1	7	0	0	0	0	0	
附件 1 张	合	计			￥	1	1	7	0	0	0	0	0			￥	1	1	7	0	0	0	0	0	

会计主管　　计账　　出纳　　审核　　制证 郑西

图 6.4　应收账款转为应收票据

说明：此时应收账款-恒远公司明细分类账的账户中账已平，如图 6.5 所示。

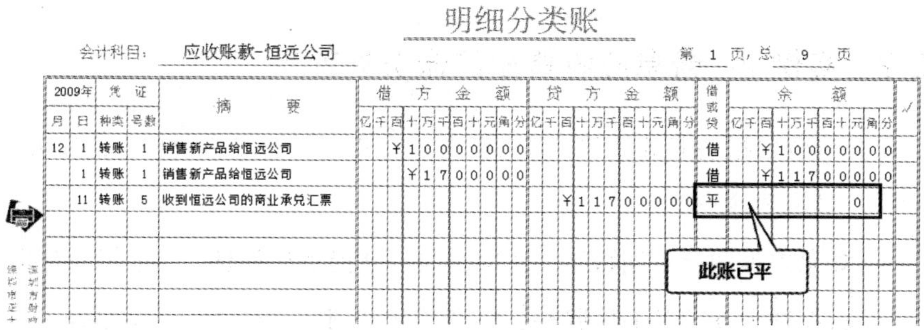

2009年 月	日	凭证 种类	号数	摘要	借方金额	贷方金额	借或贷	余额	√
12	1	转账	1	销售新产品给恒远公司	¥10000000		借	¥10000000	
	1	转账	1	销售新产品给恒远公司	¥1700000		借	¥11700000	
	11	转账	5	收到恒远公司的商业承兑汇票		¥11700000	平	0	

图 6.5　应收账款之明细分类账

（5）2009 年 3 月 11 日，将商业汇票存入银行账户后，应做会计分录如下。

借：银行存款　　117000

　贷：应收票据-恒远公司　　117000

说明：上述会计分录应填制银行收款凭证。

（6）根据上述分录，登记相应的账簿，即：

- 银行存款日记账之借方；
- 应收票据-恒远公司明细分类账账户之贷方。

此时，本笔业务已全部记录在“应收票据”明细分类账的“恒远公司”账户中，如图 6.6 所示。

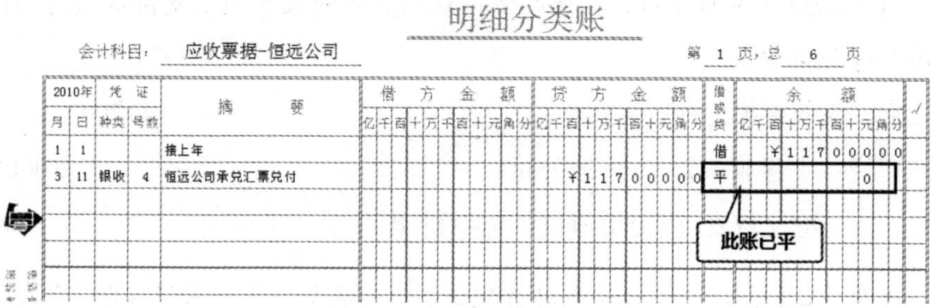

2010年 月	日	凭证 种类	号数	摘要	借方金额	贷方金额	借或贷	余额	√
1	1			接上年			借	¥11700000	
3	11	银收	4	恒远公司承兑汇票兑付		¥11700000	平	0	

图 6.6　应收票据明细分类账

（7）最后，将以上所有业务，记录到各相应总分类账簿中。

至此，不带息应收票据的账务处理已完成。

6.2.2 实例 2：带息应收票据的账务处理

带息应收票据的账务处理，其大部分步骤都与不带息应收票据的账务处理相同，只是需要注意两点：

- 如果票据的支付期跨年，在年底时需计提票据利息。如本年 9 月出票，付款期为 6 个月的应收票据，在本年底时应计提 3 个月的票息。

说明：当年计提的票息，就意味着要参与当年的利润生成，这符合权责发生制原则。

- 票据到期支付时，应计算到期利息。如果是跨年票据，则只需计算本年的票息即可。

说明：票据利息应记入财务费用贷方，抵扣当年的财务相关费用。

下面就以一定带息票据的账务处理实例来说明其账务处理过程及步骤。

某企业在 2009 年 9 月 1 日销售一批服装给 A 商场，货发出的同时，附有增值税发票，票面的销售收入为 10 万元，增值税率为 17%。A 商场以商业承兑汇票支付货款，付款期限为 6 个月，票面利率 10%。

这笔业务的账务处理过程及步骤如下。

（1）2009 年 9 月 1 日，销售收入确认时，同时收到用来支付货款的票据，应做会计分录如下。

借：应收票据-A 商场	117000	
贷：主营业务收入-恒远公司		100000
应交税费-应交增值税（销项税额）		17000

说明：上述会计分录应填制转账凭证，以应收票据票面原值入账，如图 6.7 所示。

（2）根据上述分录，登记相应的账簿，即：

- “应收票据”明细账的“A 商场”账户之借方；
- “主营业务收入”明细账的贷方；
- “应交税费”明细账的“应交增值税（销项税额）”账户之贷方。

转 帐 凭 证

2009 年 9 月 1 日　　　　2009年9月 转 字第 0005 号

摘要	总账科目	明细科目	借方金额											贷方金额											记账√
			亿	千	百	十	万	千	百	十	元	角	分	亿	千	百	十	万	千	百	十	元	角	分	
向A商场销售一批服装	应收票据	A商场			¥	1	1	7	0	0	0	0	0												
以商业承兑汇票结算	主营业务收入	恒远公司														¥	1	0	0	0	0	0	0	0	
	应交税金	应交增值税																1	7	0	0	0	0	0	
附件 1 张	合	计			¥	1	1	7	0	0	0	0	0			¥	1	1	7	0	0	0	0	0	

会计主管　　计账　　出纳　　审核　　制证 郑西

图 6.7 销售服装之转账凭证

（3）2009年年底时，需计提票据利息，因而需要计算到年底时的票据利息，其计算过程如下。

应收票据的票面利率为10%，此为年利率，2009年9月1日到年底正好4个月，因此票据利息的计算公式如下：

$$票据利息=票面金额\times\frac{年利率}{12}\times4=1170\,000\times\frac{10\%}{12}\times4=3\,900$$

根据计算得出的票据利息，可做会计分录如下：

借：应收票据-A商场　　3900

　贷：财务费用　　3900

说明：上述会计分录应填制转账凭证，如图6.8所示。

转 帐 凭 证

2009 年 12 月 31 日　　　　2009年12月 转 字第 0035 号

摘要	总账科目	明细科目	借方金额											贷方金额											记账√
			亿	千	百	十	万	千	百	十	元	角	分	亿	千	百	十	万	千	百	十	元	角	分	
预提票据利息	应收票据	A商场					¥	3	9	0	0	0	0												
	财务费用																	¥	3	9	0	0	0	0	
附件 张	合	计					¥	3	9	0	0	0	0					¥	3	9	0	0	0	0	

会计主管　　计账　　出纳　　审核　　制证 郑西

图 6.8 预提票据利息

（4）根据上述分录，登记相应的账簿，即：

- “应收票据”明细账的“A 商场”账户之借方；
- “财务费用”明细账的贷方。

（5）票据到期时，企业收回货款，需要计算到期票据的票面利息，其计算过程如下。

票据将在 2010 年 3 月 1 日到期，从 2009 年的 12 月 31 日，到 2010 年的 3 月 1 日，正好是两个月，所以在计算到期利息时，应计算两个月的票息，计算公式如下：

$$\text{票据利息}=\text{票面金额}\times\frac{\text{年利率}}{12}\times 2=1170000\times\frac{10\%}{12}\times 2=1950$$

（6）计算出到期利息之后，还需要计算票据的到期值，其计算过程如下：

$$\text{票据到期值}=\text{票面金额}+\text{到期利息}=1170000+3900+1950=122850$$

（7）计算出所需数据后，有息票据兑付时的会计分录如下。

借：银行存款　　　　122850

　贷：应收票据-A 商场　　　　120900

　　财务费用　　　　1950

说明：上述会计分录应填制银行收款凭证，如图 6.9 所示。

收　款　凭　证

借方科目：银行存款　　2010 年 3 月 1 日　　2010年3月 收 字第 0001 号

摘要	总账科目	明细科目	金额 亿	千	百	十	万	千	百	十	元	角	分	记账√
A商场有息承兑汇票兑付	应收票据	A商场			¥	1	2	0	9	0	0	0	0	
	财务费用						¥	1	9	5	0	0	0	
附件 2 张	合	计			¥	1	2	2	8	5	0	0	0	

会计主管　　计账　　出纳　　审核　　制证 周正

图 6.9　有息票据兑付的银行收款凭证

说明：从图 6.9 中可以看出，应收票据的账面余额为 120900 元，其计算过程如下：

应收票据账面余额＝票面金额＋上年利息＝1170000＋3900＝120900

（8）根据上述分录，登记相应的账簿，即：

- 银行存款日记账之借方；
- “应收票据”明细账的“A 商场”账户之贷方；
- “财务费用”明细账的贷方。

（9）最后，将以上所有业务，记录到各相应总分类账簿中。

至此，带息应收票据的账务处理已完成。

6.2.3 实例 3：带息应收票据贴现的账务处理

贴现指银行承兑汇票的持票人在汇票到期日前，为了取得资金，贴付一定利息将票据权利转让给银行的票据行为，是银行向持票人融通资金的一种方式。通俗地说，就是企业为了资金回笼更快，将未到期的票据直接卖给银行的行为。

带息应收票据因本身就带有利息，所以其到期时的价值与票面价值不同，在进行账务处理时需要格外注意。下面就用一个实例来说明带息应收票据贴现的账务处理。

B 客户于 2009 年 4 月 15 日签发了一张汇票，该汇票 60 天到期，票面金额为 6000 元，带息 10%。企业于 2009 年 4 月 30 日向银行贴现，贴现率为 16%。

这笔业务的账务处理过程及步骤如下。

（1）2009 年 4 月 15 日时，以票据入账，抵消 B 客户之前的应收账款，应做会计分录如下。

借：应收票据-B 客户　　6000

　贷：应收账款-B 客户　　6000

说明：以带息票据入账时，仍以票面金额入账。上述会计分录，应填制转账凭证。

（2）根据上述分录，登记相应的账簿，即：

- “应收票据”明细账的“B 客户”账户之借方；
- “应收账款”明细账的“B 客户”账户之贷方。

（3）2009 年 4 月 30 日，票据进行贴现后，其会计分录如下。

借：银行存款　　5978

　　财务费用-利息支出　　22

　贷：应收票据-B 客户　　6000

说明：上述会计分录应填制银行收款凭证。

（4）根据上述分录，登记相应的账簿，即：

- 银行存款日记账之借方；
- “财务费用”明细账的借方；
- “应收票据”明细账的“B 客户”账户之贷方。

（5）最后，将以上所有业务，记录到各相应总分类账簿中。

至此，带息应收票据贴现的账务处理已完成。

本例中涉及的计算过程，如下。

（1）计算票据到期利息：

$$票据利息=票面金额\times\frac{年利率}{360}\times60=6000\times\frac{10\%}{360}\times60=100$$

（2）计算票据到期值：

$$票据到期值=票面金额+到期利息=6000+100=6100$$

（3）计算票据贴现息：

$$票据贴现息=票面到期值\times\frac{年贴现率}{360}\times贴现天数=6000\times\frac{16\%}{360}\times45=122$$

（4）计算票据贴现所得金额：

$$票据贴现所得金额=票据到期值-贴现息=6100-122=5978$$

6.3　应付账款的账务处理

应付账款就是应付出的款项。对企业来说，应付账款是一种负债，当然就有偿还的义务，所以应付账款的账务处理与其他负债科目的处理比较类似。

财务部门对应付账款进行的账务处理，主要是设立详尽的明细账户，一般来说每个客户都应设立单独的账页进行核算，详细记录每一笔应付账款的时间和来历。同时，当客户发函前来核对应付账款时（对客户来说是应收账款），企业财会部门更应当注意核对清楚，一发现问题应当立刻与对方核对。

应付账款的账务处理与应收账款的处理基本相同，只是由于会计主体不同，所以使用的科目也不同。可以直接使用前面应收账款的例子，也可以通过相同的例子比较应付账款与应收账款在账务处理上的差异。

实例：应付账款的账务处理

某服装厂销售一批服装给假日商城，价值总计 58000 元，增值税率为 17%，委托银行支付垫付运费 2000 元。此业务假日商城的会计部门账务处理及步骤如下。

（1）应付的货款入账，应做会计分录如下。

借：库存商品　　58000

　　应交税费-应交增值税（进项税额）　　9860

　贷：应付账款-服装厂　　67860

说明：上述会计分录应填制转账凭证，如图 6.10 所示。

转　帐　凭　证

2010 年 3 月 21 日　　　　2010年3月 转 字第 0009 号

摘　要	总账科目	明细科目	借方金额	贷方金额	记账√
向服装厂购买服装	库存商品	假日商场	￥5800000		
增值税发票已开	应交税费	应交增值税	￥986000		
号码：23456	应付账款	服装厂		￥6786000	
附件　1　张	合	计	￥6786000	￥6786000	

会计主管　　计账　　出纳　　审核　　制证　郑西

图 6.10　购入服装之转账凭证

（2）根据上述分录，登记相应的账簿，即：

- “库存商品”明细账的借方；
- “应交税费”明细账的“应交增值税（进项税额）”账户之借方；
- “应付账款”明细账的“服装厂”账户之贷方。

（3）垫付的运杂费入账。

借：应付账款-服装厂　　　　2000

　贷：银行存款　　　　2000

说明：上述会计分录应填制付款凭证，如图6.11所示。

付　款　凭　证

贷方科目：银行存款　　　　2010 年 3 月 21 日　　　　2010年3月 付 字第 0014 号

摘　要	总账科目	明细科目	亿	千	百	十	万	千	百	十	元	角	分	记账√
垫付服装厂运费	应付账款	服装厂					¥	2	0	0	0	0	0	
建行，账号2009876758														
现金支票，234567														
附件 1 张	合　计						¥	2	0	0	0	0	0	

会计主管　　计账　　出纳　　审核　　制证 周正

图6.11　垫付服装厂运费之付款凭证

（4）根据上述分录，登记相应的账簿，即：

- “应付账款”明细账的“服装厂”账户之借方；
- 银行存款日记账之贷方。

（5）货款付清后，应做会计分录如下。

借：应付账款-服装厂　　　　65800

　贷：银行存款　　　　65800

说明：上述会计分录应填制转账凭证，如图6.12所示。

付款凭证

贷方科目：银行存款　　2010 年 6 月 21 日　　2010年6月 付 字第 0014 号

摘要	总账科目	明细科目	金额（亿千百十万千百十元角分）	记账√
支付购买服装货款	应付账款	服装厂	¥6580000	
建行，账号2009876758				
转支票，234567				
附件 1 张	合	计	¥6580000	

会计主管　　计账　　出纳　　审核　　制证 周正

图 6.12　支付服装货款

（6）根据上述分录，登记相应的账簿，即：

- “应付账款”明细账的“服装厂”账户之借方；
- 银行存款日记账之贷方。

此时，应付账款明细账的账务记录，如图 6.13 所示。

明细分类账

会计科目：应付账款-服装厂　　第 1 页，总 9 页

2010年 月	日	凭证 种类	号数	摘要	借方金额（亿千百十万千百十元角分）	贷方金额（亿千百十万千百十元角分）	借或贷	余额（亿千百十万千百十元角分）	√
3	21	转账	9	向服装厂购买服装一批-货款		¥6780000	贷	¥6780000	√
3	21	银付	5	垫付的运杂费	¥200000		贷	¥6580000	√
6	21	银收	12	收回假日商场的全部应收款	¥6580000		平	0	√

此账已平

图 6.13　应付账款之明细账

（7）最后，将以上所有业务，记录到各相应总分类账簿中。

至此，应付账款的账务处理已完成。

6.4　应付票据的账务处理

应付票据主要是指企业为了赊购商品或服务而开具的商业汇票。其一般是

由企业出票（称为出票人），由承兑人（一般为银行）承诺在一定日期内按票面确定的金额，向持票人（客户）付款的书面凭证。

在我国，应付票据仅指商业汇票，包括：

- 商业承兑汇票
- 银行承兑汇票

实例：偿付有息应付票据的账务处理

有息应付票据偿付时，应一次性偿付其票面金额以及利息。在用应付票据进行账务处理时，以账面金额入账，偿付时，需要结算出利息，与应付票据一起付清。

说明：跨年度的应付票据，一般在年底时，应付票据的利息会结转一次，也会直接纳入应付票据账户中。其他利息仍在偿付时结算。

企业需要开具商业汇票的情况通常有两种，即：

- 因购买商品、服务等而开出；
- 抵付原欠货款或应付账款时开出。

下面，就以实例来说明偿付有息应付票据的账务处理方法。

某企业 3 月 1 日开具的两月期、票面利率为 10%，面额为 6000 元的商业汇票，以偿付向 A 公司购买材料所欠的货款。此业务的计算过程及账务处理如下。

（1）计算票据到期值。

票据于 3 月 1 日签发，60 天到期。票面金额 6000 元，票息 10%，其到期值为：

$$6000+6000\times60/360\times10\%=6100$$

（2）应付票据 3 月 1 日开具时入账，应做会计分录如下。

借：应付账款-A 公司　　6000

　贷：应付票据-A 公司　　6000

说明：上述会计分录应填制转账凭证。

（3）根据上述分录，登记相应的账簿，即：

- “应付账款”明细账的“A公司”账户之借方；
- “应付票据”明细账的“A公司”账户之借方。

（4）4月30日偿付商业汇票时，其会计分录如下。

借：应付票据	6000	
财务费用	100	
贷：银行存款		6100

说明：上述会计分录应填制银行付款凭证。

（5）根据上述分录，登记相应的账簿，即：

- “应付账款”明细账的“服装厂”账户之借方；
- “营业外收入”明细账的贷方。

（6）最后，将以上所有业务，记录到各相应总分类账簿中。

至此，偿付有息应付票据的账务处理已完成。

6.5 其他往来业务的账务处理

其他往来业务是指除应收账款、应付账款、应收票据、应付票据等，常见的往来业务包括：

- 应付职工薪酬；
- 无法收回的应收款项，即坏账；
- 无法支付的应付款项等。

说明：备用金实际上也属于其他往来业务中的一种，但由于其与库存现金的大部分处理方式和步骤都相同，所以本书将其放在货币资产章节中讲解。

本章，就对上述业务进行相应的讲解和账务处理演示。

6.5.1 应付职工薪酬

职工薪酬是指企业为获得职工提供的服务而给予各种形式的报酬以及其他相关支出。职工薪酬不仅包括企业一定时期支付给全体职工的劳动报酬总额，还包括按照工资的一定比例计算并计入成本费用的其他相关支出。

1. 职工薪酬的范围

企业会计准则明确规定，企业因获得职工提供服务而给予职工的各种形式的报酬或福利费，全部纳入职工薪酬的范围。其中，企业的职工是指与企业订立劳动合同的所有人员，包含：

- 全职、兼职和临时职工；
- 虽未与企业订立劳动合同但由企业正式任命的人员，如董事会成员、监事会成员、劳务用工合同人员等。

职工薪酬的范围包括以下几项：

- 职工薪酬

说明：包括企业为职工在职期间和离职后提供的全部货币性薪酬和非货币性福利。提供给职工配偶、子女或其他被赡养人的福利等，也属于职工薪酬。

- 养老保险费

说明：包括根据国家规定的标准向社会保险经办机构缴纳的基本养老保险费，以及根据企业年金计划向企业年金基金相关管理人缴纳的补充养老保险费。另外，以购买商业保险形式提供给职工的各种保险待遇，也属于职工薪酬。

- 非货币性福利

说明：包括企业以自产产品发放给职工作为福利、将企业拥有的资产无偿提供给职工使用、为职工无偿提供医疗保健服务等。

- 辞退福利

2. 账户设置

根据职工薪酬的范围，应付员工薪酬科目下应设立以下明细账户，即：

- “应付职工薪酬”账户。主要用于核算企业应当支付给职工的工资、奖金、津贴和补贴的负债类账户。借方登记支付数额，贷方登记发生数额，余额在贷方，表示应付未付金额。
- “应付保险费”账户。主要用于核算企业为职工缴纳的医疗保险费、养老保险费、失业保险费、工伤保险费和生育保险费等社会保险费的负债类账户。借方登记支付数额，贷方登记发生数额，余额在贷方，表示应付未付金额。
- “应付住房公积金”账户。主要用于核算企业为职工缴存的住房公积金的负债类账户。借方登记支付数额，贷方登记发生数额，余额在贷方，表示应付未付金额。

下面就以实例来说明应付员工薪酬的账务处理过程和方法。

6.5.2 实例1：应付员工薪酬的账务处理

应付员工薪酬的账务处理，主要有以下两个步骤：

- 在月底前先将员工薪酬计提出来；
- 根据工资表进行员工工资的发放和员工保险等薪酬的缴纳。

恒港公司2010年5月份人员工资如表6.2所示。

表6.2 恒港公司2010年5月工资分类表

分　类	工资额（元）
管理人员	2000
销售人员	3000
生产人员	50000

根据国家法律和恒港公司的员工福利制度规定，恒港公司员工享受“五险、一金、两费”的职工福利，具体项目与计提比例，如表6.3所示。

表 6.3　保险及福利费等项目的计提比例

计提项目		计提比例
五险	养老保险	共计 35%
	医疗保险	
	失业保险	
	工伤保险	
	生育保险	
一金	住房公积金	8%
两费	工会经费	2%
	职工教育经费	1.5%

已知恒港公司每月 20 日为当月结账日，次月 5 日为发薪日。恒港公司本月的员工薪酬，其账务处理过程及步骤如下。

（1）2009 年 5 月 20 日，计提本月工资，应做会计分录如下。

借：管理费用　　2000
　　销售费用　　3000
　　生产成本　　50000
　贷：应付职工薪酬-工资　　55000

说明：上述会计分录应填制转账凭证，如图 6.14 所示。

转　帐　凭　证

2009 年 5 月 20 日　　2009年5月 转 字第 0041 号

摘要	总账科目	明细科目	借方金额（亿千百十万千百十元角分）	贷方金额（亿千百十万千百十元角分）	记账√
计提本月工资	管理费用		¥200000		
	销售费用		¥300000		
	生产成本		¥5000000		
	应付职工薪酬	工资		¥5500000	
附件 1 张	合	计	¥5500000	¥5500000	

会计主管　　计账　　出纳　　审核　　制证　郑西

图 6.14　计提本月工资之转账凭证

（2）根据上述分录，登记相应的账簿，即：

- “管理费用”明细账的借方；

- “销售费用”明细账的借方；
- “生产成本”明细账的借方；
- “应付员工薪酬”明细账的“工资”栏中。

（3）2009年5月20日，计提“五险、一金、两费”。

计算应计提的“五险、一金、两费”，其计算过程，如表6.4所示。

表6.4 “五险、一金、两费”计算表

计提项目		计提比例	计算	
			公式	金额
五险	社会保险	共计35%	55000*35%	19250
一金	住房公积金	8%	55000*8%	4400
两费	工会经费	2%	55000*2%	1100
	职工教育经费	1.50`	55000*1.5%	825

分配“五险、一金、两费”到相应的费用成本科目，其计算过程如表6.5所示。

表6.5 “五险、一金、两费”分配计算表

分配项目	工资额	计算公式	计算结果
管理费用	2000	2000*46.5%	930
营业费用	3000	3000*46.5%	1395
生产成本	50000	50000*46.5%	23250

根据上述计算结果，计提“五险、一金、两费”，应做会计分录如下。

借：管理费用 930

营业费用 1395

生产成本 23250

贷：应付职工薪酬-社会保险费 19250

应付职工薪酬-住房公积金 4400

应付职工薪酬-工会经费 1100

应付职工薪酬-职工教育经费 825

说明：上述会计分录应填制转账凭证，如图6.15所示。

转帐凭证

2009 年 5 月 20 日　　　　2009年5月 转 字第 0042 号

摘要	总账科目	明细科目	借方金额	贷方金额	记账√
计提本月保险及福利费	管理费用		￥93000		
	营业费用		￥139500		
	生产成本		￥2325000		
	应付职工薪酬	社会保险费		￥1925000	
		住房公积金		￥440000	
		工会经费		￥110000	
		职工教育经费		￥82500	
附件 1 张	合	计	￥2557500	￥2557500	

会计主管　　计账　　出纳　　审核　　制证 郑西

图 6.15　计提本月保险及福利费

（4）根据上述分录，登记相应的账簿，即：

- “管理费用”明细账的借方；
- “销售费用”明细账的借方；
- “生产成本”明细账的借方；
- “应付员工薪酬”明细账的“社会保险费”栏；
- “应付员工薪酬”明细账的“住房公积金”栏；
- “应付员工薪酬”明细账的“工会经费”栏；
- “应付员工薪酬”明细账的“职工教育经费”栏。

（5）2009 年 5 月 28 日，实际支付上述“五险、一金、两费”时，根据实际支付的金额做如下分录。

借：应付职工薪酬-社会保险费　　19250

　　应付职工薪酬-住房公积金　　4400

　　应付职工薪酬-工会经费　　1100

　　应付职工薪酬-职工教育经费　　825

　贷：银行存款　　25575

说明：上述会计分录应填制付款凭证，其凭证如图 6.16 所示。

付 款 凭 证

贷方科目：银行存款　　2009 年 5 月 28 日　　2009年5月 付 字第 0068 号

摘要	总账科目	明细科目	亿	千	百	十	万	千	百	十	元	角	分	记账√
支付员工保险及福利费	应付职工薪酬	社会保险费				¥	1	9	2	5	0	0	0	
建行，账号2009876758		住房公积金					¥	4	4	0	0	0	0	
转支票，234567		工会经费					¥	1	1	0	0	0	0	
		职工教育经费						¥	8	2	5	0	0	
附件 1 张	合	计				¥	2	5	5	7	5	0	0	

会计主管　　计账　　出纳　　审核　　制证　周正

图 6.16　支付员工保险及福利费

（6）根据上述分录，登记相应的账簿，即：

- “应付员工薪酬”明细账的“社会保险费”栏；
- “应付员工薪酬”明细账的“住房公积金”栏；
- “应付员工薪酬”明细账的“工会经费”栏；
- “应付员工薪酬”明细账的“职工教育经费”栏；
- “银行存款”日记账的贷方。

（7）支付工资时：

借：应付职工薪酬-工资　　55000

　贷：库存现金　　55000

说明：上述会计分录应填制付款凭证，如图 6.17 所示。

付 款 凭 证

贷方科目：库存现金　　2009 年 6 月 5 日　　2009年6月 付 字第 0008 号

摘要	总账科目	明细科目	亿	千	百	十	万	千	百	十	元	角	分	记账√
支付员工5月工资	应付职工薪酬	工资				¥	5	5	0	0	0	0	0	
附件 1 张	合	计				¥	5	5	0	0	0	0	0	

会计主管　　计账　　出纳　　审核　　制证　周正

图 6.17　应付员工工资之付款凭证

（8）根据上述分录，登记相应的账簿，即：

- “应付员工薪酬”明细账的“工资”栏；
- “库存现金”日记账的贷方。

此时，应付员工薪酬明细分类账，如图 6.18 所示。

明细分类账

会计科目：应付员工薪酬　　　　第 2 页　总 8 页

2010 年		凭证		摘要	贷方（项目）						借方	余额
月	日	种类	号		工资	社会保险费	住房公积金	工会经费	职工教育经费	合计		
5	20	转账	41	计提本月工资	¥55,000.00					¥55,000.00		¥55,000.00
	20	转账	42	计提本月保险及福利费		¥19,250.00	¥4,400.00	¥1,100.00	¥825.00	¥25,575.00		¥80,575.00
	28	银付	68	支付员工保险及福利费							¥25,575.00	¥55,000.00
6	5	现付	8	支付员工5月工资							¥55,000.00	¥0.00

余额为0

图 6.18　应付员工薪酬明细分类账

（9）最后，将以上所有业务，记录到各相应总分类账簿中。

至此，应付员工薪酬的相关账务处理就已完成。

6.5.3　实例 2：坏账的账务处理——备抵法

当应收款项确认无法收回时，就称其为坏账。由于企业在应收款项产生时就已经将收入入账，所以一旦应收款项成为坏账，对企业的影响是较大的，尤其是对企业的资金链的破坏性影响。所以虽然很多时候坏账的产生根本无法预见，但是出于经营风险的考虑，财务部门应通过各种方式，对坏账进行处理，以尽量减少坏账带来的影响和损失。

对于应收账款较多的企业，一般会采用备抵法进行坏账的账务处理。备抵法是指坏账发生时，其损失从预提的坏账准备中冲抵的财务处理方法。这种方法的优点是显而易见的，其可以很好地将坏账的风险提前准备起来，一旦发生坏账，也不至于对企业的经营造成很大影响。

当然，对那些应收账款很少，数额又小的企业，备抵法就显得比较麻烦。下面就用实例来说明备抵法的账务处理过程和方法。

某企业 2005 年年末的应收账款余额为 100 万元，坏账准备的计提比例为

3‰。

2006年，发生的坏账损失6000元，其中A公司1000元，B公司5000元，年末，应收账款余额为120万元；

2007年已冲销的B公司应收账款5000元又收回了，2007年年末，应收账款余额为130万元。

其账务处理过程及步骤如下。

（1）2005年计提坏账准备时，应做会计分录如下。

借：管理费用　　3000

　贷：坏账准备　　3000

因此，2005年坏账准备账户明细分类账，如图6.19所示。

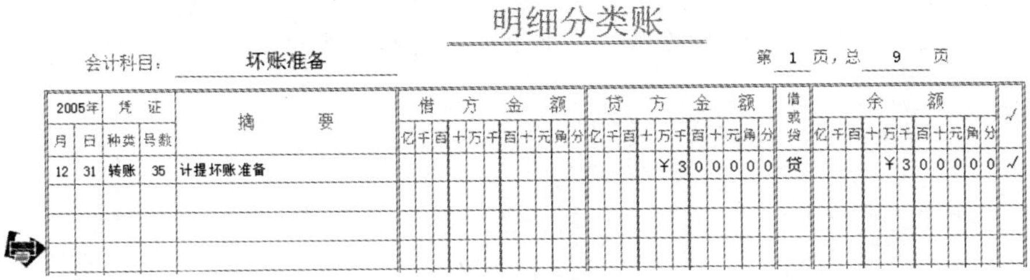

明细分类账

会计科目：坏账准备　　第 1 页，总 9 页

2005年 月	日	凭证 种类	号数	摘要	借方金额	贷方金额	借或贷	余额	√
12	31	转账	35	计提坏账准备		¥300000	贷	¥300000	√

图6.19　2005年坏账准备明细分类账

（2）第二年的坏账损失入账时，应做会计分录如下。

借：坏账准备　　6000

　贷：应收账款-A公司　　1000

　　　应收账款-B公司　　5000

此时，2006年坏账准备账户的明细分类账，如图6.20所示。

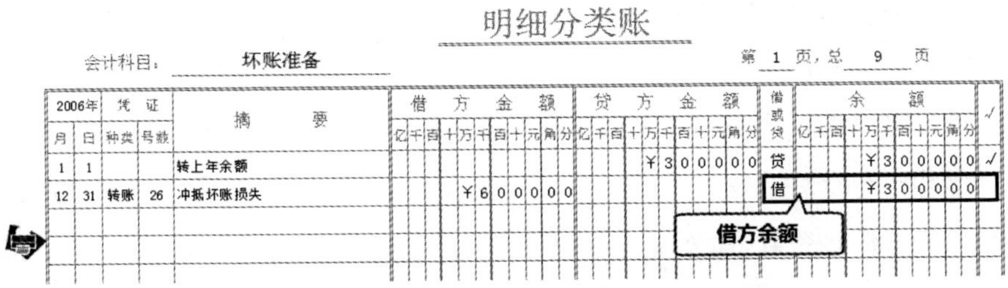

明细分类账

会计科目：坏账准备　　第 1 页，总 9 页

2006年 月	日	凭证 种类	号数	摘要	借方金额	贷方金额	借或贷	余额	√
1	1			转上年余额		¥300000	贷	¥300000	√
12	31	转账	26	冲抵坏账损失	¥600000		借	¥300000	

图6.20　2006年坏账准备账户的明细分类账

说明：此时坏账准备余额为借方 3000 元。在第二年再计提坏账准备时，应将此借方余额进行相应处理。具体方法见第 3 步。

（3）2006 年年末计提坏账准备时，先将坏账准备的借方余额 3000 元抵平，其会计分录如下。

借：管理费用　　3000

　贷：坏账准备　　3000

（4）计提本年的坏账准备，应做会计分录如下。

借：管理费用　　3600

　贷：坏账准备　　3600

说明：2006 年坏账准备的金额，其计算公式为 1200000*3‰=3600 元。

因此，2006 年坏账准备账户明细分类账，如图 6.21 所示。

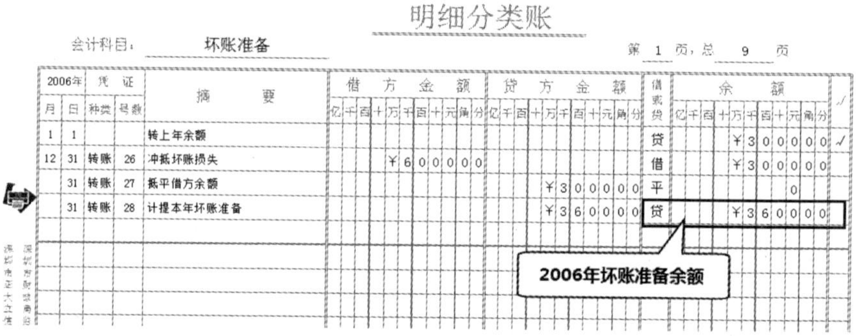

明细分类账

会计科目：坏账准备　　第 1 页，总 9 页

2006年 月	日	凭证 种类	号数	摘要	借方金额	贷方金额	借或贷	余额	✓
1	1			转上年余额			贷	¥300000	✓
12	31	转账	26	冲抵坏账损失	¥600000		借	¥300000	
	31	转账	27	抵平借方余额		¥300000	平	0	
	31	转账	28	计提本年坏账准备		¥360000	贷	¥360000	

图 6.21　2006 年坏账准备明细分类账

（5）2007 年，已做坏账处理的 B 公司 5000 元应收账款又收回了，应做会计分录如下。

借：应收账款-B 公司　　5000

　贷：坏账准备　　5000

同时做下面这个分录。

借：银行存款　　5000

　贷：应收账款-B 公司　　5000

说明：此步是将已冲销的应收账款重新补回来，然后再以正常应收账款的处理方式，将客户的应收账款冲销掉。

（6）2007 年年末，计提坏账准备的会计分录如下。

借：坏账准备　　　　　　　　　　　　　　4700

　贷：管理费用　　　　　　　　　　　　　　4700

说明 1：本年坏账准备账户的余额应为当年应收账款余额的 3‰，即 1300000*3‰=3900。但此时坏账准备账户的余额为 3600+5000=8600 元。此时仍然应当想办法使坏账准备账户的余额保持为当年应收账款余额的 3‰。

说明 2：4700 这个数字的计算过程是：8600–3900=4700。

此时，2007 年坏账准备账户明细分类账，如图 6.22 所示。

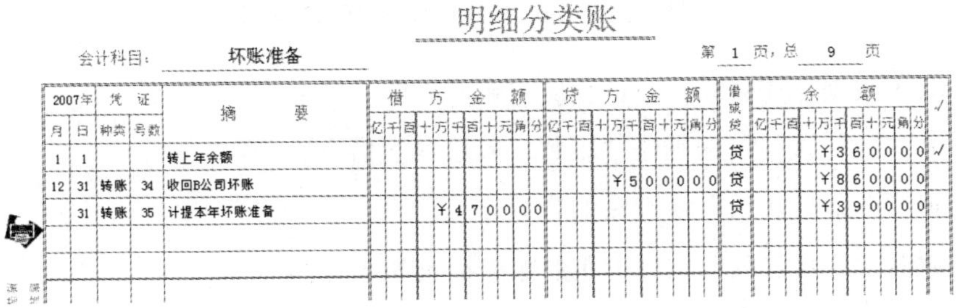

明细分类账

会计科目：坏账准备　　　　第 1 页，总 9 页

2007年 月	日	凭证 种类	号数	摘要	借方金额	贷方金额	借或贷	余额	√
1	1			转上年余额			贷	¥360000	√
12	31	转账	34	收回B公司坏账		¥500000	贷	¥860000	
	31	转账	35	计提本年坏账准备	¥470000		贷	¥390000	

图 6.22　2007 年坏账准备账户明细分类账

6.5.4　实例 3：无法支付的应付账款的账务处理

应付账款是指企业应付到对方企业的款项。当应付账款确实无法支付时，如对方单位已关闭、撤销，或该款项已超过 3 年仍无法支付时，可将其转销为营业外收入。而且其需要参与当年的企业所得税的计算。

下面就通过实例来说明无法支付的应付账款的账务处理方法。

假日商场 3 年前从服装厂购买了一批服装，金额总计 6000 元。现在其挂在账上已超过 3 年，由于种种原因仍然无法支付，经上级领导批准，该款项在年底时按营业外收入转销。其账务处理过程及步骤如下。

（1）转销无法支付的应付账款时，应做会计分录如下。

借：应付账款-服装厂　　　　　　　　　　6000

贷：营业外收入　　6000

说明：上述会计分录应填制转账凭证，如图 6.23 所示。

转　帐　凭　证

2010 年 12 月 31 日　　2010年12月 转 字第 0035 号

摘　要	总账科目	明细科目	借方金额	贷方金额	记账√
转销无法支付的应付账款	应付账款	服装厂	¥600000		
	营业外收入			¥600000	
附件 1 张	合	计	¥600000	¥600000	

会计主管　　计账　　出纳　　审核　　制证 郑西

图 6.23　转销无法支付的应付账款之转账凭证

（2）根据上述分录，登记相应的账簿，即：

- “应付账款”明细账“服装厂”账户之借方；
- “营业外收入”明细账的贷方。

此时，应付账款明细分类账的账务记录如图 6.24 所示。

明细分类账

会计科目：应付账款-服装厂　　第 1 页，总 9 页

2010年 月	日	凭证 种类	号数	摘　要	借方金额	贷方金额	借或贷	余额	√
1	1			接上年		¥600000	贷	¥600000	√
12	31	转账	35	无法支付转销为营业外收入	¥600000		平	0	

此账已转销

图 6.24　转销无法支付的应付账款明细分类账的账务记录

（3）最后，将以上所有业务，记录到各相应总分类账簿中。

至此，不能支付的应付账款的账务处理已完成。

第 7 章

存货和固定资产的账务处理

存货对于不同性质的企业其具体内涵有很大差异。对于工业生产企业来说，存货包括原材料、包装物、产成品、半成品等；对于商品流通企业而言，存货就代表着企业存放着的商品；而对于一些提供劳务的公司，存货可能也就是些办公用品。

资产是企业拥有或控制的资源。固定资产，顾名思义，就是比较固定的资产。固定资产一般使用期限较长，单位价值比较高，而且在使用中可以保持原实物形态。

在企业资产中，存货流动性较强，通常需要占用一定的保存空间，所以在管理和会计账务处理时，都比较要求其即时性；固定资产虽然流动性不强，但由于其对企业的生产和经营有着重要的意义，所以在管理和会计账务处理时，也需要随时了解其现状，并且还需要对其维修、更换等有所记录和规划。

7.1 存货

存货是指企业在日常生产经营过程中持有的，准备出售或正在生产或在生产中将消耗的材料、物料等。存货主要包括以下 3 种库存状态下的物资：

- 库存的，指在仓库中储存着的物资；

说明：相关科目包括低值易耗品、包装物、库存商品、原材料、产成品等。

- 加工中的，生产过程中的产成品、半成品或在加工中消耗的原料等；

说明：相关科目包括在产品等。

- 在途的，是指虽然还在运输途中，但归属上已属于企业的物资。

说明：相关科目包括在途物资等。

7.1.1　存货的主要特点

从性质上讲，存货属于非货币性流动资产，与其他资产相比，存货的主要特点如下：

- 具有实物形态
- 具有较强的流动性

说明：存货一般比较容易变卖，所以具有较强的流动性。但是与货币相比，流动性又稍差一些。

- 具有发生潜在损失的可能性。

说明：存货可能会因为一些原因造成损失。如市场不好，产品销售不出去，造成积压；在运输过程中会有损失；有质量问题或其他问题造成退货损失等。

7.1.2　存货的相关科目

存货是比较重要的经营物资，其会计核算也是会计部门较为重要的工作部分。在对存货进行相应核算时，出于对核算方便的考虑，存货被划分成若干类别，分别归属不同的会计科目进行核算。这些会计科目包括：

- “原材料”科目，如原材料等；
- “在途物资”科目；

- “库存商品”科目，各种用于出售的商品，多用于商品流通企业；
- “在产品”科目，还在生产中的产品，多用于工业生产企业；
- “产成品”科目，已生产完成的产品，多用于工业生产企业；
- “发出商品”科目；
- “委托加工物资”科目；
- “周转材料”科目；
- “包装物及低值易耗品”科目；

说明：包装物是指纸箱、各种包装盒、包装袋等；低值易耗品是指办公用的文具等。

7.1.3 存货的确认

新《企业会计准则》中对存货的概念给出了明确的定义。存货是指企业在日常活动中持有以备出售的产成品或商品、处在生产过程中的在产品、在生产过程或提供劳务过程中耗用的材料和物料等。同时满足下列条件的，才能予以确认：

- 与该存货有关的经济利益很可能流入企业；
- 该存货的成本能够可靠地计量。

7.1.4 存货的计量

新《企业会计准则》中规定，存货应当按照成本进行初始计量。存货成本通常由以下3个方面构成：

- 采购成本
- 加工成本
- 其他成本

1. 采购成本

存货的采购成本包括购买价款、相关税费、运输费、装卸费、保险费以及其他可归属于存货采购成本的费用。

2. 加工成本

存货的加工成本，包括直接人工以及按照一定方法分配的制造费用。企业应当根据制造费用的性质，合理地选择制造费用分配方法。在同一生产过程中，同时生产两种或两种以上的产品，并且每种产品的加工成本不能直接区分的，其加工成本应当按照合理的方法在各种产品之间进行分配。

说明：制造费用是指企业为生产产品提供劳务而发生的各项间接费用。

3. 其他成本

存货的其他成本是指除采购成本、加工成本以外的，使存货达到目前场所和状态所发生的其他支出。

某些情况下，一些费用应当在发生时确认为当期损益，不能计入存货成本。这些费用如下：

- 非正常消耗的直接材料、直接人工和制造费用；
- 仓储费用（不包括在生产过程中为达到下一个生产阶段所必需的费用）；
- 不能归属于使存货达到目前场所和状态的其他支出。

下面就对几个重要的存货科目的账务处理进行演示。

7.2 库存商品的账务处理

库存商品是企业存放在仓库中的商品。库存商品实际上更常用于商品流通企业，在工业生产企业中，类似的科目通常称为“产成品”。不过在进行会计核算时，无论是商品流通企业还是工业生产企业，都统一使用库存商品科目进行核算。

库存商品的特点是：

- 企业已完成全部生产过程并已验收入库；
- 合乎标准规格和技术条件；
- 可以按照合同规定的条件送交订货单位；
- 可以作为商品对外销售的产品以及外购；

- 委托加工完成并验收入库，用于销售。

7.2.1 库存商品的会计处理

新《企业会计准则》中对库存商品会计处理要求如下。

1. 本科目核算商品的实际成本。

本科目核算企业库存的各种商品的实际成本或计划成本，即进价或售价。库存商品主要包括以下几种：

- 库存产成品
- 外购商品
- 存放在门市部准备出售的商品
- 发出展览的商品
- 寄存在外的商品等

另外，接受来料加工制造的代制品，为外单位加工修理的代修品，在制造和修理完成验收入库后，视同企业的产成品，也通过本科目核算。

提示 企业（房地产开发）的开发产品，可将本科目改为“开发产品”科目；企业（农业）收获的农产品，可将本科目改为“农产品”科目。

2. 本科目可按库存商品的种类、品种和规格等进行明细核算。

库存商品的明细分类账与仓库管理人员手中的库存账是不同的，出于管理和核对的需要，会计部门和仓库管理部门必须分别记录库存商品的品种和数量，以便盘点时两相对照。

7.2.2 实例1：产成品入库的账务处理

企业生产的产成品一般应按实际成本核算。产成品的入库和出库，平时只记数量不记金额，月末结转实际成本后，再将其统一转为库存商品。

工厂3月份共计生产主板500个，月末该产品生产成本账户余额为25万元，目前主板已验收入库。其账务处理如下。

由于主板的生产成本账户中余额为25万元，这说明3月份生产的500个主板，其生产成本总共为 25 万元，所以主板的单位成本为 500 元。此业务应做会计分录如下。

借：库存商品　　250000

　贷：生产成本　　250000

7.2.3 实例 2：购入商品的账务处理

购入的商品一般采用进价进行核算。只有当购入的商品完成验收并入库后，才能进行相应的账务处理。

中恒商场购入一批商品，进价为 50000 元，目前已验收入库，货款则由银行汇至对方账户。其账务处理如下。

在商品到达验收入库后，按商品进价，可将之前购入的商品记入库存商品科目中。此业务应做会计分录如下。

借：库存商品　　50000

　贷：银行存款　　50000

7.3 低值易耗品的账务处理

低值易耗品是存货的一种，主要是指那些不能作为固定资产进行核算的用具和物品，包括：

- 工具
- 管理用具
- 玻璃器皿
- 周转使用的包装容器等

企业在进行低值易耗品的账务处理时，需使用“包装物及低值易耗品”科目，并在其下再设置“在库低值易耗品”、“在用低值易耗品”和“低值易耗品摊销”3 个明细科目。

说明：使用一次摊销法的企业，可以不采用这 3 个明细科目，因为在一次摊销法下，低值易耗品只有两种情况，即在库的和已摊销的。已摊销后，低值易耗品只登记在登记簿上，账面上已不再核算。

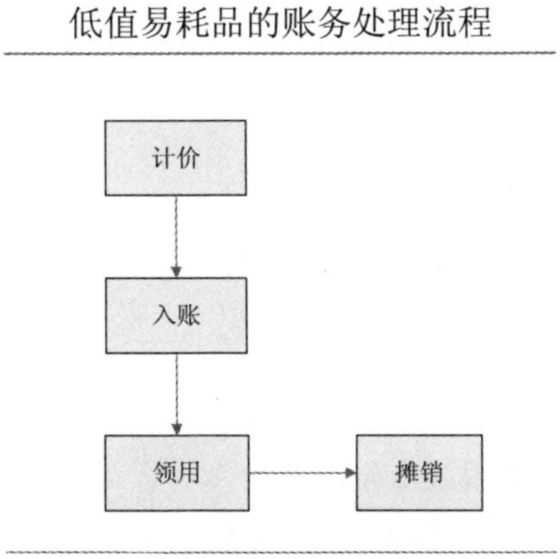

图 7.1　低值易耗品的账务处理流程

低值易耗品在领用时，需要将其即时状态由在库转换为在用，即根据领用的相关单据，将相应的低值易耗品从“在库低值易耗品”转到“在用低值易耗品”明细科目中。

7.3.1　低值易耗品的摊销方法

低值易耗品在使用过程中会不断损耗，直至报废。而磨损是为了企业的经营和管理，所以这部分磨损要列为企业的费用，即摊销。

低值易耗品的摊销方法有 3 种：

- 一次摊销法

将低值易耗品一次性将全价都摊入到当期费用中。

- 分次摊销法

在低值易耗品摊销时，分若干次将其价值摊入费用中。

- 五五摊销法

分两次摊销，购入时摊销一半，报废时再摊销另一半。

说明：五五摊销法实际上就是分次摊销法，只是分次是分两次而已。

7.3.2 实例 1：低值易耗品的购入

企业购入一批文具，价值 1000 元，现金运费 30 元，增值税率 17%。入库后，账务处理过程如下。

购入文具时，应做会计分录如下。

借：包装物及低值易耗品-在库低值易耗品　　1200

　贷：银行存款　　1170

　　　库存现金　　30

其账务处理流程图如图 7.2 所示。

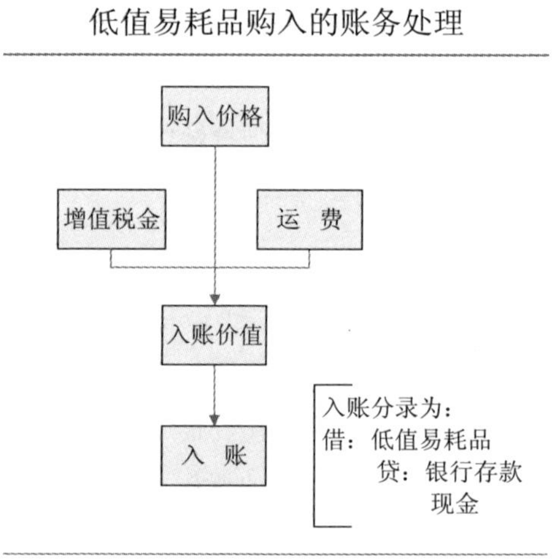

图 7.2　低值易耗品购入的账务处理流程图

7.3.3 实例 2：低值易耗品的领用及摊销

企业购入一批文具，入库后领用了 200 支笔，每支价值 4 元，分 4 次摊销到费用中。

其账务处理步骤如下。

（1）先对低值易耗品进行领用程序，应做会计分录如下。

借：包装物及低值易耗品-在库低值易耗品　　800

　贷：包装物及低值易耗品-在用低值易耗品　　800

（2）对领用的低值易耗品进行摊销，应做会计分录如下。

借：管理费用-低值易耗品摊销 200

贷：包装物及低值易耗品-低值易耗品摊销 200

说明：每次应摊销的费用为：200×4/4=200 元

7.3.4 实例 3：低值易耗品的转卖

企业有一批货架，这批货架共有 20 个，每个购入价为 500 元，经过几年摊销，账面的剩余价值还有 200 元。这批货架已转卖给了其他单位，每个价格 250 元。

这笔业务的账务处理过程如下。

借：银行存款 5000

包装物及低值易耗品-低值易耗品摊销 5000

贷：管理费用-低值易耗品摊销 10000

包装物及低值易耗品-在用低值易耗品 10000

说明：由于卖价高于账面余值，这就需要将多出的账抵减低值易耗品摊销值。所以上面的分录实际上可以分解为。

借：包装物及低值易耗品-低值易耗品摊销 10000

贷：管理费用-低值易耗品摊销 10000

借：银行存款 5000

包装物及低值易耗品-低值易耗品摊销 5000

贷：包装物及低值易耗品-在用低值易耗品 10000

7.4 固定资产的账务处理

固定资产一般占企业资产的一大部分。而固定资产不仅体积大，资金占用也很大，所以一般的企业不仅对固定资产进行会计处理，还为其制定详细的管理规则，并为每一件固定资产都建立信息卡片。固定资产的账务处理，一般引入“固定资产”总账科目，此科目在固定资产入账。固定资产的判定过程示意图，如图 7.3 所示。

固定资产的判定过程示意图

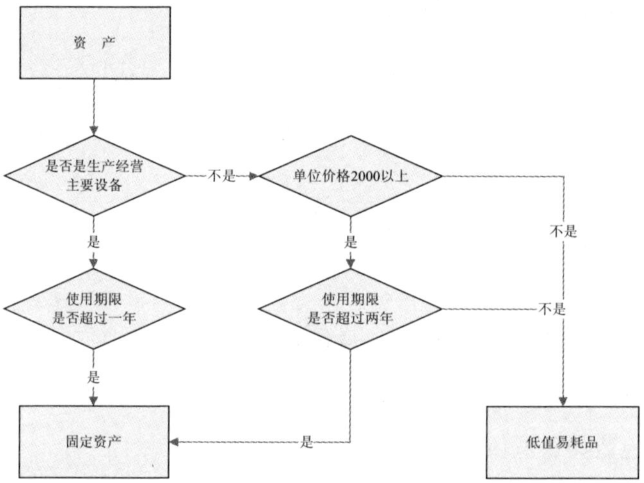

图 7.3　固定资产的判定过程示意图

会计工作中常见的固定资产表，如表 7.1 所示。

表 7.1　常见固定资产表

资产类别	常见的固定资产	
生产经营用固定资产	房屋	如厂房等
	建筑物	如高炉等
	机器	如流水线上的机器等
	设备	如电脑、复印机等
	器具	
	工具	
非生产经营用固定资产	职工宿舍	包括其他的相关设施
	食堂	
	浴室	
	理发室等	

固定资产的账务处理，主要分4个部分，如下：

- 固定资产取得的账务处理
- 固定资产的折旧账务处理
- 固定资产残值的账务处理
- 固定资产盘亏盘赢的账务处理

本节就以这4个部分为主线，每部分都选一个最常见的实例，进行固定资产账务处理的讲解。

7.4.1 实例1：购入需要安装的设备

企业购入需要安装的设备，该设备购买时的价格为50000元，增值税率17%。企业为设备花费运输费1000元。安装设备时，领用相关材料1500元，购进该材料时支付的增值税额为255元，支付安装人员工资2500元。

此业务的账务处理过程及步骤如下：

（1）购入设备时，以设备的实际成本入账。应做会计分录如下。

说明：由于设备还需要安装，所以先不纳入固定资产科目，先放到在建工程科目中。

借：在建工程 51000

　　应交税费-应交增值税（进项税） 8500

　贷：银行存款 59500

说明1：59500的计算过程是：设备买价50000元+增值税金8500元+运费1000元=59500元。

说明2：2009年1月1日后，购置设备也可以进行增值税抵扣，所以上面的会计分录中有增值税的相关内容。

（2）设备安装完成后，安装过程中的相关费用，如领用的材料、支付的人员工资等，需一并纳入在建工程账户中。应做会计分录如下。

借：在建工程 4255

贷：原材料 1500

应交税费-应交增值税（进项税） 255

应付职工薪酬 2500

（3）设备完成安装后，就可以交付使用了。而此时将在建工程中的累计金额转出，即为固定资产的入账价值。应做会计分录如下。

借：固定资产 63755

贷：在建工程 63755

7.4.2 实例 2：设备的折旧处理

企业有一台原值为 200000 元的设备，使用年限预计为 5 年，报废后残值估计有 8000 元，企业按双倍余额法计提固定资产折旧，其每年的折旧及会计分录如下。

（1）计算年折旧率，如下：

$$年折旧率=2/5=40\%$$

（2）第一年的折旧额计算过程如下：

$$200000\times40\%=80000 元$$

应做会计分录如下。

借：管理费用 80000

贷：累计折旧 80000

（3）第二年的折旧额计算过程如下：

$$（200000-80000）\times40\%=48000 元$$

应做会计分录如下。

借：管理费用 48000

贷：累计折旧 48000

（4）第三年的折旧额计算过程如下：

$$（200000-80000-48000）\times40\%=28800 元$$

应做会计分录如下。

借：管理费用　　　　　　28800

　贷：累计折旧　　　　　　28800

（5）第四年的折旧额计算过程如下。

说明：从第四年起，剩下的两年按平均年限法计提折旧。即将剩下的余值除以余下的年限2，即得折旧额。实际上就是余值第四年提一半，第五年全提完。

$$(200000-80000-48000-28800-8000)/2=17600$$

说明：由于双倍余额递减法并不考虑资产的残值，所以要注意采用这种方法时，不能使固定资产的余额成为负值。

应做会计分录如下。

借：管理费用　　　　　　17600

　贷：累计折旧　　　　　　17600

（6）第五年的折旧额计算过程如下。

说明：从第四年起，剩下的两年按平均年限法计提折旧，即第五年的折旧额与第四年的相同。

$$(200000-80000-48000-28800)/2=17600$$

应做会计分录如下。

借：管理费用　　　　　　17600

　贷：累计折旧　　　　　　17600

第 8 章

负债和所有者权益的账务处理

负债是企业由于各种融资行为而形成的债务，分为流动负债和非流动负债两大类。而所有者权益则是企业所有者对企业净资产的要求权。这两者在资产负债表中，同属右方，其总计金额的和与资产总额相等。

8.1 流动负债的会计处理

流动负债是指一年内或超过一年的一个经营周期内需要偿付的负债。2006年《企业会计准则》第三章第十五条规定，负债满足下列条件之一的，应当归类为流动负债：

- 预计在一个正常营业周期中清偿；
- 主要为交易目的而持有；
- 自资产负债表日起一年内到期应予以清偿；
- 企业无权自主地将清偿推迟至资产负债表日后一年以上。

流动负债的会计处理是会计业务中较为常见的会计处理业务。流动负债包括以下几方面的内容：

- 处于经营循环中的各种债务项目；
- 针对供应商和职工的应付款；
- 在运交商品或提供劳务前的预收款；
- 应付的房租、税款、产品售后服务、保修义务或承诺等。

8.1.1 结算工资

工资的结算是每个企业的会计部门必做的重要工作内容，其包括以下 3 个步骤：

- 计算员工薪酬
- 分配人工费用
- 发放工资

下面就以一个实例来说明企业会计部门结算工资的步骤。

某企业本月应付职工薪酬总额为 462000 元，其中：生产人员工资 400000 元；车间管理人员工资为 20000 元；企业行政管理人员工资为 40400 元；医务室工作人员工资 1600 元。其账务处理过程及步骤如下：

（1）计算员工工资。

由于本例中已给出了员工工资的合计，所以不需要进行单个人员的工资计算。

说明：实际上，不同企业的员工工资的计算方法是不同的，需要具体查看企业的相关财务制度。员工工资的计算一般是比较容易的，只要逐项填写并计算即可。

（2）根据各类人员工资产所属的费用科目，对工资费用进行分配，如 8.1 表所示。

表 8.1 工资费用归属表

人员类别	工 资 额	归属科目
生产人员工资	400000	生产成本
车间管理人员工资	20000	制造费用

续表

人员类别	工 资 额	归属科目
企业行政管理人员工资	40400	管理费用
医务室工作人员工资	1600	管理费用-福利费支出

说明：不同工作内容的人员，其产生的效益也不同，因而人员薪酬也应纳入不同的费用科目中，如企业行政管理人员，其工资应纳入管理费用，而车间的管理人员工资，则应纳入制造费用等。

（3）将工资总额分配到各个会计科目中，应做会计分录如下。

借：生产成本　　400000

　　制造费用　　20000

　　管理费用　　42000

　贷：应付职工薪酬　　462000

4. 根据上述分录，登记相应的账簿，如下：

- “生产成本”明细账的借方；
- “制造费用”明细账的借方；
- “管理费用”明细账的借方；
- “应付职工薪酬”明细账的贷方。

8.1.2 实例 1：支付职工薪酬

某企业本月员工工资总额为 462000 元，其中代扣职工房租 40000 元，企业代垫职工家属医药费 2000 元，实发工资 420000 元。本笔业务的会计处理过程如下。

（1）企业垫付职工房租，应做会计分录如下。

借：其他应收款-职工房租　　40000

　贷：银行存款　　40000

说明：一般来说，房租是月底缴纳，而职工的工资则是下月 5 号或 10 号发放，所以企业先将房租垫付。

（2）企业代垫职工家属医药费，应做会计分录如下。

借：其他应收款-代垫医药费 2000

贷：银行存款 2000

（3）向银行提取现金，以支付工资，应做会计分录如下。

借：库存现金 420000

贷：银行存款 420000

说明：虽然工资表上的工资总额是462000元，但其中有420000元已由企业代扣，其中40000元是企业替员工支付的房租，2000元是企业为职工家属垫付的医药费。

（4）用库存现金发放工资，应做会计分录如下。

借：应付职工薪酬 462000

贷：库存现金 400000

其他应收款-职工房租 40000

其他应收款-代垫医药费 2000

8.1.3 实例2：短期借款的会计处理

某企业于2007年1月1日借入120000元，期限为8个月，年利率为8%。该贷款到期后按期如数归还，利息分月预提，按季支付。

本笔借款的会计处理过程及步骤如下。

（1）借入借款时，应做会计分录如下。

借：银行存款 120000

贷：短期借款 120000

（2）第一个月底，即1月31日，计提当月的借款利息，应做会计分录如下。

借：财务费用 800

贷：预提费用 800

（3）第一个季度支付本季应付利息，应做会计分录如下。

借：财务费用 800

预提费用　　1200

贷：银行存款　　2400

（4）9 月 1 日到期偿还借款本金，并支付当季尚未支付的借款利息，应做会计分录如下。

借：短期借款　　120000

预提费用　　1600

贷：银行存款　　121600

8.1.4 实例 3：预收账款的会计处理

企业与 A 公司签订供货合同，供货金额为 100000 元，应纳增值税 17000 元。A 公司预付货款 60000 元，剩余货款在交货后付清。

此笔业务的会计处理过程与步骤如下。

（1）收到 A 公司预付的货款后，应做会计分录如下。

借：银行存款　　60000

贷：预收账款-A 公司　　60000

（2）货已发出，A 公司已验收入库，并开具增值税发票，款未到，应做会计分录如下。

借：预收账款-A 公司　　1170000

贷：主营业务收入　　100000

应交税费-应交增值税（销项税额）　　17000

说明：如果前面没有预收账款，本步中的会计分录应当如下。

借：应收账款-A 公司　　1170000

贷：主营业务收入　　100000

应交税费-应交增值税（销项税额）　　17000

由于前面已为本笔交易开设了预收账款的账户，此时为了核算和管理的方便，并不将未付的销售款记入应收账款账户中，而是仍然记入预收账款中。

（3）收到A公司补付的货款时，应做会计分录如下。

借：银行存款 57000

贷：预收账款-A公司 57000

8.2 长期负债的会计处理

长期负债是指偿还期在一年以上，或超过一年的经营周期以上的债务。包括：

- 长期借款
- 应付债券
- 长期应付款等

8.2.1 实例1：长期借款的会计处理

企业于2007年11月30日向工商银行借入资金400万元，借款期限为3年，年利率为8.4%（到期一次还本付息，不计复利），所借款项已存入银行。

本笔业务的账务处理过程及步骤如下。

（1）取得借款时，应做会计分录如下。

借：银行存款 4000000

贷：长期借款 4000000

（2）2007年年底结算一次利息，应做会计分录如下。

说明：虽然银行并不要求每年年底必须还利息，但是根据权责发生制原则，每年的借款利息都要由会计部门结算，并计入当期的费用科目中。

借：财务费用 28000

贷：长期借款 28000

说明：企业每年年底都会将所有有息债务的利息结算出来，计入当年的费用中。以后两年结算利息的会计分录同上。

（3）企业偿还长期借款时（一次还本付息），应做会计分录如下。

借：财务费用　　　　　　　　　　　　2800
　　长期借款　　　　　　　　　　　　4980000
　贷：银行存款　　　　　　　　　　　　　　5008000

8.2.2　实例 2：债券发行的会计处理

企业于 2007 年 7 月 1 日发行三年期、到期一次还本付息、年利率为 8%（不计复利）的债券，发行面值总额为 4000 万元，债券按面值发行。

本笔业务的账务处理，应做会计分录如下。

借：银行存款　　　　　　　　　　　　40000000
　贷：应付债券-债券面值　　　　　　　　　40000000

8.3　所有者权益的账务处理

所有者权益又叫产权，是指所有者在企业资产中享有的经济利益，其金额为资产减去负债后的余额，故又称之为净资产。

所有者权益的账务处理，主要是对 3 个会计科目的账务处理，即：

- 实收资本
- 资本公积
- 盈余公积

8.3.1　实例 1：注册资本的账务处理

小李出资开办一家公司，注册资本为 500 万元。现将注册入账，应做会计分录如下。

借：银行存款　　　　　　　　　　　　5000000
　贷：实收资本　　　　　　　　　　　　　　5000000

说明：实收资本中一般都是投资者实际投入企业的资本，是企业注册登记的法定资本总额的来源。

8.3.2 实例 2：接受捐赠资产的账务处理

某外商投资企业接受捐赠现金 50000 元人民币，该外资企业现行的所得税率为 33%，企业根据上述资料，应做会计分录如下。

借：银行存款	50000	
贷：应交税费-应交所得税		16500
资本公积-接受现金捐赠		33500

第 9 章

收支相关业务的账务处理

收支相关业务主要是指企业的收入业务及费用成本业务。收支相关业务的账务处理，包括下列 3 个步骤：

- 确认
- 分配
- 结转

在上述的 3 个步骤中，以确认和分配两步更为重要，也是收支相关业务的账务处理难点所在。只有把收入和费用的类型划分清楚后，才能更好地对企业的成本进行核算和控制，才能更清楚企业利润的形成过程。

9.1 收入的账务处理

收入是指企业在销售商品、提供劳务及让渡资产使用权等日常经营活动中形成的经济利益的流入。

收入根据其性质不同，可分为 3 类：

- 商品销售所得收入，是指商品销售后取得的货币资产或其他资产。这是最常见的收入类型；
- 提供劳务收入。劳务收入主要是以提供建筑安装、金融、运输、保险、旅游、饮食、广告、代理、培训等所取得的收入；
- 让渡资产使用权收入，是指企业将资产让渡给他人使用而取得的收入，如租金、品牌使用费等。

根据上述3种收入的划分，企业的收入在进行会计核算时，也主要分为3个会计科目，即：

- 主营业务收入

说明：用于核算企业在销售商品、提供劳务及让渡资产使用权等日常活动中所产生的收入。本账户期末应无余额。

- 其他业务收入

说明：用于核算企业除主营业务收入以外的其他销售或其他业务的收入，如材料销售、代购代销、包装物出租等收入。本账户期末应无余额。

- 营业外收入

说明：对于不属于主营业务收入与其他业务收入的收入，一律记入营业外收入科目中。如商品盘盈后确认为收入的金额，就应纳入营业外收入科目。

收入的会计处理，一般是在收入产生时，将其纳入相应的收入账户中，期末再将收入账户中的余额转至本年利润账户中。

9.1.1 商品销售收入的确认和计量

销售商品收入确认是比较重要的会计概念。只有确认了商品销售收入，才能进行一系列关于销售收入的账务处理步骤。要确认商品销售收入，必须同时满足下列条件：

- 企业已将商品所有权上的主要风险和报酬转移给购货方；
- 企业既没有保留通常与所有权相联系的继续管理权，也没有对已售出的商品实施有效控制；

- 收入的金额能够可靠地计量；
- 相关的经济利益很可能流入企业；
- 相关的已发生或将发生的成本能够可靠地计量。

企业应当按照从购货方已收或应收的合同或协议价款确定销售商品收入金额，但价格不公允的除外。

9.1.2 实例 1：营业收入的处理

A 企业为旅游公司，近日接待一批五日游旅团，该团共 50 人，每人现金收费 2500 元；用现金支付来回机票每人 1000 元，伙食费每人 400 元、住宿费每人 500 元，门票费每人 150 元、包车费每人 150 元。本笔业务的账务处理过程及步骤如下。

（1）收取团费时，应做会计分录如下。

借：库存现金　　125000

　贷：主营业务收入　　125000

说明：上述会计分录应填制现金收款凭证。

（2）支付机票款时，应做会计分录如下。

借：劳务成本　　50000

　贷：库存现金　　50000

（3）支付伙食费时，应做会计分录如下。

借：劳务成本　　20000

　贷：库存现金　　20000

（4）支付住宿费时，应做会计分录如下。

借：劳务成本　　25000

　贷：库存现金　　25000

（5）支付门票费时，应做会计分录如下。

借：劳务成本　　7500

贷：库存现金 7500

（6）支付包车费用时，应做会计分录如下。

借：劳务成本 7500

贷：库存现金 7500

（7）结转劳务成本时，应做会计分录如下。

借：主营业务成本 110000

贷：劳务成本 110000

上述劳务成本相关业务登记入账后，劳务成本明细分类账，如图 9.1 所示。

明细分类账

会计科目：劳务成本　　　　第 1 页，总 9 页

2010年 月	日	凭证 种类	凭证 号数	摘要	借方金额	贷方金额	借或贷	余额	✓
2	14	现付	8	支付5日团机票款	¥5000000		借	¥5000000	
	19	现付	12	支付5日团伙食费	¥2000000		借	¥7000000	
	19	现付	13	支付5日团住宿费	¥2500000		借	¥9500000	
	19	现付	14	支付5日团门票费用	¥750000		借	¥10250000	
	19	现付	15	支付5日团包车费用	¥750000		借	¥11000000	
	19	转账	18	结转劳务成本		¥11000000	平	0	

图 9.1 劳务成本明细分类账

9.1.3 实例 2：产品销售收入的处理

A 企业向 B 企业销售一批商品，增值税发票上的价款为 100000 元，增值税率为 17%，款已收到并存入银行。本笔业务的账务处理会计分录如下。

借：银行存款 117000

贷：主营业务收入 100000

应交税费-应交增值税（销项税） 17000

说明：本例是非常典型的产品销售的账务处理，由于收入可直接确认，所以直接做上述会计分录即可。

9.1.4 实例 3：商标使用权转让费的处理

A 企业将某商品的商标使用权转让给 B 企业使用。B 企业年末向 A 企业缴纳 800000 元转让费。款已收到并存入银行。本笔业务的账务处理，应做会计分录如下。

借：银行存款　　　　800000

　贷：其他业务收入　　　　800000

说明：由于 A 企业并不以商标转让为主业，所以商标使用权的转让费可以算做其他业务收入。

9.1.5 营业外收入

出纳小王盘点库存现金时，发现多了 50 元现金，经查，是由于本月工资领取时，许多员工并未领取分位尾数而造成的，如小李工资为 895.23 元，但实领工资为 895.20 元。经财务经理批准，此次盘盈的现金以收入入账。本笔业务的账务处理，应做会计分录如下。

借：库存现金　　　　50

　贷：营业外收入　　　　50

说明：由于现金长款带来的收入，可记入营业外收入中。

9.2 费用和成本的账务处理

费用也称成本费用，是指企业为销售商品、提供劳务等日常活动所发生的经济利益的流出。广义的费用概念中，包括成本与费用两项内容。而通常情况下，在会计上所指的费用都是狭义的费用，即不包括成本，只有单独的费用。

成本则是指企业为生产产品、提供劳务而发生的各种耗费。与费用不同的是，成本是一种指向性较明确的费用，即成本一般都会根据其影响分配到相应的产品上，作为其制造成本，而费用一般则是泛指，并没有明确指向某个产品。

费用在进行会计账务处理时，一般应纳入相应的费用总账科目中。通常情况下，会计业务中提到的费用都是指期间费用，所以费用的核算科目如下：

- 管理费用
- 财务费用
- 销售费用

这3个科目都是当期过渡科目，期末时，都应将余额转至本年利润账户进行当期利润的结转。

员工薪酬是指企业雇佣的员工，为企业工作或服务而应获得的报酬。员工薪酬是典型的费用，是企业为了生产产品或提供劳务而支付的成本。下面以一个实例来说明费用和成本的账务处理流程。

某工厂3月份第一车间的工资，车间管理人员30000元，第一车间共生产3种产品，分别为A产品、B产品和C产品。3种产品本月的生产工时比例为1:1:3。

分析：车间管理人员的工资，一般应先记入制造费用科目中，在月底结转成本时，制造费用应当近工时比例分别摊入3种产品的生产成本中。

此业务的账务处理方法及步骤如下。

（1）将车间管理人员工资记入制造费用中，应做会计分录如下。

借：制造费用-—车间　　30000

　贷：应付员工薪酬　　30000

说明：上述会计分录应填制转账凭证，填制完成后如图9.2所示。

（2）月底时，将管理人员工资按工时分摊到产品成本中，其计算过程如下：

因为A产品:B产品:C产品=1:1:3，所以一车间的管理人员工资应分为5份，然后按比例摊入各产品的生产成本中。应当分配的生产成本为：

分配给A产品的生产成本$=\frac{1}{5}\times 30000=6000$

分配给B产品的生产成本$=\frac{1}{5}\times 30000=6000$

分配给 C 产品的生产成本=$\frac{3}{5}\times 30000=18000$

应做会计分录如下。

借：生产成本-A 产品　　6000

　　　　　　-B 产品　　6000

　　　　　　-C 产品　　18000

　贷：制造费用-车间　　30000

上述会计分录应填制转账凭证，填制完成后的转账凭证如图 9.3 所示。

转　帐　凭　证

2010 年 3 月 21 日　　2010年3月 转 字第 0009 号

摘要	总账科目	明细科目	借方金额											贷方金额											记账√
			亿	千	百	十	万	千	百	十	元	角	分	亿	千	百	十	万	千	百	十	元	角	分	
计提第一车间管理人员工资	制造费用	一车间				¥	3	0	0	0	0	0	0												
	应付员工薪酬																¥	3	0	0	0	0	0	0	
附件 1 张	合	计				¥	3	0	0	0	0	0	0				¥	3	0	0	0	0	0	0	

会计主管　　计账　　出纳　　审核　　制证 郑西

图 9.2　将车间管理人员工资记入制造费用

转　帐　凭　证

2010 年 3 月 31 日　　2010年3月 转 字第 0029 号

摘要	总账科目	明细科目	借方金额											贷方金额											记账√
			亿	千	百	十	万	千	百	十	元	角	分	亿	千	百	十	万	千	百	十	元	角	分	
结转各产品生产成本	生产成本	A产品					¥	6	0	0	0	0	0												
		B产品					¥	6	0	0	0	0	0												
		C产品				¥	1	2	0	0	0	0	0												
	制造费用	一车间															¥	3	0	0	0	0	0	0	
附件 1 张	合	计				¥	3	0	0	0	0	0	0				¥	3	0	0	0	0	0	0	

会计主管　　计账　　出纳　　审核　　制证 郑西

图 9.3　结转各产品成本

（3）发放员工薪酬时，应做会计分录如下。

借：应付员工薪酬 30000

　贷：银行存款 30000

P A R T

三

第 3 篇　真账模拟之对账结账篇

第 10 章

对　　账

为了总结某一会计期间的经济活动情况，如月份、季度、年度等经济情况，在编辑会计报表之前，应对会计账簿进行结账。同时为了保证会计账目的完整和正确，也要对会计账簿的数据进行核对，这就是对账。

对账业务在会计业务循环中，处于中段的位置，只有核对无误的账簿，才能进行正常的结转业务，据此编制报表。对账业务在会计业务循环中的位置，如图 10.1 所示。

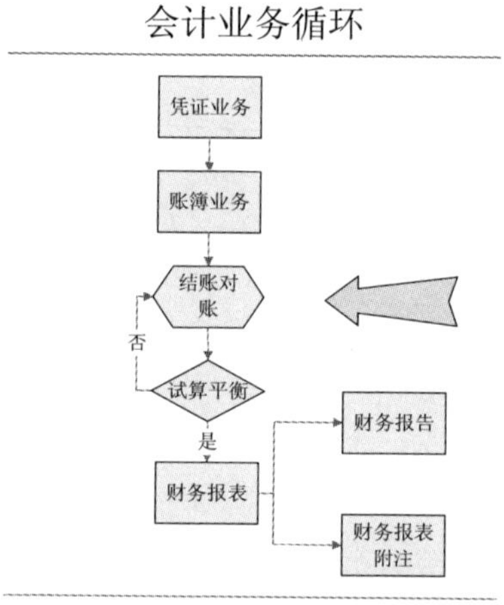

图 10.1　对账业务在会计业务循环中的位置

10.1 对账的相关操作

对账实际上就是核对账目。企业的会计部门，为了保证账簿记录的真实性、正确性和可靠性，通常都会定期对账簿和账户所记录的有关数据加以检查和核对，这就是通常所说的“对账”。

10.1.1 对账工作的主要内容

按照《会计基础工作规范》的要求，各单位应当定期将会计账簿记录的有关数字与库存实物、货币资金、有价证券、往来单位或个人等进行相互核对，保证账证相符、账账相符、账实相符和账表相符，对账工作每年至少应进行一次。

对账工作一般应从以下几个方面进行，也就是对账的主要内容，即：

- 账证核对；
- 账账核对；
- 账实核对；
- 账表核对。

期末对账工作的流程示意图，如图 10.2 所示。

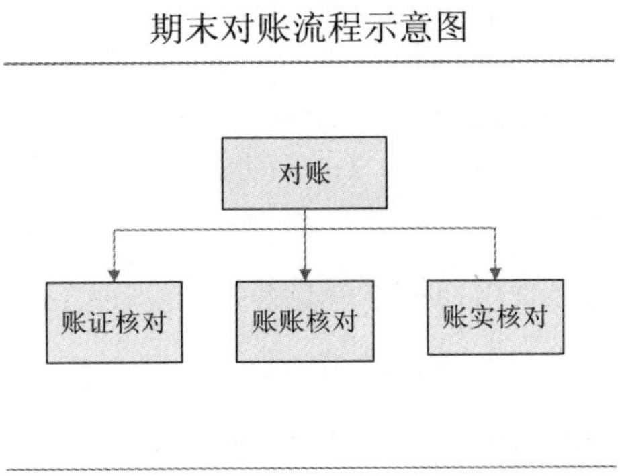

图 10.2 期末对账工作的流程示意图

10.1.2 账证相符

月终要对账簿记录和会计凭证进行核对，以发现错误之处，并进行更正，这也是保证账账相符、账实相符的基础。核对账证是否相符的主要方法如下：

- 看总账与记账凭证汇总表是否相符；
- 看记账凭证汇总表与记账凭证是否相符；
- 看明细账与记账凭证及所涉及的支票号码及其他结算票据种类等是否相符。

10.1.3 账账相符

账账相符是指各种账簿之间的核对相符，主要包括本单位各种账簿之间的有关指标应该核对相符，本单位同其他单位的往来账项应该核对相符。具体方法如下。

1. 核对总账相关科目合计数是否相等

实际上是核对总账数据是否能够试算平衡，即其余额、借方发生额与贷方发生额的合计，都必须符合会计等式，即：资产=负债+所有者权益。

2. 核对总账与明细账是否相符

- 总分类账户与其所属的各个明细分类账户之间本期发生额的合计数应相等；
- 总分类账户与其所属的各个明细分类账户之间的期初、期末余额应相等。

3. 核对会计账与其他部门实物账是否相符

- 会计部门的有关财产物资的明细分类账的余额应该同财产物资保管部门和使用部门经管的明细记录的余额定期核对相符；
- 各种有关债权、债务明细账的余额应当经常或定期同有关的债务人、债权人核对相符；

- 库存现金、银行存款日记账余额应该同总分类账有关账户的余额定期核对相符；
- 已缴国库的利润、税金以及其他预算缴款应该同征收机关按照规定的时间核对相符。

10.1.4 账实核对

账实核对是指各种财产物资的账面余额与实际数额相核对。主要方法如下。

1．库存现金的账面余额与实际库存，每日核对

核对完成后，需要填写库存现金核对情况报告单作为记录。发生长、短款时，应即列作“待处理财产损溢”，待查明原因经批准后再进行处理。单位会计主管应经常检查此项工作。对库存现金进行清查核对时，出纳人员必须在场，不允许以借条、收据充抵现金。要查明库存现金是否超过限额、是否存在坐支等问题。

2．银行存款的日记账账面余额与银行对账单核对

日记账的账面余额与开户银行对账单核对。每收到一张银行对账单，经管人员应在3日内核对完毕，每月编制一次银行存款余款调节表，会计主管人员每月至少应检查一次，并给出书面检查意见。

3．有价证券账户应与单位实存有价证券核对

至少每半年核对一次。

4．物资的账面余额与库存数核对

商品、产品、原材料等明细账的账面余额，应定期与库存数相核对；对其他财产物资账户也要定期核对。年终要进行一次全面的清查。

5．各种债权、债务类明细账的账面余额要与债权、债务人账面记录核对、清理

对于核对、清理结果，要及时以书面形式向会计主管人员汇报，并报单位

领导人。对于存在的问题应采取措施，积极解决。

6. 出租、租入、出借、借入财产等账簿，除合同期满应进行清结外，至少每半年核对一次，以保证账实相符

通过上述对账工作，做到账证相符、账账相符和账实相符，使会计核算资料真实、正确、可靠。

10.1.5 账表相符

会计法要求账表相符是指会计账簿与会计报表有关内容相符。会计报表是对会计核算工作的全面总结，也是及时提供真实、准确、完整会计信息的重要环节。实际工作中存在的会计信息失真问题，在很大程度上是在编制会计报表这一环节故意所为或者因技术上的差错造成的。

因此，各单位应当根据经过审核的会计账簿记录和有关资料编制会计报表，切实做到有根有据，不得估列代编，并在此基础上定期将会计账簿记录与会计报表之间的有关内容相互核对，做到账表相符。

10.2 错账的查找和判断

在对账过程中，可能发生各种各样的差错。这些差错会影响会计信息的正确性。所以对账实际上也是查找账目中的错误，并及时更正的过程。

10.2.1 错账的产生原因

账目发生的错误是多方面的，其产生的原因也各不相同。一般在查账对账中查到的，都是因为会计人员人为失误造成的错漏情况。真正大的账目舞弊反而很少能从日常对账中查找出来。账目产生差错的原因很多，如：

- 重记；
- 漏记；

- 数字颠倒；
- 数字错位；
- 数字记错；
- 科目记错；
- 借贷方向记反等。

错账被发现时，一般只有一种情况，就是试算无法平衡。如发现差错，会计人员应及时查找并予以更正。常见的差错查找方法有以下几种：

- 差数法；
- 尾数法；
- 除 2 法；
- 除 9 法；
- 其他查错方法。

10.2.2 差错查找方法——差数法

差数法是按照错账的差数查找错账的方法。

若会计人员在记账时漏记了城市维护建设税 367.5 元，那么在进行应交税费总账和明细账核对时，就会出现总账借方余额比明细账借方余额多 367.5 元的现象。对于类似差错，应由会计人员通过回忆相关金额的记账凭证进行查找。

10.2.3 差错查找方法——尾数法

对于发生的角、分的差错可以只查找小数部分，以提高查错的效率。如只差 0.06 元，只需看一下尾数有“0.06”的金额，看是否已将其登记入账。

10.2.4 差错查找方法——除 2 法

当账账、账证或账实不符，且差数为偶数时，应首先检查记账方向是否发生错误。

对于这种错误的检查，可用差错数除以 2，得出的商数就是账中记账方向的反方向数字，然后再到账目中去寻找差错的数字就有了一定的目标。

如登记明细账时，错把其他应收款借方发生额 500 元登记入贷方，总账与明细账核对时，就会出现总账借方余额大于明细账借方余额 1000 元，将 1000 元除以 2，正好是贷方记错的 500 元。然后就可以找到记错的条目。

10.2.5 差错查找方法——除 9 法

除 9 法是指用对账差额除以 9 来查找差错的一种方法，主要适用于下列两种错误的查找。

1. 数字错位

在查找错误时，如果差错的数额较大，就应该检查一下是否在记账时发生了数字错位。数字错位的情况，比如将 70 记为 700，或将 50000 记为 5000。这种情况下，差错数额一般比较大，可以用除 9 法进行检查。

除 9 法的具体做法是，将差错数额除以 9，其所得商一般会是 9 的整倍数，如将 70 元看成了 700 元登记入账时，对账的差额 700−70=630（元），630 为 9 的 70 倍；再如 50000 记为 5000 时，其差额 45000 是 9 的 5000 倍。

除 9 法得到的商，一般正是数字记错位的两个数字中小的那一个，如 700 与 70 中的 70，50000 与 5000 中的 5000。然后再根据得到的商查找错误。

2. 相邻数字颠倒错误

当发现账务错误时，如果得到的差额正好能被 9 整除，而其数值又不太大时，就可能是相邻数字颠倒所致。

在记账时，有时易将相邻的两位数或三位数的数字登记颠倒了，如将 86 记成 68，将 315 记成了 513，它们的差值分别是 18 和 198，都可以被 9 整除，当知道是由于数字颠倒而产生错误时，就可以有针对性地查找易错的金额，从而进一步判断错在哪一笔业务上就可以了。

10.2.6 其他查错方法

如果用上述方法检查均未发现错误，而对账结果又确实不符，还可以采用顺查、逆查、抽查等方法检查是否有漏记和重记等现象。

- 顺查是指按账务处理的顺序，从凭证开始到账簿记录为止，从头到尾进行普遍核对；
- 逆查法是指与账务处理顺序相反，从尾到头的检查方法；
- 抽查法是指抽取账簿记录中某些局部进行检查的方法。

10.3 更正错账的方法

会计是一项需要仔细和认真的工作，会计的大部分工作是管理企业的物资、避免企业经济的损失，这就需要会计人员在进行账务的日常操作时更加认真仔细、结账前也要更细心地进行账务的核对。

但是，由于在很多企业的会计部门中，会计核算的过程工序很多，记账是多人分工合作的过程，所以在账目登记和传递中，出现失误也是在所难免。一旦出现了错账、漏账，也不用慌乱，既然错误已经发生，就想办法把错误修改更正过来。

本节就主要说说对错账进行更正的几种方法。

10.3.1 画线更正法

画线更正法是用单行红线将账目中的错误记录整行画掉，然后将正确的数字填写在原错误金额的上方。画线更正法是会计工作中最常用的错误更正方法，其不仅应用于账目的修正，也常用于其他手写会计文档修正中。

说明：在会计核算中是不得涂改的，即不得将原错误字迹涂黑或遮盖起来。无论是哪种更正方法，账目中原有的错误记录必须保持清晰可读。

画线更正法，适用于符合下列条件的账目错误：

- 结账之前发现错误；
- 记账凭证无错误；
- 纯属记账时的文字或数字错误。

画线更正法的一般操作步骤如下。

1. 找到错误的账目，用单红线将其画掉，如图 10.3 所示。

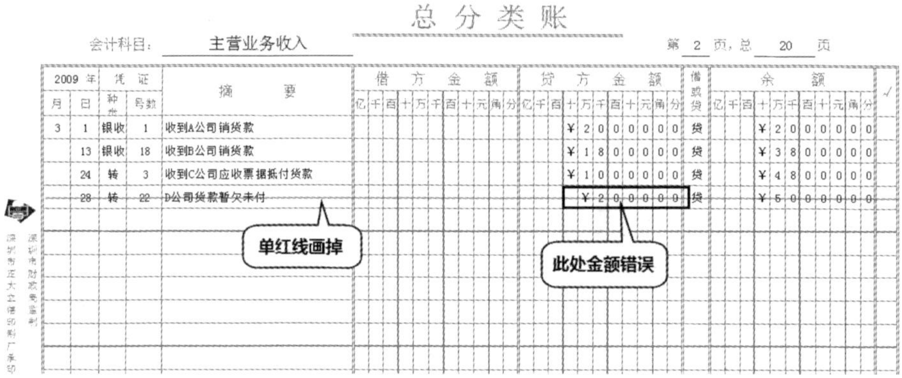

总分类账

会计科目：主营业务收入　　第 2 页，总 20 页

2009年 月	日	凭证 种类	号数	摘要	借方金额	贷方金额	借或贷	余额
3	1	银收	1	收到A公司销货款		¥2000000	贷	¥2000000
	13	银收	18	收到B公司销货款		¥1800000	贷	¥3800000
	24	转	3	收到C公司应收票据抵付货款		¥1000000	贷	¥4800000
	~~28~~	~~转~~	~~22~~	~~D公司货款暂欠未付~~		~~¥200000~~	~~贷~~	~~¥5000000~~

图 10.3　用红线将错误账目画掉

说明：D 公司货款应为 20000 元，登记时误写为 2000 元。

2. 另起一行，重新将正确的会计信息填写在账簿中，如图 10.4 所示。

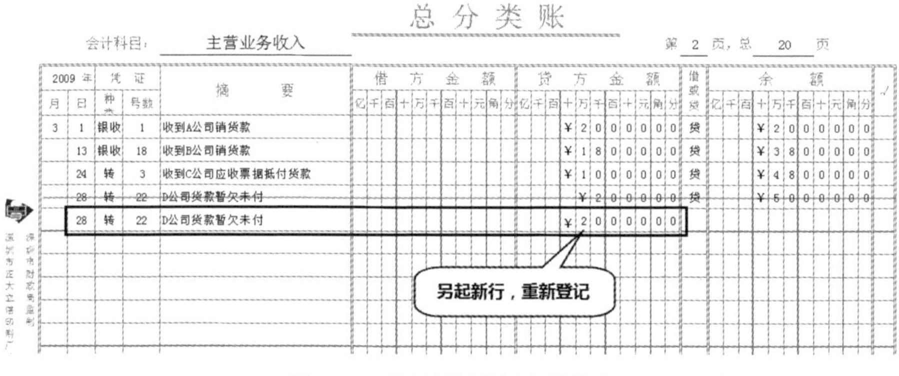

总分类账

会计科目：主营业务收入　　第 2 页，总 20 页

2009年 月	日	凭证 种类	号数	摘要	借方金额	贷方金额	借或贷	余额
3	1	银收	1	收到A公司销货款		¥2000000	贷	¥2000000
	13	银收	18	收到B公司销货款		¥1800000	贷	¥3800000
	24	转	3	收到C公司应收票据抵付货款		¥1000000	贷	¥4800000
	~~28~~	~~转~~	~~22~~	~~D公司货款暂欠未付~~		~~¥200000~~	~~贷~~	~~¥5000000~~
	28	转	22	D公司货款暂欠未付		¥2000000		

图 10.4　重起新行登记会计信息

至此，错误的账簿记录已被更正。

说明：在实际会计工作中，手工记账时，文字与数字一般要求只能占据账簿的二分之一行。手工账簿在登记时，若出现数字书写失误，可用红笔将错误的数字全部画掉，再将正确数字写在画掉的数字上方。同时，还应由画线人在红线处盖章或签名。

10.3.2 红字更正法

在会计中红字一般表示负数，用红字进行更正，就是将原来的正数再记上一笔负数，从而正负相抵。红字更正法一般在登记完账簿之后使用。

红字更正法有两种形式。

1. 第一种是将原来的错误记录用红字重写一遍，然后再重新记录一条新的信息

这种方法适用的错误类型，其特点如下：

- 记账以后发现错误；
- 借、贷方向，科目或金额有错误。

符合上述特点的错误，可以使用红字更正法的第一种做法。这种方法的做法步骤如下。

（1）先用红字填制一份与原记账凭证完全相同的记账凭证，如图 10.5 所示。

收 款 凭 证

借方科目：银行存款　　2009 年 12 月 31 日　　2009年12月 收 字第 0018 号

摘要	总账科目	明细科目	金额 亿	千	百	十	万	千	百	十	元	角	分	记账√
更正：12月5日银收02号凭证错误	应收账款	恒远公司			¥	1	1	0	0	0	0	0	0	
附件 张	合	计			¥	1	1	0	0	0	0	0	0	

会计主管　　计账　　出纳　　审核　　制证 周正

图 10.5 红字凭证

说明：会计小周在做凭证时，不小心将中恒公司汇来的应收账款，记为恒远公司，登账时发现数目不对，所以将红字凭证的内容，同样以红字记入账簿中，以冲销之前的错误记录，如图 10.6 所示。

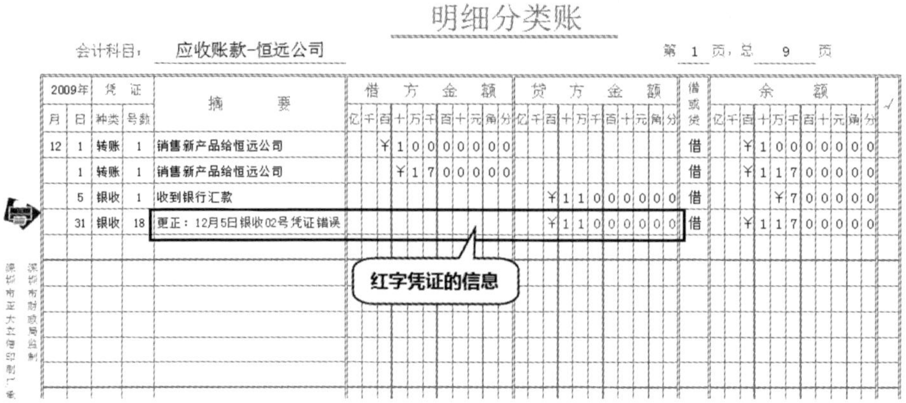

明细分类账

会计科目：应收账款-恒远公司　　　　第 1 页，总 9 页

2009年 月	日	凭证 种类	号数	摘要	借方金额	贷方金额	借或贷	余额	√
12	1	转账	1	销售新产品给恒远公司	¥10000000		借	¥10000000	
	1	转账	1	销售新产品给恒远公司	¥1700000		借	¥11700000	
	5	银收	1	收到银行汇款		¥11000000	借	¥700000	
	31	银收	18	更正：12月5日银收02号凭证错误		¥11000000	借	¥11700000	

图 10.6　红字凭证将错误冲销

（2）重新填制一份正确的记账凭证，登记入账。

说明：由于本例中误将中恒公司汇来的应收账款，记在恒远公司的明细账户中，所以需要使用红字冲销法将其抵消。

至此，红字更正法的第一种情况已演示完成。

2. 另一种方法是将多出的金额用红字记录抵消掉

这种方法适用的错误类型，其特点如下：

- 记账以后发现的；
- 记账凭证和账簿记录中的金额都错误。

符合上述情况时，可以使用红字更正法的第二种做法，步骤如下。

（1）先用红字填制一份记账凭证，其他都与原错误凭证一样，只是金额为原错误凭证中多记的金额数；

（2）然后将其以红字记入账簿中，以冲销之前多记的金额。经过修正的账目，如图 10.7 所示。

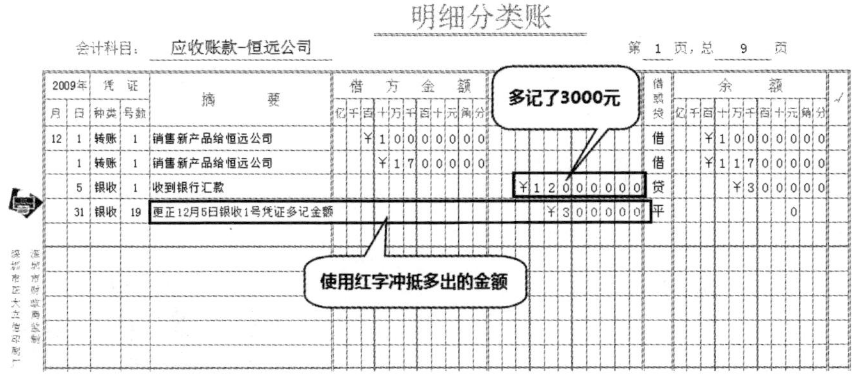

明细分类账

会计科目：应收账款-恒远公司　　第 1 页，总 9 页

2009年 月	日	凭证 种类	号数	摘要	借方金额	贷方金额	借或贷	余额	√
12	1	转账	1	销售新产品给恒远公司	¥10000000		借	¥10000000	
	1	转账	1	销售新产品给恒远公司	¥1700000		借	¥11700000	
	5	银收	1	收到银行汇款		¥12000000	贷	¥300000	
	31	银收	19	更正12月5日银收1号凭证多记金额		¥300000	平	0	

图 10.7　经过修正的账目

10.3.3　补充登记法

补充登记法也适用于记账以后，对账簿记录错误的更正。补充登记法针对的错误类型是：

- 借、贷科目无错误的；
- 金额小于应入账金额。

在这样的情况下，补做一个金额正好是差额的凭证，然后将此凭证的内容补记入账簿。

注意　补充登记法中补做的凭证，不是红字凭证。

经过补充登记法更正过的账目，如图 10.8 所示。

库存现金日记账　　第 4 页

2010年 月	日	凭证字号 字	号	摘要	对应科目	借方	贷方	借或贷	余额	√
3	10			接上页				借	¥458700	
3	10	现付	2	李正飞预借差旅费	其他应收款		[illegible]0	借	¥258700	
	15	现收	5	收回李正飞预借差旅费	其他应收款	¥20[illegible]		借	¥278700	
	20	银付	8	提现	银行存款	¥80000		借	¥358700	
	20	现付	7	支付周林销售奖金	应付员工薪酬		¥80000	借	¥278700	
	31	现付	15	支付周林销售奖金	应付员工薪酬		20000	借	¥258700	

图 10.8　补充登记后的账目

第 11 章

结　　账

结账也称账务结转，是会计部门进行会计报表编制前的最后一道工序。由于会计报表是在某一时刻的静止报表，所以结账是将所有科目的数据截止在特定时间点上，以便会计报表的编制。由于会计报表是每月一出，所以每月都要进行结账。

另外，在一些较特殊的情况下，企业也需要进行非常规的结账，如以下几种情况：

- 企业破产清算；
- 企业合并、重组；
- 财务人员交接等。

结账在会计业务循环的中段，位于财务报表业务的上方，其位置如图 11.1 所示。

会计业务循环

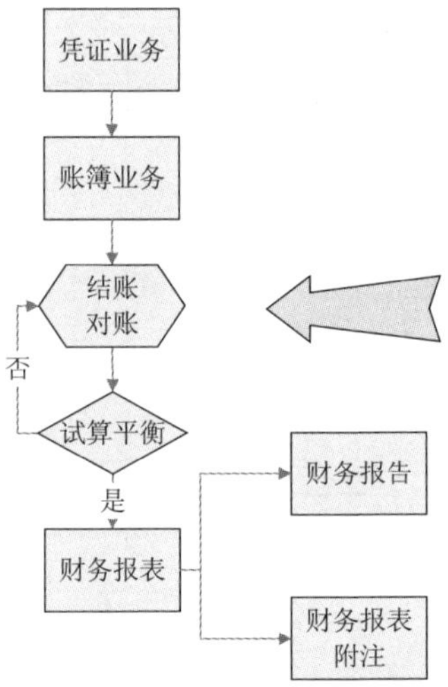

图 11.1　结账在会计业务循环中的位置

11.1 相关知识

会计部门在月底和年底一般会格外忙碌，其原因就是月底和年底的财务结转，即结账。结账是企业会计部门的一项重要工作，对企业的财务核算具有非常重要的意义。

11.1.1 结账工作的内容

企业的账务结转，一般包含两层含义：

- 第一层含义是对所有收入类、成本类科目的本期发生额进行结转。这种结转是账务处理的一部分，月底和年底都需要进行结转。
- 第二层含义是将本期的余额进行结转，是将核对无误的本期余额敲定，并将其转入下一期，作为期初余额进行下一期的会计核算。

所以，结账工作的主要内容也有两个方面，即收入和费用的结转、本期发生额与余额的结转。

1. 收入和费用的结转

根据权责发生制的原则，对一些需要摊销、计提、结转的科目进行相应的结算和转记，如表 11.1 所示。

表 11.1 需结转的收入和费用科目

类　别	会计科目	分计分录
收入类	主营业务收入	借：主营业务收入 贷：本年利润
	其他业务收入	借：其他业务收入 贷：本年利润
	营业外收入	借：营业外收入 贷：本年利润
费用类	管理费用	借：本年利润 贷：管理费用
	销售费用	借：本年利润 贷：销售费用

续表

类　　别	会计科目	分计分录
费用类	财务费用	借：本年利润 贷：财务费用
成本支出类	主营业务成本	借：本年利润 贷：主营业务成本
	其他业务支出	借：本年利润 贷：其他业务支出
	营业外支出	借：本年利润 贷：营业外支出
税金类	主营业务税金及附加	借：本年利润 贷：主营业务税金及附加
	所得税费用	借：本年利润 贷：所得税费用

2. 本期发生额与余额的结转

本期发生额与余额的结转，包括下列内容：

- 计算所有会计科目的本期发生额及余额；
- 登记所有会计科目的本期发生额及余额；
- 将余额转入下期，作为下期的期初余额。

11.1.2 结账的方法

会计账务的结账方法有两种，如下：

- 对于收入、费用的结转，可使用转账凭证进行结转，即做相应的转账会计分录，然后记入相关账簿中；
- 对于本期发生额与余额的结转，需要使用专门的方法进行结转。

例 1：收入、费用的结转方法。

将主营业务收入 50000 元转入本年利润的结转方法和步骤如下。

（1）填制结转业务的记账凭证，其会计分录如下。

借：主营业务收入　　　　　　　　　　　　　　50000

贷：本年利润　　50000

填写完成的转账凭证，如图 11.2 所示。

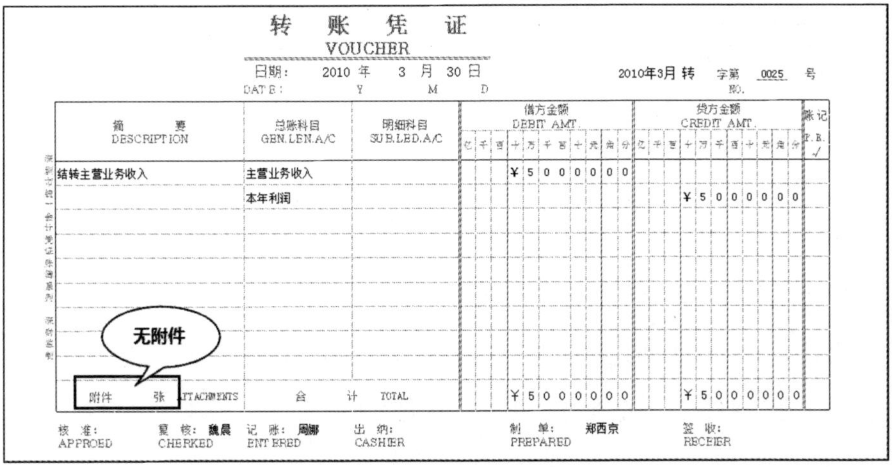

转 账 凭 证
VOUCHER

日期：2010 年 3 月 30 日　　2010年3月 转 字第 0025 号

摘要 DESCRIPTION	总账科目 GEN.LEN.A/C	明细科目 SUB.LED.A/C	借方金额 DEBIT AMT.	贷方金额 CREDIT AMT.	账记 P.B.
结转主营业务收入	主营业务收入		¥5000000		
	本年利润			¥5000000	
附件 张 ATTACHMENTS	合计 TOTAL		¥5000000	¥5000000	

核准：APPROED　复核：魏晨 CHERKED　记账：周娜 ENTERED　出纳：CASHIER　制单：郑西京 PREPARED　签收：RECEIER

图 11.2　填写完成的转账凭证

（2）将凭证上的内容记录在账簿上。

其中主营业务收入总分类账（节选），如图 11.3 所示。

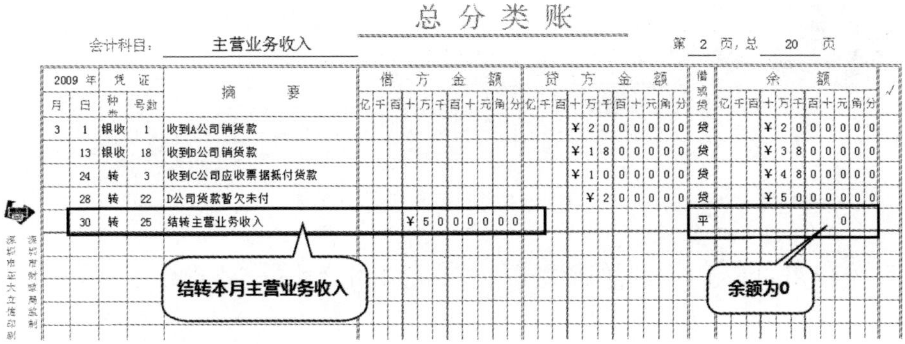

总 分 类 账

会计科目：主营业务收入　　第 2 页，总 20 页

2009年 月	日	凭证 种类	号数	摘要	借方金额	贷方金额	借或贷	余额
3	1	银收	1	收到A公司销货款		¥2000000	贷	¥2000000
	13	银收	18	收到B公司销货款		¥1800000	贷	¥3800000
	24	转	3	收到C公司应收票据抵付货款		¥1000000	贷	¥4800000
	28	转	22	D公司货款暂欠未付		¥200000	贷	¥5000000
	30	转	25	结转主营业务收入	¥5000000		平	0

图 11.3　主营业务收入总分类账（节选）

登记完的本年利润总分类账（节选），如图 11.4 所示。

总 分 类 账

会计科目：本年利润　　　　第 2 页，总 45 页

2009年 月	日	凭证 种类	号数	摘要	借方金额	贷方金额	借或贷	余额	√
3	1			接上页			贷	¥12000000	
	30	转	25	结转主营业务收入		¥5000000	贷	¥17000000	
	30	转	26	结转其他业务收入		¥1000000	贷	¥18000000	
	30	转	27	结转主营业务成本	¥1300000		贷	¥16700000	

结转主营业务收入

图 11.4　登记完的本年利润总分类账（节选）

例 2：本期发生额与期末余额的结转。

会计人员在对本期发生额与期末余额进行结算时，需注意的地方如下：

（1）在当期最后一笔业务的下方以单红线画出，表示以上业务已结账，如图 11.5 所示。

总 分 类 账

会计科目：主营业务收入　　　　第 2 页，总 20 页

2009年 月	日	凭证 种类	号数	摘要	借方金额	贷方金额	借或贷	余额	√
3	1	银收	1	收到A公司销货款		¥2000000	贷	¥2000000	
	13	银收	18	收到B公司销货款		¥1800000	贷	¥3800000	
	24	转	3	收到C公司应收票据抵付货款		¥1000000	贷	¥4800000	
	28	转	22	D公司货款暂欠未付		¥200000	贷	¥5000000	
	30	转	25	结转主营业务收入	¥5000000		平	0	

红线

图 11.5　业务已结账的总分类账

（2）在红线下面一行的摘要栏中注明“本月合计”、“本季合计”或“本年合计”等字样。

（3）在合计行的金额栏处，计算出当期的借方发生额和贷方发生额，并计算出本期的期末余额。

结账后的总分类账，如图 11.6 所示。

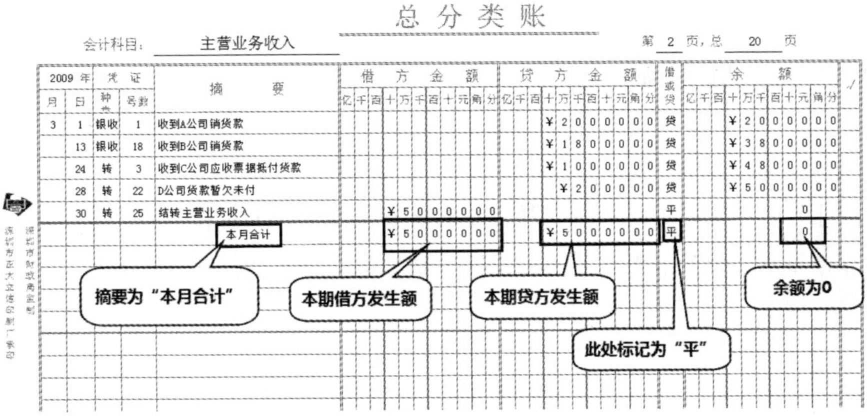

2009年 月	日	凭证 种类	号数	摘要	借方金额	贷方金额	借或贷	余额
3	1	银收	1	收到A公司销货款		¥2000000	贷	¥2000000
	13	银收	18	收到B公司销货款		¥1800000	贷	¥3800000
	24	转	3	收到C公司应收票据抵付货款		¥1000000	贷	¥4800000
	28	转	22	D公司货款暂欠未付		¥200000	贷	¥5000000
	30	转	25	结转主营业务收入	¥5000000		平	0
				本月合计	¥5000000	¥5000000	平	0

图 11.6 结账后的总分类账

说明：图 11.6 中，由于期末余额为 0，所以账页中的“借或贷”栏应写为平，以示该科目余额既不在借方也不在贷方。

11.1.3 结账的主要程序

结账的主要程序是指会计部门在进行结账时的操作程序，主要包括以下几个步骤：

（1）结转收入类科目当期发生额；

（2）结转成本费用类科目当期发生额；

（3）结算本期所有科目的当期借方与贷方发生额及期末余额；

（4）计算企业的利润总额；

（5）结算当月的应纳税额；

（6）结转所有科目余额。

至此，结账的程序就完成了。结账的主要程序步骤示意图，如图 11.7 所示。

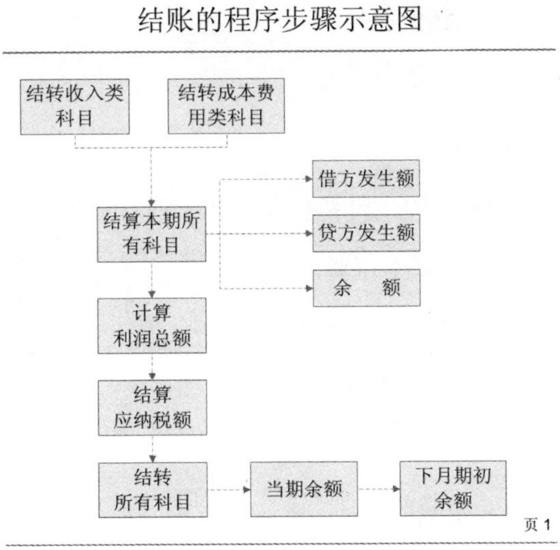

图 11.7 结账的主要程序步骤示意图

11.2 月底结账

在会计的日常工作中，结账有月底结账和年底结账之分。月底结账是企业的会计部门在每月的月底时，对企业的财务账目进行核对和结转，以便填制会计报表和发布财务报告。月末时，需要结转的会计科目，主要包括如下内容。

1. 主营业务收入

主营业务收入是指企业主要经营项目的收入，该收入在取得时，记入主营业务收入科目，在月底时一次性转入本年利润科目进行核算。结转时的会计分录如下。

借：主营业务收入

　贷：本年利润

2. 其他业务收入

其他业务收入是指企业其他业务的收入，其他业务是指非主营业务之外的营业性收入。该收入在取得时，记入其他业务收入科目，在月底时一次性转入本年利润科目进行核算。结转时的会计分录如下。

借：其他业务收入

　贷：本年利润

3. 营业外收入

营业外收入是指企业的非营业性收入，如软件公司卖废纸的收入。该收入在取得时，记入营业外收入科目，在月底时一次性转入本年利润科目进行核算。结转时的会计分录如下。

借：营业外收入

　贷：本年利润

4. 投资收益

投资收益是指企业投资行为的收入。该收入在取得时，记入投资收益科目，在月底时一次性转入本年利润科目进行核算。结转时的会计分录如下。

借：投资收益

贷：本年利润

5. 主营业务成本

主营业务成本是指用于主营业务的相关成本支出。该科目在成本产生时，将其纳入本科目借方核算，月底时，一次性转入本年利润科目下。结转时的会计分录如下。

借：本年利润

贷：主营业务成本

6. 其他业务成本

其他业务成本是指在进行其他业务活动中产生的成本。该科目在成本产生时，将其纳入本科目借方核算，月底时，一次性转入本年利润科目下。结转时的会计分录如下。

借：本年利润

贷：其他业务成本

7. 营业外支出

营业外支出是指企业正常营业活动以外的支出。该科目在产生支出时，将其纳入本科目借方核算，月底时，一次性转入本年利润科目下。结转时的会计分录如下。

借：本年利润

贷：营业外支出

8. 生产成本

生产成本是指企业某产品在生产中的相关费用。该科目在借方纳入与生产该产品相关的所有费用、成本，月底时，需要将生产成本转入库存商品科目中。结转时的会计分录如下。

借：库存商品

贷：生产成本

9．制造费用

制造费用是指与生产产品相关的费用，这种相关却又不是直接相关，比如是该产品生产车间管理人员的工资等。所以制造费用在月末时，会分为两部分进行结转：

- 第一部分是将应纳入产品成本的制造费用，转入产品成本；
- 第二部分是并不与某种产品相关，无法纳入特定产品的成本中的制造费用，在月底时可转入本年利润科目进行核算。

第一部分的结转会计分录如下。

借：生产成本

　贷：制造费用

第二部分的结转会计分录如下。

借：本年利润

　贷：制造费用

10．管理费用

管理费用是指企业管理工作所耗费的成本。该科目在借方纳入相关的费用、成本，月底时，需将管理费用转入本年利润科目中进行核算。结转时的会计分录如下。

借：本年利润

　贷：管理费用

11．销售费用

销售费用是指因企业的销售活动所产生的费用和成本。该科目在借方核算销售所耗费的费用，月末时再统一转入本年利润科目中进行核算。结转时的会计分录如下。

借：本年利润

　贷：销售费用

12. 财务费用

财务费用是指与财务行为相关的费用，如银行利息、汇款手续费等。该科目在财务相关费用发生时，将其纳入借方核算，待到月底时，再将所有财务费用统一转入本年利润科目中。结转时的会计分录如下。

借：本年利润

　贷：财务费用

13. 营业税金及附加

营业税金及附加是指企业的经营活动所应负担的相关税费，如营业税、消费税、城市维护建设税、资源税和教育费附加等。企业应通过“营业税金及附加”科目，核算企业经营活动相关税费的发生和结转情况。

该科目将所有的营业税金纳入借方处理，然后在月底时一次性转入本年利润科目处理。

借：本年利润

　贷：主营业务税金及附加

14. 所得税费

所得税费是指企业应缴纳的所得税费用。所得税费科目主要核算企业的所得税的发生及结转情况。一般在月底时，所得税费科目的余额将全部转入本年利润科目中进行核算。

借：本年利润

　贷：所得税费用

11.3 年底结账

企业在每年的年底，都会对企业本年的经营成果进行汇总和分配，下面介绍具体的账务处理。

11.3.1 结转本年利润

每月的月底，企业的收入与费用都会转入本年利润科目进行核算，年底时，本年利润的当前余额就是企业的利润。年底时，需将本年利润科目的余额，全部转入“利润分配-未分配利润”科目。

由于本年利润科目的余额可能在借方，也可能在贷方，所以其年底结转的分录有以下两种情况。

1. 企业有利润时

一般情况下，“本年利润”科目的余额在贷方，其结转会计分录如下。

借：本年利润

　贷：利润分配-未分配利润

2. 企业亏损时

本年利润科目的余额在借方，说明企业为亏损，其结转会计分录如下。

借：利润分配-未分配利润

　贷：本年利润

11.3.2 提取盈余公积和法定公益金

我国的公司法规定，企业的利润应当按规定比例提取法定盈余公积和公益金，任意盈余公积的提取可由企业自行决定。其相应比例为：

- 法定盈余公积，税后利润的 10%以上；
- 公益金，税后利润的 5%以上；
- 任意盈余公积，根据公司章程规定的比例计算。

提取法定盈余公积、公益金和任意盈余公积的会计分录如下。

借：利润分配-提取法定盈余公积

　　　　　　-提取公益金

　　　　　　-提取任意盈余公积

贷：盈余公积-法定盈余公积

　　　　　　-公益金

　　　　　　-任意盈余公积

提 示　如有优先股，应在“任意盈余公积”前分配股利。

11.3.3　弥补以前年度亏损

《财务通则》规定：“企业发生年度亏损，可以用下一年度的利润弥补；下一年度不足弥补的，可以在五年内用所得税前利润延续弥补，延续五年未弥补完的亏损，用交纳所得税后的利润弥补。”税前弥补和税后弥补以五年为界限。亏损延续未超过五年的，用税前利润弥补，弥补亏损后有剩余的，才缴纳所得税；延续期限超过五年的，只能用税后利润弥补。

由于企业的亏损也记录在本年利润科目中，所以使用当年利润弥补亏损时，并不需要进行特定的会计处理，而使用盈余公积弥补亏损时就需要进行会计结转，用盈余公积弥补亏损的会计分录如下。

借：盈余公积

　贷：利润分配-盈余公积转入

注 意　弥补以前年度亏损优先于向股东分配股利。

11.3.4　分配股利

在按规定提取了法定盈余公积、公益金和任意盈余公积后，企业利润才可向企业的股东支付股利，具体的支付比例及支付方式，由董事会决议。支付股利的会计分录如下。

借：利润分配-应付股利

　贷：应付股利

11.3.5　结转利润分配

利润分配结束后，可将利润分配科目下所有明细账户的余额统一转入利润分配-未分配利润账户下，以待下年分配。结转时的会计分录如下。

借：利润分配-未分配利润

　贷：利润分配-提取法定盈余公积

　　　　　　-提取公益金

　　　　　　-提取任意盈余公积

　　　　　　-应付股利

11.3.6　增资

董事会或类似机构批准后，可将企业的利润转作资本。在办理增资手续后，应做会计分录如下。

借：利润分配-转作资本的利润

　贷：实收资本

PART

四

第4篇　真账模拟之会计报表篇

第 12 章

资产负债表的编制与分析

资产负债表是企业最重要的三大财务报表之一，资产负债表的编制也是企业会计部门在期末最重要的工作之一。

资产负债表的编制是在期末对账簿的结算和核对完成之后，也就是需要试算平衡之后进行。企业的账目试算平衡后，所有账目的发生额和余额的借贷方合计是相同的，一般来说，就可以认为账目基本无误，此时就可以进行财务报表的填制了。

在会计业务循环中，财务报表的填制所处的位置如图 12.1 所示。

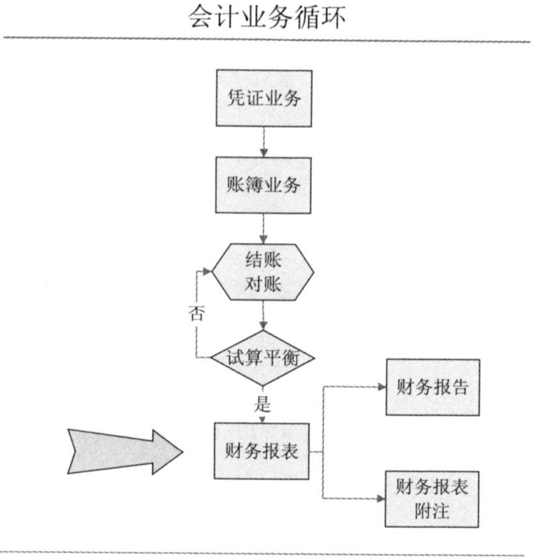

图 12.1　财务报表在会计业务循环中的位置

12.1 资产负债表

资产负债表是重要的财务报表，其数据排列方式具有鲜明的会计色彩，对每一个会计来说，能编制和使用资产负债表是作为一个合格会计的基础技能。

12.1.1 什么是资产负债表

资产负债表是企业会计部门根据会计平衡的原理，反映企业在某一特定日期财务状况的报表，是典型的静态报表。资产负债表有两个特点：

- 其遵循“资产＝负债＋所有者权益”的平衡关系；
- 其体现的是企业在某个时间点上的经营和财产状况。

资产负债表是由企业会计部门根据本期账目进行填制的，其阅读者不仅包括企业内部管理人员，还要按照相关规定，定期对外公布。我国对资产负债表的相关法规的规定如下：

- 所有企业都必须定期向政府相关部门和机构，报送资产负债表；
- 各相关的企业和有业务往来的企业也可以调看企业的资产负债表；
- 股份制企业或上市公司，其资产负债表须定期向社会公众发布。

12.1.2 资产负债表的分类

资产负债表是根据各会计科目的内在关系，经过一定的分类排列编制而成的。在编制过程中，其格式会根据不同的习惯或需要产生一些变化。因此，资产负债表就有了不同的格式，也由此产生了资产负债表的类别。

资产负债表根据其样式不同，可分为如下两种。

1. 账户式

账户式又称为水平式，其资产项目按一定顺序列示于报表的左方，负债和股东权益项目列示于报表的右方，报表左右两方总额相等。其优点是资产、负债和权益的恒等关系一目了然。

2. 报告式

报告式又称垂直式，其资产、负债、股东权益项目自上而下排列，所有资产类项目按一定顺序列示报表上方，其次列示负债，最后列示股东权益。其优点是便于编制比较式资产负债表。

以上两种资产负债表在国外都被广泛地应用。在我国，主要采用账户式资产负债表。所以本书之后所述的资产负债表，如无特殊说明，一律指账户式资产负债表。

12.1.3 资产负债表的基本内容

2006年新出的《企业会计准则》对资产负债表应当披露的内容，作了详细的规定。准则规定，资产负债表中资产类、负债类和所有者权益类至少应当单独列示的项目，如表12.1所示。

表12.1 资产负债表中至少应当单独列示的项目

类　别	资　产　类	负　债　类	所有者权益类
项目	货币资金	短期借款	实收资本（或股本）
	应收及预付款项	应付及预收款项	资本公积
	交易性投资	应交税费	盈余公积
	存货	应付职工薪酬	未分配利润
	持有至到期投资	预计负债	
	长期股权投资	长期借款	
	投资性房地产	长期应付款	
	固定资产	应付债券	
	生物资产	递延所得税负债	
	递延所得税资产		
	无形资产		

新会计准则对资产负债表中的合计项目也作了相应规定。

- 第二十条：资产类，至少应当包括流动资产和非流动资产的合计项目。
- 第二十二条：负债类，至少应当包括流动负债、非流动负债和负债的合计项目。
- 第二十四条：所有者权益类，应当包括所有者权益的合计项目。

- 第二十五条：应当列示的总计项目包括资产总计项目、负债和所有者权益总计项目。

12.1.4 资产负债表的标准格式

根据新会计准则对内容的具体规定，综合老资产负债表的内容和企业财务数据展示的需要，资产负债表的格式可以在合理的情况下进行相应的精简或增加。不过出于企业统一管理及会计电算化的要求，很多地方还是对资产负债表的格式进行了标准化规定。

不过，不管资产负债表的格式如何变化，其基本内容必须保持不变，只是在其他未具体规定的项目上进行相应的变化。最常用的标准资产负债表格式，如图 12.2 所示。

资产负债表

会企01表

编制单位： 2009年6月30日 单位：元

资产	期末余额	年初余额	负债和所有者权益（或股东权益）	期末余额	年初余额
流动资产:			流动负债:		
货币资金			短期借款		
交易性金融资产			交易性金融负债		
应收票据			应付票据		
应收账款			应付账款		
预付款项			预收款项		
应收利息			应付职工薪酬		
应收股利			应交税费		
其他应收款			应付利息		
存货			应付股利		
待摊费用			预提费用		
一年内到期的非流动资产			其他应付款		
其他流动资产			一年内到期的非流动负债		
流动资产 合计			其他流动负债		
非流动资产:			流动负债 合计		
可供出售金融资产			非流动负债:		
持有至到期投资			长期借款		
长期应收款			应付债券		
长期股权投资			长期应付款		
投资性房地产			专项应付款		
固定资产			预计负债		
在建工程			递延所得税负债		
工程物资			其他非流动负债		
固定资产清理			非流动负债 合计		
生产性资产			负债 合计		
油气资产			所有者权益（或股东权益）：		
无形资产			实收资本（或股本）		
开发支出			资本公积		
商誉			减：库存股		
长期待摊费用			盈余公积		
递延所得税资产			未分配利润		
其他非流动资产			所有者权益（或股东权益） 合计		
非流动资产 合计					
资产 总计	¥0.00		负债和所有者权益 总计	¥0.00	

图 12.2 标准资产负债表

从图 12.2 中可以看出，标准资产负债表的格式是账户式资产负债表。表的左方为资产类项目，其被划分为流动资产和非流动资产，并分别有合计和总计项目；表的右方为负债和所有者权益类项目，负债被划分为流动负债和非流动负债，也同样分别有合计和总计项目。

12.2 资产负债表的编制

资产负债表的编制过程，主要是数据的计算和填列过程。当然在进行资产负债表的编制之前，还要进行相应的准备工作。

12.2.1 编制前的准备工作

在进行资产负债表的编制工作之前，先要进行一系列的准备工作，主要包括如下内容。

- 会计期末的费用结算工作

说明：会计期末时，其费用科目中的余额都要进行结转和分配，以便进行成本核算，同时还要将已销售产品的利润计算出来。

- 对账工作

说明：对账是必做的工作，在编制资产负债表之前必须经过对账，以保证资产负债表中数据的可靠性。

- 账目的试算平衡

说明：只有试算平衡的会计账目才是正确合理的，账目的试算平衡也是进行账目核对的主要方法之一。

- 结账工作

说明：账目核对无误后，还需要对账目进行结账，一般情况下结账包括截止和结算当月小计，在做资产负债表之前，需要对账表中的数据进行时点截止，以保证资产负债表中的数据为同一时点的数据，这样才能有效地体现企业在该时点的财务状况。

12.2.2 数据填列

在资产负债表中，数据的填列可以分为以下 3 种情况。

1. 根据相应账户的余额填列

大部分的资产负债表项目其实就是会计科目，因此可以直接将相应账户的余额填列在资产负债表的相应项目处，以资产负债表的流动资产和流动负债相关项目的填列为例，可以直接填列的项目，如图 12.3 所示。

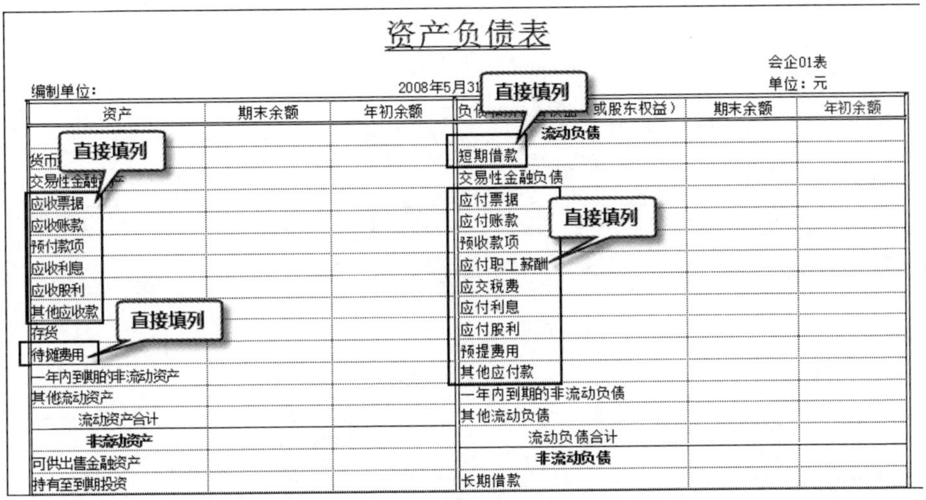

图 12.3 资产负债表中可以直接填列的项目

2. 将相应的数据增减后填列

以资产负债表的流动资产和流动负债相关项目的填列为例，需要将相应账户余额的数据进行增减后才能填列的项目，如图 12.4 所示。

3. 对明细账进行分析后填列

对于一些有时限的项目，需要对相应账户的明细账进行相应分析后才能填列。以资产负债表的流动资产和流动负债相关项目的填列为例，需要对相应账户的明细账进行相应分析后才能填列的项目，如图 12.5 所示。

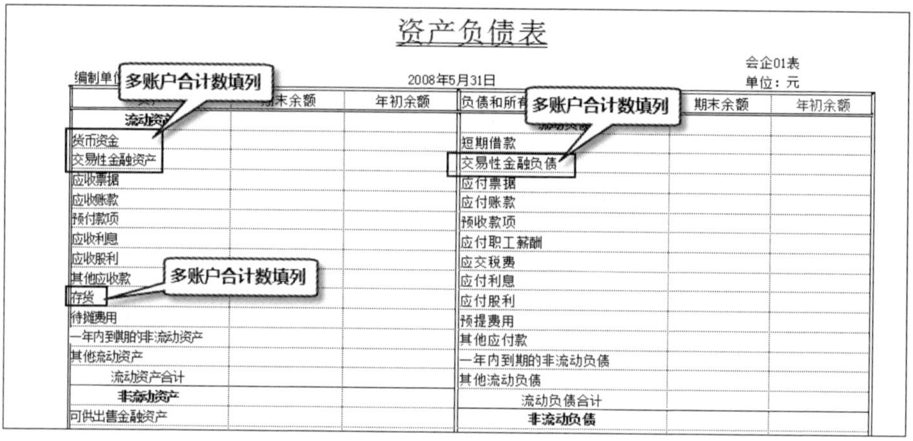

资产负债表

会企01表

编制单位　　　　2008年5月31日　　　　单位：元

资产	期末余额	年初余额	负债和所有者权益（或股东权益）	期末余额	年初余额
流动资产			流动负债		
货币资金			短期借款		
交易性金融资产			交易性金融负债		
应收票据			应付票据		
应收账款			应付账款		
预付款项			预收款项		
应收利息			应付职工薪酬		
应收股利			应交税费		
其他应收款			应付利息		
存货			应付股利		
待摊费用			预提费用		
一年内到期的非流动资产			其他应付款		
其他流动资产			一年内到期的非流动负债		
流动资产合计			其他流动负债		
非流动资产			流动负债合计		
可供出售金融资产			非流动负债		

图 12.4　需要将相应账户余额的数据进行增减后才能填列的项目

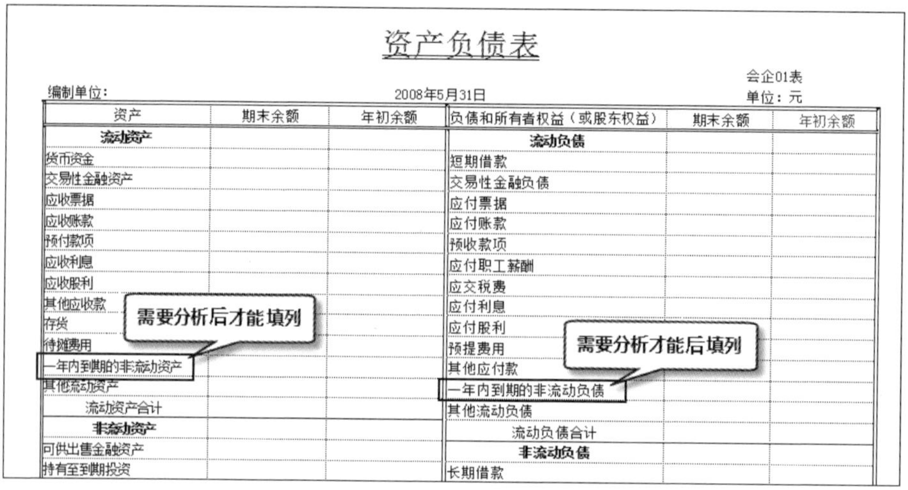

资产负债表

会企01表

编制单位：　　　　2008年5月31日　　　　单位：元

资产	期末余额	年初余额	负债和所有者权益（或股东权益）	期末余额	年初余额
流动资产			流动负债		
货币资金			短期借款		
交易性金融资产			交易性金融负债		
应收票据			应付票据		
应收账款			应付账款		
预付款项			预收款项		
应收利息			应付职工薪酬		
应收股利			应交税费		
其他应收款			应付利息		
存货			应付股利		
待摊费用			预提费用		
一年内到期的非流动资产			其他应付款		
其他流动资产			一年内到期的非流动负债		
流动资产合计			其他流动负债		
非流动资产			流动负债合计		
可供出售金融资产			非流动负债		
持有至到期投资			长期借款		

图 12.5　需要分析后才能填列的项目

12.3 资产负债表的分析

资产负债表是企业财务报告中三大主要财务报表之一，也是最重要的财务报表。资产负债表是任何一个企业财务报表的使用者都必看的财务报表。

所以，资产负债表的分析具有非常重要的意义。选用适当的指标、使用适当的方法对资产负债表进行相应的分析，是每一个报表使用者都必须做到的。正确地对资产负债表进行分析，既可以正确评价企业的财务状况，又能够对企业的相关能力予以精准而贴切的评价。

下面就对资产负债表的几个方面进行分析。

12.3.1 短期偿债能力分析

短期偿债能力是指企业在短期内筹措资金，偿还到期债务的能力。这种偿还是指在不用变卖或处置固定资产的情况下偿还的。而债务则是指短期内到期、需要偿付的债务，包括：

- 流动负债；
- 一年内到期的长期负债。

在对企业的资产负债表进行短期偿债能力分析时，通常需要关注以下几个财务分析指标：

- 营运资本；
- 流动比率；
- 速动比率。

12.3.2 长期偿债能力分析

长期偿债能力是指企业偿还长期负债的能力。企业的长期负债，是指偿还期在一年以上的债务，主要包括：

- 长期借款；
- 应付长期债券；
- 长期应付款等。

长期偿债能力的强弱是企业财务安全和稳定程度的重要标志。偿还期较长的长期负债，一般数额也较大，所以长期负债的资金都用于企业的重大项目上，所以长期负债的偿付，对企业的长期经营状况要求也会较高。

在正常经营的情况下，企业的资产，尤其是固定资产是不可能进行变现来完成债务的偿还的。所以企业的长期负债只能依靠企业自身的盈利来保证偿付。因此企业长期偿债能力与企业的赢利能力密切相关。分析和评价企业长期偿债能力的指标有：

- 资产负债率；
- 股东权益比率；
- 负债股权比率；
- 利息保障倍数。

12.3.3 营运能力分析

营运能力是指企业管理人员对企业资源经营运用，并以此取得利润的能力。营运能力是由一系列企业生产经营资金周转速度的有关指标所综合体现的。

企业生产经营资金周转的速度越快，表明企业资金利用的效果越好、效率越高，企业管理人员的经营能力也越强。

12.3.4 营运能力分析的内容

根据营运能力分析的含义和目的，企业营运能力分析的内容主要包括以下几方面。

（1）全部资产营运能力分析，其内容包括：

- 全部资产产值率分析；
- 全部资产收入率分析；
- 全部资产周转率分析。

（2）流动资产营运能力分析，其内容包括：

- 全部流动资产周转率分析；
- 全部流动资产垫支周转率分析；
- 流动资产周转加速效果分析；
- 存货周转率分析；
- 应收账款周转率分析。

（3）固定资产营运能力分析，其内容包括：

- 固定资产产值率分析；
- 固定资产收入率分析。

第 13 章

利润表的编制与分析

利润表又称“损益表”，是将企业利润的生成过程，利用表格的形式展示出来。利润表实际上就是一个计算公式的表格式体现，该公式是“利润=收入-成本”。利润表和资产负债表一样，也是企业非常重要的对外报表，是企业三大基本报表之一。

利润表的编制多利用试算平衡表或资产负债表的数据，填列时只需将相应的数据填入即可。

13.1 利润表

利润表是重要的财务报表之一，新《企业会计准则》中要求企业列报的财务报表中，利润表是必须填报的财务报表之一。而准则中对利润表的内容及格式要求也有明确的规定。

13.1.1 利润表的基本内容

2006 年颁布的《企业会计准则》第四章的第二十七条明确规定，利润表至少应当单独列示反映下列信息的项目：

- 营业收入；
- 营业成本；
- 营业税金；
- 管理费用；
- 销售费用；
- 财务费用；
- 投资收益；
- 公允价值变动损益；
- 资产减值损失；
- 非流动资产处置损益；
- 所得税费用；
- 净利润。

13.1.2 利润表的标准格式

利润表和资产负债表一样，也有标准格式。新会计准则不但对利润表的基本内容进行了具体规定，还指定了利润表的基本样式。我国法律规定，我国企业必须使用多步式利润表。多步式利润表是指在利润表中，企业的利润是由营业利润、利润总额、净利润等多步计算得出来的。

多步式利润表的所谓“多步”是相对于单步式利润表而言的。由于利润表的计算公式是“利润=收入–成本”，单步式利润表是将企业的收入和成本一次列示出来，然后相减，得出企业的净利润；而多步式利润表则分三步才能计算出净利润。虽然单步式利润表计算和填列更方便快捷，但是多步式利润表却更能满足利润表各层次读者的需求。

利润表的标准样式，如图 13.1 所示。

利 润 表

会企02表

编制单位：　　　　　　2008/6/30　　　　　　单位：元

项 目	行次	本期金额	上期金额
一、营业收入	1	¥ 520,000.00	¥ 220,000.00
减：营业成本	2	¥ 177,500.00	¥ 59,680.00
营业税金及附加	3	¥ 15,000.00	¥ 590.00
销售费用	4	¥ 1,500.00	¥ 4,000.00
管理费用	5	¥ 22,560.00	¥ 6,800.00
财务费用	6		¥ 59.00
资产减值损失	7		
加：公允价值变动收益（损失以“-”号填列）	8		
投资收益（损失以“-”号填列）	9		
其中：对联营企业和合营企业的投资收益	10		
二、营业利润（亏损以“-”号填列）	11	¥ 303,440.00	¥ 148,871.00
加：营业外收入	12		
减：营业外支出	13		¥ 5,000.00
其中：非流动资产处置损失	14		
三、利润总额（亏损总额以“-”号填列）	15	¥ 303,440.00	¥ 143,871.00
减：所得税费用	16	¥ 34,980.00	¥ 16,585.00
四、净利润（净亏损以“-”号填列）	17	¥ 268,460.00	¥ 127,286.00
五、每股收益：	18		
（一）基本每股收益	19		
（二）稀释每股收益	20		

图 13.1　利润表的标准样式

13.1.3　利润表的作用

利润是企业的经营目标，只有利润才是企业不断发展壮大的动力源泉。利润表可以将企业的当期利润清晰地显示出来，还可以把对利润有影响的几种主要的费用成本显示出来，可以为企业的管理提供利润相关的可靠信息。

利润表的作用如下：

- 可以清楚地反映出企业经营活动中的收入与支出的相应数额；
- 可以有效地计算出当期利润；
- 能将多期利润表进行横向对比；
- 能对企业收入、成本的发展趋势进行分析；
- 可以对企业赢利能力和发展趋势进行判断。

13.2 利润表的填列

我国的利润表都是多步式利润表。多步式利润表的特点是将各层次利润构成的要素分解开来，分步骤按顺序计算出净利润。

下面来介绍我国企业利润表的主要编制步骤和内容。

13.2.1 第一步：计算营业利润

营业利润是指企业通过经营活动所取得的利润，是企业利润的主要来源。企业的经营活动，主要是指企业的销售商品、提供劳务等日常经营活动。营业利润的计算公式是“营业利润=营业收入–营业相关成本”。

利润表填列的第一步，如图 13.2 所示。

利 润 表

会企02表

编制单位：　　　　单位：元

项 目	行次	本期金额	上期金额
一、营业收入	1	¥ 520,000.00	¥ 220,000.00
减：营业成本	2	¥ 177,500.00	¥ 59,680.00
营业税金及附加	3	¥ 15,000.00	¥ 590.00
销售费用	4	¥ 1,500.00	¥ 4,000.00
管理费用	5	¥ 22,560.00	¥ 6,800.00
财务费用	6		¥ 59.00
资产减值损失	7		
加：公允价值变动收益（损失以“-”号填列）	8		
投资收益（损失以“-”号填列）	9		
其中：对联营企业和合营企业的投资收益	10		
二、营业利润（亏损以“-”号填列）	11	¥ 303,440.00	¥ 148,871.00

本期营业收入

营业相关成本费用

营业利润

图 13.2 利润表填列的第一步

13.2.2 第二步：计算利润总额

利润总额是指企业需缴纳企业所得税的“应纳税总额”，企业在计算所得税时，就以利润总额为准，与适用的所得税率相乘即可。利润总额的计算公式为“利润总额=营业利润+营业外收入–营业外支出”。

说明：营业外收入与营业外支出相减，所得差额就是营业外利润。

利润表填列的第二步，如图 13.3 所示。

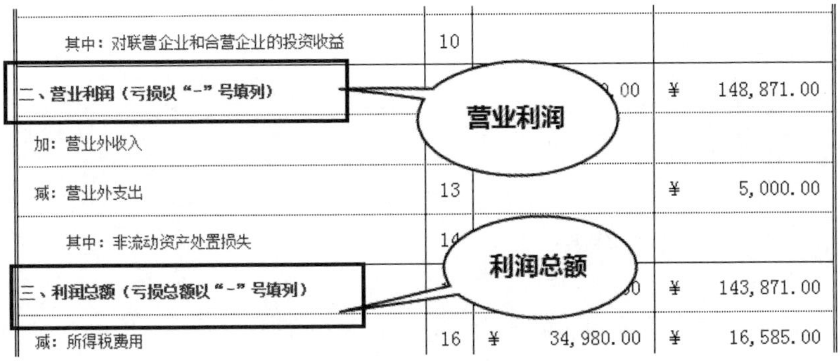

其中：对联营企业和合营企业的投资收益	10		
二、营业利润（亏损以“-”号填列）		.00	¥ 148,871.00
加：营业外收入			
减：营业外支出	13		¥ 5,000.00
其中：非流动资产处置损失	14		
三、利润总额（亏损总额以“-”号填列）		0	¥ 143,871.00
减：所得税费用	16	¥ 34,980.00	¥ 16,585.00

图 13.3 利润表填列的第二步

13.2.3 第三步：计算净利润

净利润是企业最终可以完全支配的利润额，也就是常说的“利润”。净利润的计算公式是“净利润=利润总额–所得税费用”。

利润表填列的第三步，如图 13.4 所示。

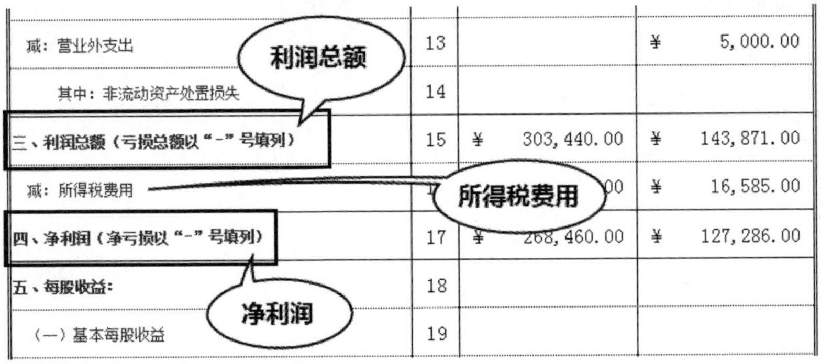

减：营业外支出	13		¥ 5,000.00
其中：非流动资产处置损失	14		
三、利润总额（亏损总额以“-”号填列）	15	¥ 303,440.00	¥ 143,871.00
减：所得税费用		00	¥ 16,585.00
四、净利润（净亏损以“-”号填列）	17	¥ 268,460.00	¥ 127,286.00
五、每股收益：	18		
（一）基本每股收益	19		

图 13.4 计算出净利润

至此，利润表已填列完毕。

注意 对于股份制企业，尤其是上市公司来说，利润表中还需要计算出每股收益，每股收益的计算公式是“每股收益=净利润/股份数”。

13.3 利润表的分析

利润表主要用来反映企业的利润状况，是以企业实际收入及相关费用的数据填列，根据计算公式，计算出企业的利润数据。

对利润表的指标分析，主要分为：

- 赢利能力分析；
- 发展能力分析。

13.3.1 赢利能力分析

赢利能力就是赢得利润的能力。企业的赢利能力，就是一个企业的生存能力。只有能够获得利润的企业才能存续并发展下去。企业的所有人、投资者和股东，对企业的赢利能力的分析结果，都十分关注。只有能够存续的企业才能够持续不断地产生利润，从而为投资带来回报。

赢利能力分析是指对企业与赢利相关的数据进行分析，很多时候都需要进行相关公式的计算。赢利能力的分析，其结果是企业财务结构和经营绩效的综合表现。

利润表赢利能力分析的指标如下：

- 销售利润率；
- 成本费用率；
- 资产总额利润率；
- 资本金利润率；
- 股东权益利润率。

13.3.2　赢利能力分析的利润表数据

利润表中的数据都与利润有关，而在进行赢利能力分析时，需要用到的利润表数据有：

- 营业利润；
- 投资收益；
- 营业外收支净额。

一般情况下，企业的赢利能力主要考查营业利润的相关数据，即：

- 营业收入；
- 营业支出；
- 投资收益；
- 营业利润等。

13.3.3　发展能力分析

企业的成长能力也称企业的成长性，是指企业进行扩展的能力。企业的成长能力是企业的发展潜能，其使企业能够通过自身的生产经营活动，不断积累从而达到企业赢利的提高和规模的扩大。

企业的成长能力必须是以企业内部形成的资金，实现投资发展的能力。而企业有能力成长时，常常进行以下行为：

- 技术改造；
- 固定资产更新；
- 扩大生产；
- 其他有利企业发展的行为。

提示　企业的发展能力取决于许多因素，在进行发展能力的财务报表分析时，应先假定企业处于一个较常见的外部环境中。

13.3.4　衡量企业成长能力

在进行企业成长能力的衡量时，一般有两种方法：

- 以企业实际可以支配的自有资金为准；
- 以相应的财务指标计算结果为准。

企业可以支配的自有资金是指企业全部实际收入减去实际支出后的资金，是企业真正可以完全支配的成长力量。

以企业实际可以支配的自有资金为准的衡量标准，其优缺点如下。

- 优点：这种衡量标准非常实际，企业发展能力的大小直接以资金数额的大小来显示，不需要再进行专业分析；
- 缺点：这样的衡量方法对一些小型企业比较适用，对于资本结构复杂或资金来源庞杂的大中型企业，都不太适用。因为许多大中型企业自有资金也许很少，但是却仍然可能通过外来资金得到发展。

以相应的财务指标来衡量企业的成长能力是比较常用的方法，即通过一系列专用的成长能力分析指标的计算结果，对企业的财务报表进行分析，从而得出对企业成长能力的评价。

以相应的财务指标计算结果为准的衡量标准，其优缺点如下。

- 优点：当企业的财务数据变换成财务指标后，一方面可以通过指标本身的含义，对企业的成长能力进行评价，另一方面还能够与同业的其他企业进行横向比较，使评价结果更客观可靠；
- 缺点：这种方法需要进行专业的数据计算，并需要相应的专业知识对指标进行分析。

第 14 章

现金流量表的编制与分析

现金流量表是指反映企业现金流量的报表。所谓现金流量就是指现金流入量和现金流出量。现金流量表中的“现金”是指库存现金及现金等价物。所以，现金流量表是反映企业现金和现金等价物流入和流出量的报表。

现金流量表的编制需要对企业的现金流入及流出进行相应的分析，然后分别填入表中。对现金流量表的分析，主要是通过分析相关领域现金流量的增减变动情况，从而得知企业是否有足够的现金来应对开销。这是企业短期生存能力，特别是缴付账单能力的综合体现。

14.1 认识现金流量表

现金流量表是以现金及现金等价物的流动量为基础编制的财务状况变动表格。它能反映企业在一定期间内现金的流入和流出，表明企业获得现金的能力。

14.1.1 现金的概念

2006 年颁布的新《企业会计准则》中，对现金流量表中的现金概念进行了明确的规定：

- 现金，是指企业库存现金以及可以随时用于支付的存款；
- 现金等价物，是指企业持有的期限短、流动性强、易于转换为已知金额现金、价值变动风险很小的投资；
- 本准则提及现金时，除非同时提及现金等价物，均包括现金和现金等价物。

14.1.2 现金流量表

现金流量表是指反映企业在一定会计期间，现金和现金等价物流入和流出的报表。其中，现金流入即收入，而现金流出则为支出。

新《企业会计准则》规定：

- 现金流量表应当分别对经营活动、投资活动和筹资活动列报现金流量；
- 现金流量表应当分别按照现金流入和现金流出总额列报。

14.1.3 现金流量表的基本内容

2006年颁布的新《企业会计准则》中，对现金流量表中应当单独列示的项目有着明确的规定。这些规定要求，在现金流量表中至少要有一些基本内容被体现。必须被体现的基本内容如下。

1. 经营中的现金流量的内容

经营活动产生的现金流量至少应当单独列示反映下列信息的项目：

- 销售商品、提供劳务收到的现金；
- 收到的税费返还；
- 收到其他与经营活动有关的现金；
- 购买商品、接受劳务支付的现金；
- 支付给职工以及为职工支付的现金；
- 支付的各项税费；
- 支付其他与经营活动有关的现金。

2. 投资活动中的现金流量的内容

投资活动产生的现金流量至少应当单独列示反映下列信息的项目：

- 收回投资收到的现金；
- 取得投资收益收到的现金；
- 处置固定资产、无形资产和其他长期资产收回的现金净额；
- 处置子公司及其他营业单位收到的现金净额；
- 收到其他与投资活动有关的现金；
- 购建固定资产、无形资产和其他长期资产支付的现金；
- 投资支付的现金；
- 取得子公司及其他营业单位支付的现金净额；
- 支付其他与投资活动有关的现金。

3. 筹资活动中的现金流量的内容

筹资活动产生的现金流量至少应当单独列示反映下列信息的项目：

- 吸收投资收到的现金；
- 取得借款收到的现金；
- 收到其他与筹资活动有关的现金；
- 偿还债务支付的现金；
- 分配股利、利润或偿付利息支付的现金；
- 支付其他与筹资活动有关的现金。

14.1.4 现金流量表的格式

现金流量表是企业重要的会计报表，其格式及表中的项目都有严格的规定。在我国，新《企业会计准则》中规定，现金流量表的标准格式包括：

- 表头部分
- 正表部分

现金流量表的结构，如图 14.1 所示。

现金流量表

编制单位：　　　　年　月　　　　单位：元

项　目	本期金额	上期金额
一、经营活动产生的现金流量：		
销售商品、提供劳务收到的现金		
收到的税费返还		
收到其他与经营活动有关的现金		
经营活动现金流入　小计		
购买商品、接受劳务支付的现金		
支付给职工以及为职工支付的现金		
支付的各项税费		
支付其他与经营活动有关的现金		
经营活动现金流出　小计		
经营活动产生的现金流量　净额		
二、投资活动产生的现金流量：		
收回投资收到的现金		
取得投资收益收到的现金		
处置固定资产、无形资产和其他长期资产收回的现金净额		
处置子公司及其他营业单位收到的现金净额		
收到其他与投资活动有关的现金		
投资活动现金流入　小计		
购建固定资产、无形资产和其他长期资产支付的现金		
投资支付的现金		
取得子公司及其他营业单位支付的现金净额		
支付其他与投资活动有关的现金		
投资活动现金流出　小计		
投资活动产生的现金流量净额		
三、筹资活动产生的现金流量：		
吸收投资收到的现金		
取得借款收到的现金		
收到其他与筹资活动有关的现金		
筹资活动现金流入小计		
偿还债务支付的现金		
分配股利、利润或偿付利息支付的现金		
支付其他与筹资活动有关的现金		
筹资活动现金流出小计		
筹资活动产生的现金流量净额		
四、汇率变动对现金及现金等价物的影响		
五、现金及现金等价物净增加额		
加：期初现金及现金等价物余额		
六、期末现金及现金等价物余额		

图 14.1　现金流量表的结构

14.2　现金流量表的编制

编制现金流量表就是将企业相关活动中的现金流量分组显示出来。编制现金流量表最主要的工作有两项，即：

- 甄别现金流量的分类
- 按分录填写相应数据

现金流量是经济活动中现金及现金等价物的流入与流出量。根据企业经营中的经济活动性质的不同，可以将其中的现金流量分为 3 类，即：

- 经营活动产生的现金流量
- 投资活动产生的现金流量
- 筹资活动产生的现金流量

14.2.1 经营活动中产生的现金流量

经营活动是指企业投资活动和筹资活动以外的所有交易和事项。而经营活动中的现金流量就产生于经营活动的现金交易往来。不同类型的企业，其经营活动的内容是不同的，以商业销售型企业为例，其具体的经营活动主要包括：

- 销售商品
- 提供劳务
- 经营性租赁
- 购买商品
- 接受劳务
- 广告宣传
- 推销产品
- 交纳税款等

上述经营活动中的现金流入和流出，都要统计并填入相应的现金流量表的相关项目中。现金流量表的第一部分，即经营活动产生的现金流量部分，如图 14.2 所示。

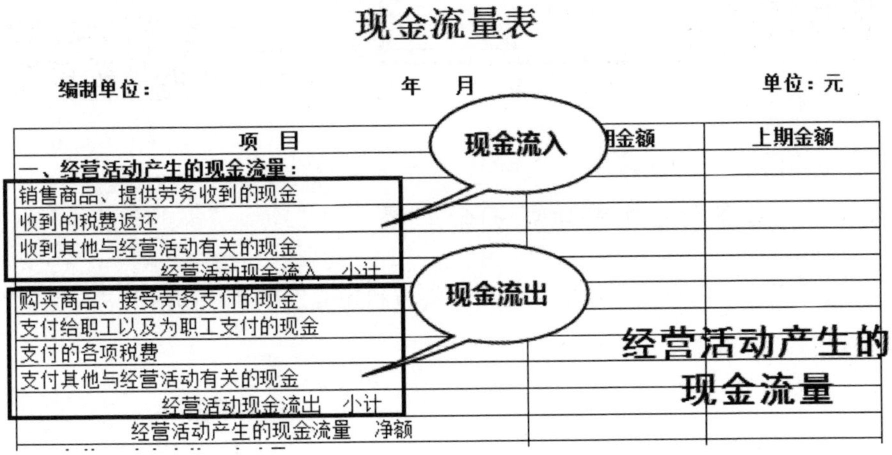

图 14.2 经营活动产生的现金流量部分

14.2.2 投资活动中产生的现金流量

现金流量表中的投资活动，是指企业长期资产的购建和不包括在现金等价物范围内的投资及其处置活动。主要包括：

- 取得投资的现金流入
- 收回投资的现金流入
- 固定资产的购建和处置
- 无形资产的购建和处置
- 其他长期资产的购建和处置等

上述投资活动中的现金流入和流出，都要统计并填入相应的现金流量表的相关项目中。现金流量表的第二部分，即投资活动中产生的现金流量部分，如图 14.3 所示。

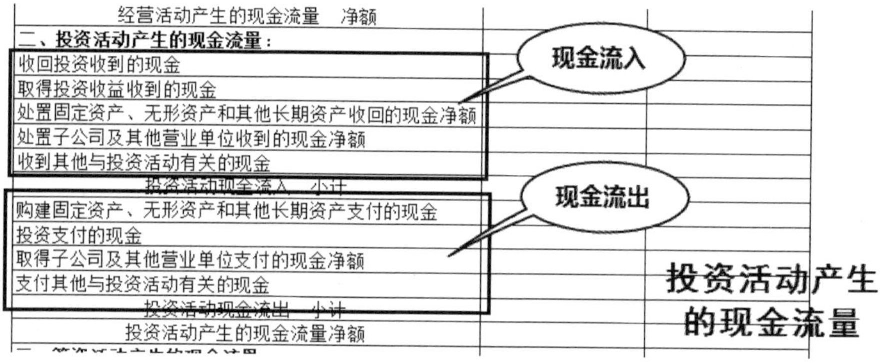

图 14.3 投资活动中产生的现金流量部分

14.2.3 筹资活动中产生的现金流量

筹资活动是指导致企业资本及债务规模和构成发生变化的活动。与资本有关的现金流入和流出项目包括：

- 吸收投资
- 发行股票
- 分配利润等

上述筹资活动中的现金流入和流出，都要统计并填入相应的现金流量表的相关项目中。现金流量表的第三部分，即筹资活动中产生的现金流量部分，如图 14.4 所示。

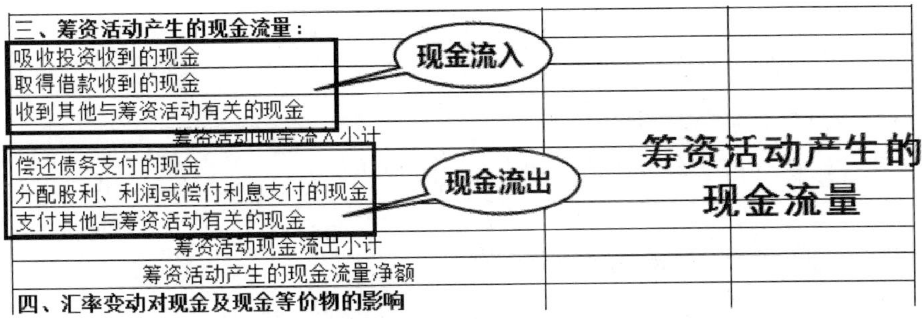

图 14.4　筹资活动中产生的现金流量部分

14.3　现金流量表的分析

现金流量表是企业财务报告的重要组成部分。在企业运营过程中，企业的现金及其等价物（以下简称为现金）的流动，能够反映企业在多个方面的财务表现。现金流量表就是将现金的流量统计在表格中，方便使用者查阅和分析。

虽然现金流量表在编制过程中对其格式进行了精心的设计，力求其具有鲜明的综合性和可比性。但是，其所包含的信息仍然只是原始的财务数据，只有运用科学的专业方法，加以疏理、分析，才能揭示企业财务状况变动的原因、后果及趋势，为报表使用者预测、决策提供正确的依据。

就现金流量表而言，可运用 3 种分析方法进行分析：

- 结构分析法
- 比率分析法
- 趋势分析法

14.3.1　现金流量表的结构分析

现金流量表的结构分析是指按照现金流量表的现金流量的分类，对各类现金流量进行的结构性分析，具体讲就是计算各类流量分别占现金及现金等价物净增加额的比重以及各自结构的分析。

现金流量表的结构分析包括：

- 经营活动产生的现金流量
- 投资活动产生的现金流量
- 筹资活动产生的现金流量

通过结构分析考察企业产生现金流量的能力。

14.3.2 现金流量表的比率分析

现金流量表的比率分析是以现金流量表的会计数据为基础，计算出相应的指标比率，用以对企业的相关情况进行分析的方法。

对现金流量表的比率分析，大致可分为3部分，即：

- 盈利质量分析
- 偿债能力分析
- 支付能力分析

14.3.3 现金流量表的趋势分析

现金流量表趋势分析是指在现金流量表的数据基础上，通过比较多个连续的报告期的数据对比，来对企业相关情况进行分析。

趋势分析就是发展走向分析，其主要是通过观察连续报告期的现金流量表，对报表中的全部或部分重要项目进行对比，比较分析各期指标的增减变化，并在此基础上判断其发展趋势，对未来做出预测的一种方法。

说明：在进行趋势分析时，选择的连续报告期的报表，应至少为两年以上。比较期越长，越能客观反映情况及趋势。

趋势分析注重可比性，具体问题具体分析。例如：

- 正常经营的同一企业在不同时期如果采用不同的财务政策，其现金流量表的变化并不能完全说明其财务状况的变化趋势；

- 筹建期或投产期的企业，经营活动的现金流量较少，筹资活动的现金流量较多，成熟期一般则相反。

因此，正确计算运用趋势百分比，可使报表使用者了解有关项目变动的基本趋势及其变动原因，在此基础上预测企业未来的财务状况，为其决策提供可靠的依据。

第 15 章

其他财务报表的编制

在现行的会计系统中，除了三大报表外，还有其他的财务报告和附表。这些报告或者作为三大主表的附表，或者作为报表之外的额外说明文件，都会对企业的管理者及投资人等有所帮助。

三大报表之外的财务报告，包括：

- 利润分配表
- 所有者权益变动表
- 财务状况变动表
- 财务报表附注
- 财务状况说明书等

说明：上述财务报告中，利润分配表、所有者权益变动表、财务状况变动表是表格形式，本章都会给出其标准格式的表格；财务报表附注和财务状况说明书则为报告形式，由于报告形式包含文字、图片、表格等多方面内容，所以无法直接给出实例报告。

15.1 利润分配表

利润分配表是利润表的附表，是年度会计报表系列中最主要的会计报表附表之一。其反映了企业在一定会计期间对实现净利润以及以前年度未分配利润的分配或者亏损弥补。利润分配表的相关数据，可以说明企业净利润的分配去向。

企业的利润可以从利润表中直接提取，利润表中的净利润，会在利润分配表中执行以下操作：

- 弥补上年亏损（如果无亏损，则直接将未分配利润纳入可分配利润）
- 提取盈余公积金
- 提取任意公积金及基金等
- 支付股利

15.1.1 利润分配表的基本内容

根据《企业会计准则》的规定，利润分配表需要表明企业利润分配的相关情况，因此，企业的利润分配表通常需要披露以下信息：

- 企业实现净利润的分配情况或亏损的弥补情况
- 利润分配的构成
- 年末未分配利润的数据

15.1.2 利润分配的步骤

为了将利润分配表的基本内容充分展示出来，利润分配表将企业的利润分配分成了 4 个步骤，每个步骤又包括了一系列相应的与利润分配相关的项目。利润分配表中利润分配的 4 个步骤如下：

- 第一步，填入净利润；
- 第二步，计算可供分配的利润；
- 第三步，计算可供投资者分配的利润；

- 第四步，结出当年的未分配利润。

15.1.3　利润分配表的格式

利润分配表与利润表的格式类似，也是由表头部分与主表部分组成的。表头部分包括利润分配表的标题、编制单位、编制日期及货币单位等信息；主表部分则根据利润分配的顺序，分 4 步进行计算和分配。

利润分配表的标准格式，如图 15.1 所示。

利润分配表

会企 02 表 附表 1

编制单位：　　　　2008/6/30　　　　单位：元

项　　目	行次	本年实际	上年实际
一、净利润	1		
加：年初未分配利润	2		
其他转入	3		
二、可供分配的利润	4		
减：提取法定盈余公积	5		
提取职工福利及奖励基金	6		
提供储备基金	7		
提供企业发展基金	8		
利润转作投资	9		
补充流动资本	10		
三、可供投资者分配的利润	11		
减：应付优先股股利	12		
提取任意盈余公积	13		
应付普通股股利	14		
转作资本（或股本）的普通股股利	15		
四、未分配利润	16		

图 15.1　利润分配表的标准格式

15.2 所有者权益变动表

所有者权益变动表能反映企业年末所有者权益（或股东权益）增减的变动情况。所有者权益（或股东权益）变动表各项目应根据以下科目的发生额分别填列：

- 股本
- 资本公积
- 盈余公积
- 利润分配-未分配利润等

15.2.1 所有者权益变动表的基本内容

新《企业会计准则》对所有者权益变动表需要列示的内容进行了详细设定。规定所有者权益变动表中，至少应当单独列示反映下列信息的项目：

- 净利润
- 直接计入所有者权益的利润和损失项目及其总额
- 会计政策变更和差错更正的累积影响金额
- 所有者投入资本和向所有者分配利润等
- 按照规定提取的盈余公积
- 实收资本（或股本）、资本公积、盈余公积、未分配利润的期初和期末余额及其调节情况

当期损益、直接计入所有者权益的利得和损失及与所有者（或股东）的资本交易导致的所有者（股东）权益的变动，应当分别列示。

15.2.2 所有者权益变动的格式

所有者权益变动表的基本内容及其标准格式，如图 15.2 所示。

所有者权益变动表

会企04表

编制单位：　　　　20　年度　　　　单位：元

项　目	本年金额						上年金额					
	实收资本（或股 本）	资本公积	减：库存股	盈余公积	未分配利润	所有者权益合计	实收资本（或股 本）	资本公积	减：库存股	盈余公积	未分配利润	所有者权益合计
一、上年年末余额												
加：会计政策变更												
前期差错更正												
二、本年年初余额												
三、本年增减变动金额（减少以“-”号填列）												
（一）净利润												
（二）直接计入所有者权益的利得和损失												
1. 可供出售金融资产公允价值变动净额												
2. 权益法下被投资单位其他所有者权益变动的影响												
3. 与计入所有者权益项目相关的所得税影响												
4. 其他												
（三）所有者投入和减少资本												
1. 所有者投入资本												
2. 股份支付计入所有者权益的金额												
3. 其他												
（四）利润分配												
1. 提取盈余公积												
2. 对所有者（或股东）的分配												
3. 其他												
（五）所有者权益内部结转												
1. 资本公积转增资本（或股本）												
2. 盈余公积转增资本（或股本）												
3. 盈余公积弥补亏损												
4. 其他												
四、本年年末余额												

所有者权益变动表

图 15.2　所有者权益变动表的基本内容及其标准格式

15.3　财务状况变动表

财务状况变动表是企业出具的一份动态报表，反映了公司资源的所有流入和流出活动，其主要内容包括：

- 展示企业在一定会计期间内各种资产、负债和所有者权益增减变化的原因；
- 分析资金取得的来源和运用的方向；
- 说明企业财务情况变动。

财务状况变动表是公司每年向其股东或证券管理委员会呈交的 3 种主要财务报表之一。企业一般在年度资产负债表出表后制作财务状况变动表，其主要内容是说明本年度资产负债表与上年度资产负债表之间的相关变化和财务变动。

作为向股东汇报的报告，财务变动表反映了企业资源的所有流入及流出活动，这些流入或流出的活动，不仅是由公司内部的经营活动造成的，还可能是由公司外部的融资与投资活动所引起的。

财务状况变动表的作用是报告本会计年度里所有流进公司的资金来源以及这些资金被运用的具体情况。

常见的财务状况变动表的样式，如表15.1所示。

表15.1 财务状况变动表的样式

项　目	行　次	金　额
营运资本来源		
经营活动产生的营运资本：		
本年利润		
调节项目		
折旧费用		
无形资产摊销		
递延所得税贷项增加		
债券折价摊销		
出售固定资产损失		
长期股权投资损失		
出售无形资产利益		
营运资本的其他来源：		
举借长期借款		
出售无形资产		
出售固定资产		
不涉及营运资本的其他来源：		
发行股本交换固定资产		
营运资本来源　合计：		
营运资本用途：		
营运资本的其他用途：		
赎回债券本金		
购置固定资产		
发放现金股利		
不涉及营运资本的其他用途：		
购置固定资产以发行股本换取		
营运资本用途 合计：		
本期营运资本增加数		
期初营运资本余额		
期末营运资本余额		

15.4 财务报表附注

财务报表附注是对在资产负债表、利润表、现金流量表和所有者权益变动表等报表中列示项目的文字描述或明细资料，以及对未能在这些报表中列示项目的说明等。其一般与其他说明性文字资料，集合在财务报告中，主要以文字文件的形式，说明财务报表中的未尽事宜等。

《企业财务报告条例》中，对财务报表附注的披露内容有着明确的规定。附注一般应当按照下列顺序披露：

（一）财务报表的编制基础；

（二）遵循企业会计准则的声明；

（三）重要会计政策的说明，包括财务报表项目的计量基础和会计政策的确定依据等；

（四）重要会计估计的说明，包括下一会计期间内很可能导致资产、负债账面价值重大调整的会计估计的确定依据等；

（五）会计政策和会计估计变更以及差错更正的说明；

（六）对已在资产负债表、利润表、现金流量表和所有者权益变动表中列示的重要项目的进一步说明，包括终止经营税后利润的金额及其构成情况等；

（七）或有和承诺事项、资产负债表日后非调整事项、关联方关系及其交易等需要说明的事项。

《企业财务报告条例》还对何时披露股利发放的消息做出了规定：企业应当在附注中披露在资产负债表日后、财务报告批准报出日前提议或宣布发放的股利总额和每股股利金额（或向投资者分配的利润总额）。

第16章

报　　税

报税主要是指纳税申报，是指会计人员或专职报税员面向国家税务相关部门进行的企业纳税申报、缴纳等一系列工作。由于税务的缴纳一般都可以由银行代缴，所以税务方面的工作主要还是税务的申报工作，所以会计部门的税务工作就称为“报税”。

企业的税务工作是一项非常重要，也非常严谨的工作，由于国家税务工作的严肃性，所以报税工作稍有不慎就可能产生一些不必要的损失，如多报税少扣税、罚款等，所以企业的报税工作一般是由专人来负责的。

16.1　国税与地税的区分

国税和地税是指企业在报税时要面对的两大税务系统。这两大税务系统分属不同的国家职能部门，其征收和管理的税种不同，税务收入的支配部门也不同。

16.1.1 国税系统负责征收管理的税种

国税即国家税务局系统，是由国家税务总局垂直领导的，分管增值税、消费税、外商投资企业所得税和外国企业所得税，以及 2002 年 1 月 1 日以后新的企业所得税。国税向企业收缴的税务收入，基本纳入国家财政，由国家统一支配，是国家财政收入的一部分。

国税系统负责征收管理的税种，具体如下：

- 增值税
- 消费税
- 进口产品增值税、消费税、直接对台贸易调节税（海关代征）
- 铁道、各银行总行、保险总公司集中缴纳的营业税、所得税、城市维护建设税
- 中央企业所得税
- 地方银行和外资银行非银行金融企业所得税
- 海洋石油企业所得税、资源税
- 证券交易税
- 境内外商投资企业和外国企业的增值税、消费税、所得税
- 出口产品退税管理
- 集贸市场和个体户的增值税、消费税
- 中央税的滞补罚收入
- 按中央税、中央地方共享税附征的教育费附加

16.1.2 地税系统负责征收管理的税种

地税是指地方税务局系统，是指各省、市等地方级的税务局系统。省级地方税务局受省级人民政府和国家税务总局双重领导，省级以下地方税务局系统由省级地方税务机关垂直领导。地税的税务收入，一般由所在地的地方财政统一管理，是地方财政收入的重要部分。地税分管国税管理税种之外的其他税种。具体税种如下：

- 营业税
- 个人所得税
- 土地增值税
- 城市维护建设税
- 车辆使用税
- 房产税
- 屠宰税
- 资源税
- 城镇土地使用税
- 固定资产投资方向调节税
- 地方企业所得税
- 印花税
- 筵席税
- 地方税的滞补罚收入
- 地方营业税附征的教育费附加

16.2 各税种纳税申报的期限

根据《中华人民共和国税收征收管理法》第二十五条的规定，在我国，法定的纳税申报期限只有两种：

- 法律、行政法规规定的纳税申报期限；
- 税务机关依据法律、法规的规定而确定的纳税申报期限。

按照现行的税收法律和法规的规定，我国现行税种的纳税申报期限可以概括如下。

1. 增值税

增值税的纳税期限为1日、3日、5日、10日、15日或者1个月。

纳税人的具体纳税期限由主管税务机关根据纳税人的应纳税额的大小核

定；不能按固定期限纳税的，可以按次纳税。纳税人以一个月为纳税期限的，自期满之日起 10 日内申报纳税；以 1 日、3 日、5 日、10 日或者 15 日为一个纳税期限的，自期满之日起 5 日内预缴税款，于次月 10 日内申报纳税并结清上月应纳税款。纳税人进口货物的，应当自海关填发税款缴纳凭证的次日起 7 日内缴纳税款。

2. 消费税

消费税的纳税期限及具体规定同增值税。

3. 营业税

营业税的纳税期限，分别为 5 日、10 日、15 日或者 1 个月。

纳税人的具体纳税期限，由主管税务机关根据纳税人应纳税额的大小分别核定；不能按照固定期限纳税的，可以按次纳税。纳税人以 1 个月为纳税期限的，自期满之日起 10 日内申报纳税；以 5 日、10 日或者 15 日为纳税期限的，自期满之日起 5 日内预缴税款，于次月 1 日起 10 日内申报纳税并结清上月应纳税款。扣缴义务人的解缴税款期限，比照前两款的规定执行。银行、财务公司、信托投资公司、信用社等从事金融业的纳税人的纳税期限为 1 个季度，其他从事金融业的纳税人的纳税期限为 1 个月，保险业的纳税期限为 1 个月。

4. 城建税

由于城建税是由纳税人在缴纳增值税、消费税及营业税时同时缴纳的，所以其缴纳期限与上述三税的期限一致。

5. 资源税

纳税人的纳税期限为 1 日、3 日、5 日、10 日、15 日或者 1 个月，由主管税务机关根据实际情况具体核定。

不能按固定期限计算纳税的，可以按次计算纳税。纳税人以 1 个月为纳税期限的，自期满之日起 10 日内申报纳税；以 1 日、3 日、5 日、10 日或者 15 日为纳税期限的，自期满之日起 5 日内预缴税款，于次月 1 日起 10 日内申报纳税并结清上月税款。扣缴义务人的解缴税款期限，比照前两款的规定执行。

6. 车辆购置税

纳税人购买自用应税车辆的，应当自购买之日起 60 日内申报纳税；进口自用应税车辆的，应当自进口之日起 60 日内申报纳税；自产、受赠、获奖或者以其他方式取得并自用应税车辆的，应当自取得之日起 60 日内申报纳税。车辆购置税税款应当一次缴清。

说明："购买之日"，指纳税人购车发票上注明的销售日期；"进口之日"，指纳税人报关进口的当天。

7. 企业所得税

缴纳企业所得税，按年计算，分月或者分季预缴。

月份或者季度终了后 15 日内预缴，年度终了后 4 个月内汇算清缴，多退少补。纳税人应当在月份或者季度终了后 15 日内，向其所在地主管税务机关报送会计报表和预缴所得税申报表；年度终了后 45 日内，向其所在地主管税务机关报送会计决算报表和所得税申报表。

8. 外商投资和外国企业所得税

外商投资企业和外国企业缴纳企业所得税和地方所得税，按年计算，分季预缴。季度终了后 15 日内预缴；年度终了后 5 个月内汇算清缴，多退少补。

外商投资企业和外国企业在中国境内设立的从事生产、经营的机构、场所应当在每次预缴所得税的期限内，向当地税务机关报送预缴所得税申报表；年度终了后 4 个月内，报送年度所得税申报表和会计决算报表。

9. 个人所得税

除特殊情况外，纳税人、扣缴义务人应在取得应纳税所得或者代扣代收税款的次月 7 日内向主管税务机关申报所得并缴纳税款。

10. 土地增值税

纳税人应当自转让房产合同签订之日起 7 日内向主管税务机关办理纳税申报。

11. 房产税

房产税按年征收、分期缴纳。纳税期限由省、自治区、直辖市人民政府规定。

12. 城镇土地使用税

城镇土地使用税按年计算、分期缴纳。缴纳期限由省、自治区、直辖市人民政府确定。

13. 车船使用税

车船使用税按年征收、分期缴纳。纳税期限由省、自治区、直辖市人民政府确定。

14. 契税

纳税人应在纳税义务发生之日起 10 日内，向土地、房屋所在地的契税征收机关办理纳税申报，并在契税征收机关核定的期限内缴纳税款。

16.3 纳税申报方式

纳税的申报方式有很多，从传统的会计上税务局报税，到网上申报，纳税的申报方式正在一步步走向完善、正在向更便于纳税人申报的方向发展。下面将介绍目前现有的纳税申报方式。

说明：不管是哪种申报方式，都必须在法定纳税申报期内，否则纳税申报无效。

16.3.1 上门申报

上门申报是指纳税人携带《地方税费申报表》，以及与地方税费申报相关的资料于规定期限之前到税务机关办税服务厅，办理地方税费申报事项。上门申报的方式适用于所有纳税人，且无须申请办理，只要报税人员带齐相关资料即可。

上门申报的步骤如下：

（1）在法定的纳税申报期内，由纳税人自行计算、自行填写缴款书并向银行缴纳税款。然后持纳税申报表、缴款书和有关资料，向税务机关办理申报；

（2）纳税人在银行开设税款账户，按期提前储入当期应纳税款，并在法定的申报纳税期内向税务机关报送纳税申报表和有关资料，由税务机关通知银行划款入库；

（3）在法定的申报纳税期内，纳税人持纳税申报表和有关资料，及应付税款等额支票，报送税务机关；税务机关集中报数清单、支票，统一交由国库办理清算。

16.3.2 网上电子申报认定及管理

网上电子申报是指纳税人登录税务部门指定的"网上办税系统"，向税务机关进行纳税申报，然后该系统自动从纳税人指定账户划缴税款的一种电子申报纳税方式。网上电子申报的步骤如下。

（1）纳税人登录税务部门指定的"网上办税系统"；

（2）税务机关对纳税人的电子申报信息进行审核；

（3）审核通过后，由纳税人发出缴款指令；

（4）系统自动从纳税人指定账户划缴税款入库。

网上申报纳税是近年来兴起的报税方式，目前被广泛地应用在具备互联网条件的地区。网上申报纳税适用于下列纳税人、扣缴义务人和委托代征人：

- 具备进入互联网条件；
- 熟悉电脑操作；
- 实行查账征收方式。

16.3.3 电话申报纳税

电话申报纳税是指纳税人通过纳税服务热线进行电话报税的一种申报纳税方式。其办理的相应步骤如下：

（1）拨打纳税服务热线电话"12366"，进入税务机关的电话报税服务系系统；

（2）根据电话语音提示，输入操作指令；

（3）完成纳税申报和税款缴纳。

电话申报纳税也是一种常见的申报纳税方式，其主要适用于下列纳税人、扣缴义务人和委托代征人：

- 愿意采用电子申报纳税方式，但不具备互联网使用条件；
- 不熟悉电脑操作；
- 实行查账征收方式。

16.3.4 简易申报（银行批量扣税）

根据《征管法实施细则》第三十六条规定："实行定期定额缴纳税款的纳税人，可以实行简易申报、简并申报等申报纳税方式"，所以对于定期定额纳税的纳税人，可以到期直接通过银行扣税的方式缴纳税款，无须再进行申报。

简易申报的申报步骤如下：

（1）纳税人申请简易申报；

（2）税务机关审批并通过简易申报资格；

（3）纳税人到指定银行开设税款预储账户；

（4）税务机关通知银行划缴税款。

简易申报方式极大地方便了纳税人和税务机关，通过银行的定期扣缴简化了原来的税务申报流程，提高了税务申报和缴纳的效率。简易申报方式主要适用于下列纳税人、扣缴义务人和委托代征人：

- 未建账或财务制度不健全的；
- 实行定期定额征收。

16.3.5 邮寄申报

邮寄纳税申报是纳税人通过信函手段，向税务机关进行纳税申报，完成纳税义务的一种方式。其申报的步骤如下：

（1）在规定的申报期限内，纳税人把纳税申报表及有关纳税资料，装入纳税申报专用信封，邮寄给税务机关；

（2）税务机关对申报资料进行审批；

（3）税务机关在纳税人的纳税申报表中加盖“已认证抄税”条形章；

（4）税务机关将申报纳税资料转至申报征收窗口，作申报征收处理。

邮寄申报主要适用于下列纳税人、扣缴义务人和委托代征人：

- 财务制度健全
- 核算水平较高
- 办税人员能力较强
- 实行查账征收
- 纳税较规范

16.4 主要税种及纳税申报流程

在进行纳税申报时，企业应尽量采用网上报税的方式，一是不用到税务办理大厅排队办理，二是资料也比较齐备。但是目前我国的网上申报还不够普及，上门申报的方式还在大量使用，所以本节就以上门申报的方式为例，概述几个主要税种的纳税申报流程及所需要的相关资料。

16.4.1 增值税、消费税申报

纳税人应在次月 1 日到 10 日内自行或委托社会中介机构到所在地国税机关办税服务厅纳税申报窗口办理纳税申报，申报时须持下列资料：

（1）纳税申报表

（2）财务会议报表及说明资料

增值税一般纳税人还需要提供：

- 增值税申请抵扣凭证
- 发票领、用、存的月报表
- 增值税销项税额和进项税额明细表
- 国税机关要求申报的其他资料

16.4.2 营业税申报

金融业营业税纳税人在季度终了 10 日内办理纳税申报，保险业营业税纳税人在月份终了 10 日内办理纳税申报，申报时必须持以下资料：

（1）营业税申报表

（2）财务会议报表及说明资料

（3）其他要求申报的资料

16.4.3 企业所得税纳税申报

企业所得税纳税人应当在月份或季度终了 15 日内申报预缴，年度终了 45 日内进行年度申报（汇总纳税成员企业和单位在季度终了 15 日内或年度终了 45 日内向所在地税务机关报送申报表），年度终了四个月汇算清缴。申报时必须持以下资料：

1. 季度预缴

（1）所得税申报表

（2）财务会计报表及说明资料

2. 年度汇缴

（1）所得税申报表

（2）所得税申报表附表

（3）财务会计报表及说明资料

（4）其他资料

16.5 营业税改增值税的操作方法

自 2012 年 1 月 1 日起，我国陆续在上海市、北京市、江苏省、安徽省、福建省、广东省、天津市、浙江省、湖北省进行了营业税改增值税的试点工作。2013 年后，我国还将在其他省、市继续扩大试点范围。

16.5.1 营业税改增值税试点的纳税义务人

在实施试点的地区，企业如何判断自身是否纳入营业税改增值税的试点呢？符合以下情形是纳入营业税改增值税试点的纳税义务人。

（1）纳税人应当是试点地区内的单位和个人，以及向试点地区内的单位和个人提供应税服务的增外单位和个人。

（2）纳税人必须有发生在中华人民共和国境内的应税行为，且应税行为的范围限于应税服务，即提供交通运输业和部分现代服务业服务。

部分现代服务业服务包括：研发和技术服务、信息技术服务、文化创意服务、物流辅助服务、有形动产租赁服务、鉴证咨询服务。

（1）研发和技术服务：如研究与试验开发新产品、新工艺和新材料的业务活动、技术转让（如专利权）、咨询服务（如专业知识咨询）、工程勘察勘探服务。

（2）信息技术服务：如软件开发咨询维护服务、电路设计及测试服务、信息系统服务和业务流程管理服务（呼叫中心、电子商务平台等服务）。

（3）文化创意服务：包括设计服务（如平面设计、包装设计、动漫设计等）、商标著作权转让服务、知识产权服务（处理知识产权事务：代理、登记、鉴定、评估、认证、咨询）广告服务和会议展览服务。

（4）物流辅助服务：如航空、港口码头、打捞求助、代理报关、货运客运场站、货物运输代理、仓储和装卸搬运等服务。

（5）有形动产租赁服务：包括融资租赁和经营性租赁。如出租公共自行车、融资租赁机器设备等服务。

（6）鉴证咨询服务：包括认证服务、鉴证服务。如会计、律师事务所的业务活动，财务报表审计、验资、特殊目的财务报表审计、内容控制审计等。相关服务如代编财务报表、财税咨询等。

例如，广州市蓝创广告公司在营业税改增值税试点前属于营业税范围。营业税改增值税后，广州市蓝创广告公司的广告业务需要缴纳增值税。

说明：因为广告业，属于部分现代服务业中的文化创意服务业，属于本次营业税改增值税的范畴。

例如，安达集团公司在全国设多个子公司，分别从事不同的业务，在营业税改增值税前后的纳税情况如下：

（1）安达浙江子公司在浙江省从事有形动产租赁服务，在营业税改增值税试点前属于营业税范围，营业税改增值税后，需要缴纳增值税。

（2）安达安徽子公司在安徽省从事娱乐业服务，在营业税改增值税试点前属于营业税范围，营业税改增值税后还是缴纳营业税。

（3）安达四川子公司在四川省从事国际货物运输服务。在营业税改增值税试点前属于营业税范围，营业税改增值税后还是缴纳营业税。

（4）安达天津子公司在天津市提供园林绿化服务。在营业税改增值税试点前属于营业税范围，营业税改增值税后还是缴纳营业税。

说明：安达浙江子公司，浙江省属于试点地区，有形动产租赁属于部分现代服务业中的有形动产租赁服务，所以纳入本次营业税改增值税范畴。安达安徽子公司，安徽省也属于试点地区，但是娱乐业未列入本次营业税改增值税范围，所以还是缴纳营业税。安达四川子公司，四川省不属于试点地区，但国际货物运输属于交通运输业，所以纳入本次营业税改增值税范畴。安达天津子公司，天津市属于试点地区，但提供园林绿化服务暂不属于本次营业税改增值税范畴，所以还是缴纳营业税。

16.5.2 营业税改增值税试点的纳税人的纳税标准

在进行增值税计缴时，纳税人也分为一般纳税人和小规模纳税人。试点方案规定：

（1）应税服务的年应征增值税销售额（以下称应税服务年销售额）超过500万元（含）为一般纳税人，未超过500万元的纳税人为小规模纳税人。

例如，路路顺公司应税服务年销售额500万元以上，属于一般纳税人。

（2）应税服务年销售额超过规定标准的其他个人不属于一般纳税人；非企

业性单位、不经常提供应税服务的企业和个体工商户可选择按照小规模纳税人纳税。

例如，张小华个人提供应税服务年销售额超过500万元，按照标准1应为一般纳税人。但是张小华属于其他个人，所以不属于一般纳税人。

又如，广州市老干部活动中心属于行政事业单位，属于不经常提供应税服务的单位，则可以选择按小规模纳税人纳税。

（3）小规模纳税人会计核算健全，能够提供准确税务资料的，可以向主管税务机关申请一般纳税人资格认定，成为一般纳税人。会计核算健全是指能够按照国家统一的会计制度规定设置账簿，根据合法、有效凭证核算。

例如，广州市比得利公司应税服务年销售额在500万元以下，本属于小规模纳税人。但是广州市比得利公司会计制度健全，向主管税务机关广州市国家税务局申请一般纳税人资格认定，可以成为一般纳税人。

（4）试点纳税人中的一般纳税人提供的公共交通运输服务（包括轮客渡、公交客运、轨道交通、出租车），可以选择按照简易计税方法计算缴纳增值税。

例如，广州市华穗公交公司是提供公交客运的，属于公共交通运输服务业，可以选择按照简易计税方法计算缴纳增值税。

16.5.3 营业税改增值税的税率和征收率

在现行增值税17%标准税率和13%低税率基础上，新增以下几档税率：

（1）提供有形动产租赁服务，税率为17%。

例如，融资租赁机器设备、出租出借公共自行车服务等，按17%的税率征收。

（2）提供交通运输业服务，税率为11%。

例如，陆路的汽车货运服务、在水路提供的货船运输服务、航空公司提供的航空运输服务和石油管道提供的石油运输服务都按11%的税率征收。

（3）提供现代服务业服务（有形动产租赁服务除外），税率为6%。

除了有形动产租赁服务外的其他现代服务业服务，例如，前面提供的研发技术服务、信息技术服务、文化创意服务等按6%税率征收。

（4）试点地区的单位和个人提供的国际运输服务、向境外单位提供的研发服务和设计服务适用增值税零税率。

（5）小规模纳税人提供应税服务的征收率为3%。

（6）一般纳税人如有符合规定的特定项目，可以选择适用简易计税方法，征收率为3%。

16.5.4 营业税改增值税的销售额确定

1. 试点方案中的销售额定义

营业税改增值税纳税人的销售额是指纳税人提供应税服务取得的全部价款和价外费用。

例如，路路顺运输公司提供了广州市到江苏省的货物运输服务，收取运输费10万元，还收取了装卸费和额外服务费2万元。因为另外收取的2万元属于价外费用，也需要合并到运输费中作为路路顺运输公司的销售额计缴增值税。所以计算缴纳增值税的销售额为12（10+2=12）万元。

2. 关于销售额的特殊规定

在《试点有关事项的规定》中明确的3种情况如下。

（1）试点纳税人提供应税服务，按照国家有关营业税政策规定差额征收营业税的，允许其以取得的全部价款和价外费用，扣除支付给非试点纳税人（指试点地区不按照《试点实施办法》缴纳增值税的纳税人和非试点地区的纳税人）价款后的余额为销售额。

例如，路路顺运输公司原来是享受国家有关营业税政策规定差额征收营业税的运输企业。在2012年11月提供了广州市到湖南省的货物运输服务，收取了价款为20万元的运输费和3万元价外费用。此外，路路顺运输公司又支付了 10万元的运费给在非试点地区的湖南省顺顺利运输公司，并取得了顺顺利运输公司开具的公路内河运输发票上注明的运费为 10 万元。计算缴纳增值税的销售额为13万元。

说明：另外收取 31 万元属于价外费用，也需要合并到运输费中作为路路顺运输公司的销售额计缴增值税。

此外，由于路路顺运输公司原属于差额征收营业税的纳税人，支付给非试点纳税人顺顺利运输公司的10万元运费，取得了公路内河运输发票，这10万元可以扣除。

所以计缴增值税的销售额为20+3−10=13万元。

（2）试点纳税人中的小规模纳税人提供交通运输业服务和国际货物运输代理服务，按照国家有关营业税政策规定差额征收营业税的，其支付给试点纳税人的价款，也允许从其取得的全部价款和价外费用中扣除。

例如，广州市东达运输公司原来是享受国家有关营业税政策规定差额征收营业税的运输企业，且属于小规模纳税人。在2012年11月提供了广州市内的货物运输服务，收取了价款为7万元的运输费。此外，广州市东达运输公司又支付了3万元的运费给广州市内另一家顺达运输公司，并取得了发票。那么计缴增值税的销售额为4万元。

说明：东达公司是试点地区的小规模纳税人，东达公司支付给试点纳税人顺达运输公司的价款可以扣除。

所以计缴增值税的销售额为7−3=4万元

（3）试点纳税人中的一般纳税人提供国际货物运输代理服务，按照国家有关营业税政策规定差额征收营业税的，其支付给试点纳税人的价款，也允许从其取得的全部价款和价外费用中扣除；其支付给试点纳税人的价款，取得增值税专用发票的，不得从其取得的全部价款和价外费用中扣除。

允许扣除价款的项目，应当符合国家有关营业税差额征税政策规定。

例如，广州市路路通运输公司原来是享受国家有关营业税政策规定差额征收营业税的运输企业，且属于一般纳税人纳税人。在2012年11月提供了国际货物运输代理服务，收取了价款为30万元的运输代理服务费。支付5万元的运费给广州市内另一家顺达运输公司，并取得了增值税专用发票。此外，还支付了5万元的运费给广州市东达运输公司，取得增值税普通发票。那么计缴增值税的销售额为25万元。

说明：路路通公司是试点地区的一般纳税人，路路通公司支付给试点地区的一般纳税人顺达运输公司的运费，取得了增值税专用发票，增值税的进项税额可以抵扣增值税的销项税额，但是不扣除销售额。

此外，支付了5万元的运费给试点地区的另一家小规模纳税人东达运输公司，未能取得增值税专用发票，允许从其取得的全部价款和价外费用中扣除。

所以计缴增值税的销售额为30–5=25万元。

16.5.5 营业税改增值税一般纳税人应纳税额的计算

1. 营业税改增值税一般纳税人的应纳税额计算公式

应纳税额=当期销项税额–当期准予扣除的进项税额

2. 销项税额的计算

营业税改增值税的销项税额计算公式如下：

销项税额=销售额×税率

3. 进项税额的计算

准予扣除的进项税额=当期进项税额–当期进项税额转出

（1）准予抵扣的进项税额

准予抵扣的进项税额需要满足下面的要求：

- 从销售方或提供方取得的增值税专用发票上注明的增值税额；
- 从海关取得的海关进口增值税专用缴款书上注明的增值税额；
- 购进农产品，除取得增值税专用发票或者海关进出口增值税专用缴款。

说明：按照农产品收购发票或者销售发票上注明的农产品买价和13%的扣除率计算进项税额。

- 接受交通运输业服务，除取得增值税专用发票外，按照运输费用结算单据上注明的运输费用金额和7%的扣除率计算的进项税额

说明：运输费用金额是指运输费用结算单据上注明的运输费用和建设基

金，不包括装卸费、保险费等其他杂费。

- 接受境外单位或者个人提供的应税服务，从税务机关或者境内代理人取得的解缴税款的中华人民共和国通用税收缴款书上注明的增值税额。

说明：准予抵扣的进项税额在原来的基础上新增了税收通用缴款书的凭据。

（2）不得从销项税额中抵扣的进项税额

不得从销项税额中抵扣的进项税额如下：

- 用于适用简易计税方法计税项目、非增值税应税项目、免征增值税项目、集体福利或者个人消费购进货物、接受的加工修理修配劳务或者应税服务；
- 非正常损失的购进货物及相关的加工修理修配劳务和交通运输业服务；
- 非正常损失的在产品、产成品所耗用的购进货物（不包括固定资产）、加工修理修配劳务或者交通运输业服务；
- 接受的旅客运输劳务；
- 自用的应征消费税的摩托车、汽车、游艇。

（3）当期销项税额小于当期进项税额不足抵扣时，其不足部分可以结转下期继续抵扣。

16.5.6 实例1：广告业的营改增计算

广州市永华广告公司原来是享受国家有关营业税政策规定差额征收营业税的广告企业，为增值税一般纳税人。2012年11月对外提供广告服务取得收入116万元（含税），接受一般纳税人利比得设计公司提供的设计服务费50万元（不含税），接受湖南省世昊广告公司提供的广告服务费10万元。计算11月份应纳增值税额是3万元。

说明：广州市永华广告公司属于营业税改增值税试点地区的一般纳税人，

且原为享受国家有关营业税政策规定差额征收营业税的广告企业。

（1）接受非试点地区湖南省世昊广告公司提供的广告服务可扣除其销售额。所以含税销售额为 116–10=106 万元。

（2）广告业属于营业税改增值税的现代服务业的文化创意服务，适用税率为 6%。

增值税销项税额为 106/（1+6%）×6%=6 万元

（3）增值税进项税额为 50×6%=3 万元

（4）那么 11 月份应纳增值税额为 6–3=3 万元。

16.5.7 实例 2：运输业的营改增计算

广州市路路通运输公司原来是享受国家有关营业税政策规定差额征收营业税的运输企业，为增值税一般纳税人。2012 年 11 月取得国内货运收入 161 万元，支付给在非试点地区的湖南省顺顺利运输公司运费 50 万元，并取得了交通运输业专用发票；支付给小规模纳税人中山市运通公司运费 2 万元（含税），并取得增值税普通发票。支付给小规模纳税人东莞市速达公司运费 10 万元（含税），并取得对方到税局代开的增值税专用发票。假设广州市路路通运输公司本月无其他进项税额，期初无留抵税额，那么广州市路路通运输公司 11 月份应缴纳的增值税为 10.3 万元。

说明：广州市路路通运输公司是原属于差额征收营业税的纳税人，支付给非试点纳税人湖南省顺顺利运输公司的 50 万元运费，取得了交通运输业专用发票，这 50 万元可以扣除。

（1）计缴增值税的销售额是 161–50=111 万元。

销项税额为=111/（1+11%）×11%=11 万元。

（2）支付给试点地区的小规模纳税人中山市运通公司的 2 万元运费，因为未取得增值税专用发票，所以不能抵扣。

（3）支付给试点地区的小规模纳税人东莞市速达公司 10 万元（含税）运费，并取得增值税专用发票，可以按 7%抵扣。

当期准予扣除的进项税额=10×7%=0.7 万元。

（4）那么广州市路路通运输公司 11 月份应缴纳的增值税为 11–0.7=10.3 万元。

16.5.8 实例 3：鉴证咨询服务业的营改增计算

2013 年 1 月，广州市宏建律师事务所本月收到律师服务收入 100 万元（不含税），开具增值税专用发票，当月支付湖南省律师费用 20 万元。本月购买了办公用的手提电脑两台，价款合计 1 万元（不含税），并取得了增值税专用发票，税额 0.17 万元。假设广州市宏建律师事务所本月无其他进项税额，期初也无留抵税额，那么广州市宏建律师事务所 1 月份应缴纳的增值税为 5.83 万元。

说明：广州市宏建律师事务所属于营业税改增值税的鉴证咨询服务业，适用 6%的税率。

（1）销项税额为=100×6%=6 万元。

（2）广州市宏建律师事务所原不属于差额征收营业税的纳税人，所以支付给非试点地区的律师费不能扣除。

（3）本月购买的固定资产，并取得了增值税专用发票，可以按增值税专用发票上注明的进项税额抵扣。

进项税额为 0.17 万元。

（4）那么广州市宏建律师事务所 1 月份应缴纳的增值税为=6–0.17=5.83 万元

16.5.9 实例 4：小规模纳税人的营改增计算

营业税改增值税小规模纳税人的应纳税额计算公式如下：

应纳税额=不含税销售额×征收率

其中，不含税销售额=含税销售额/（1+征收率）。

营业税改增值税小规模纳税人的特殊规定有两点：

（1）小规模纳税人的增值税征收率统一为 3%。

（2）小规模纳税人不能抵扣进项税额。

以下通过不同行业类型的营业税改增值税小规模纳税人企业的实例讲解，加深对营业税改增值税的运用。

（1）营业税改增值税的广告业实例讲解

广州市新世纪广告公司原来是享受国家有关营业税政策规定差额征收营业税的广告企业，为增值税小规模纳税人。2012 年 11 月取得广告费收入（含增值税）11.3 万元，支付一般纳税人中山市天圆广告代理公司的广告费 2.12 万元（含增值税）；支付湖南省天一广告代理公司的广告费 1 万元。该企业本月应缴纳的增值税税额为 0.3 万元。

说明：广州市新世纪广告公司属于小规模纳税人，统一采用 3% 的征收率，不能抵扣进项税额。所以支付给中山市天圆广告代理公司的广告费 2.12 万元不能抵扣。

此外，广州市新世纪广告公司原属于享受国家有关营业税政策规定差额征收营业税的广告企业，支付非试点地区的湖南省天一广告代理公司的广告费可以扣除销售额。

所以应纳增值税额为（11.3−1）/（1+3%）×3%=0.3 万元。

（2）营业税改增值税的研发和技术服务业实例讲解

2013 年 1 月，广州市珍宝生物科技公司（小规模纳税人）取得收入研发和技术服务收入 5 万元（含税），购置原材料 4 万元（含税），那么该企业本月应缴纳的增值税的税额为 0.15 万元。

说明：广州市珍宝生物科技公司属于小规模纳税人，统一采用 3% 的征收率，不能抵扣进项税额，所以购置的原材料不能抵扣。

所以应纳增值税额为 5/（1+3%）×3%=0.15 万元。

（3）营业税改增值税的运输业实例讲解

广州市东达运输公司原来是享受国家有关营业税政策规定差额征收营业税的运输企业，且属于小规模纳税人。在 2012 年 12 月提供了广州市内的货物运输服务，收取了价款为 20 万元的运输费。此外，广州市东达运输公司又支付了 10 万元的运费给湖南省捷达运输公司，并取得了交通运输业发票。那么计缴增值税的销售额为 3 万元。

说明：东达公司是试点地区的小规模纳税人，东达公司支付给非试点纳税人捷达运输公司的价款，可以扣除。

所以计缴增值税的销售额为 20–10=10 万元

应纳增值税额为 10×3%=3 万元。

16.5.10 营业税纳税人和试点一般纳税人税负比较

实行了营业税改增值税后，试点一般纳税人为生产购进的原料和固定资产等可以抵扣，总的税负水平会低于营业税纳税人。

以下以营业税改增值税的运输企业为例，分析试点一般纳税人和营业税纳税人的税负：

广州交通货运企业路路通公司为生产企业俊杰公司（一般纳税人）提供运输劳务，取得收入 100 万元（不含税），其中耗用油品等花费 40 万元（不含税），耗用货运客运场站服务和运输工具修理费 10 万元（不含税），均取得增值税专用发票。企业俊杰公司须支付 111 万元。

分析：

（1）营业税改增值税改革前

路路通公司按照 3%的税率缴纳营业税 100×3%＝3 万元。

俊杰公司按照 7%计算进项税额抵扣 100×（1+11%）×7%＝7.77 万元

（2）营业税改增值税改革后

路路通公司应缴纳增值税 100×11%–（40+10）×17%＝11–8.5=2.5 万元。

俊杰公司按照 11%计算进项税额抵扣 100×11%＝11 万元

（3）营业税改增值税改革前后税负对比

路路通公司税负差异 3–2.5=0.5 万元

即营业税改增值税改革后，路路通公司少缴纳了 0.5 万元的税。

俊杰公司进项税额抵扣差异 11–7.77=3.23 万元

即营业税改增值税改革后，俊杰公司的进项税额多抵扣了 3.23 万元的税。

（4）营业税改增值税改革前后税负对比结果分析

由上述分析可知路路通公司和俊杰公司营业税改增值税改革前后合计差异 3.73 万元，这尚未包括路路通公司购买运输工具的进项税额抵扣。

第 17 章

会计实务中的常见错误及核查方法

在会计核算中，由于涉及大量的资料及数据，因此出错的机率是比较大的。在会计工作实务中，查错和改错是一项重要的工作技能。

会计实务中的常见错误分为四大类，分别是：

- 原始凭证的错误
- 记账凭证的错误
- 账簿的错误
- 会计报表的错误

下面就分别讲一下这些错误的具体情况及核查方法。

17.1 原始凭证常见错误及核查

原始凭证是企业会计核算的数据源头。原始凭证的数据质量将直接关系到企业会计信息是否真实、可靠，也关系到企业会计人员工作的质量。因而原始凭证是会计人员在做会计检查时应检查的第一项内容。

当原始凭证一旦出现错漏又没能及时查找并修正时，会导致其后续会计核算步骤中的一系列错误，进而可能影响到企业正确的计量和分析经营状况。所以原始凭证的查错补漏是会计核算中最常见的、也是最重要的日常工作之一。

17.1.1 原始凭证的常见错误

原始凭证的常见错误主要是凭证中相关信息的错误。完整的原始凭证信息一般包括以下内容：

- 凭证名称
- 接受凭证单位或个人的名称
- 凭证填制的日期
- 凭证编号
- 发生经济业务的内容说明
- 计量数量、单位、单价、金额
- 经手人的签章
- 凭证联次等

这些信息中，每一项都可能出现各种各样的错误，在审核原始凭证时应格外注意以下几个方面。

1. 原始凭证的抬头

原始凭证的抬头是原始凭证中接受凭证的单位名称。原始凭证的接受单位应属于本单位，其单位名称在填写时，应与本单位的企业名称的全称相同。在原始凭证填写时，应当要求对方填写本单位的全称，从而避免原始凭证的抬头错误。

发票是最常见的原始凭证之一，发票的抬头位置，如图 17.1 所示。

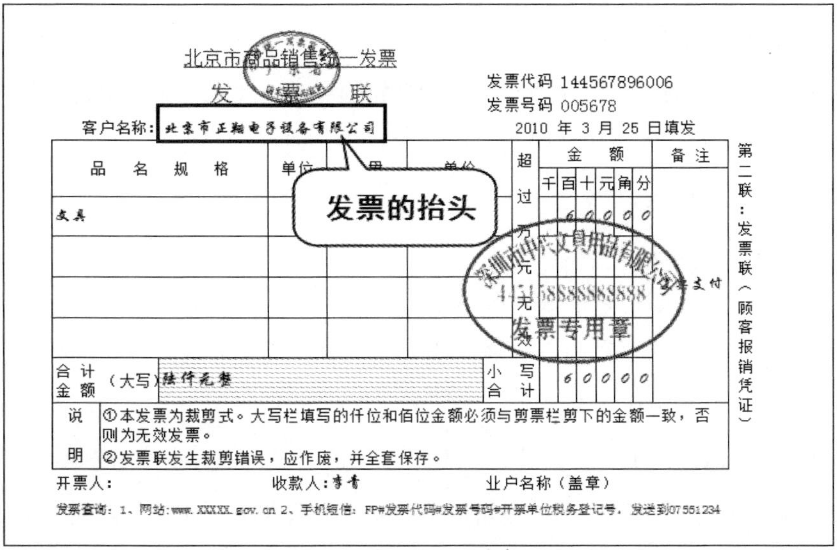
北京市商品销售统一发票

发　票　联

发票代码 144567896006

发票号码 005678

客户名称：北京市正翔电子设备有限公司　　2010 年 3 月 25 日填发

品名规格	单位	数量	单价	超过万元无效	金额（千百十元角分）	备注
文具					60000	现金支付
合计金额（大写）陆佰元整				小写合计	60000	

说明：①本发票为裁剪式。大写栏填写的仟位和佰位金额必须与剪票栏剪下的金额一致，否则为无效发票。②发票联发生裁剪错误，应作废，并全套保存。

第二联：发票联（顾客报销凭证）

开票人：　　收款人：李青　　业户名称（盖章）

发票查询：1、网站:www.XXXXX.gov.cn 2、手机短信：FP#发票代码#发票号码#开票单位税务登记号，发送到07551234

图 17.1　发票的抬头位置

原始凭证的抬头错误，主要包括以下几种情况：

- 张冠李戴
- 为个人开具的发票计入集体账目
- 为其他单位开具的原始凭证计入自己单位

如果原始凭证的抬头出现错误，那么根据客观性原则，该原始凭证就不能算作是本企业的原始凭证，其记载的业务信息也不能计入本企业的会计核算中。

2. 原始凭证的日期

原始凭证的日期应当与报账或会计处理的日期相距不大，如当月或 3 个月以内都是可以认同的情况。如果是已开具很久的原始凭证，则不得入账。

3. 原始凭证的数量或金额错误

原始凭证中最重要的数据就是其中相关业务的数量、单价、金额等数据，这些数据是绝不允许出现差错的。在实际工作中，数量、单价写错，造成原始凭证数据不实的情况是比较常见的，而相应金额的计算错误也是非常常见的。

原始凭证的数量或金额错误一旦出现，就会使企业的会计核算账实不符，进行清查时也比较难查清。

4. 原始凭证书写错误

原始凭证的书写错误是所有原始凭证错误中最常见的。由于会计核算中对数据的严格要求，原始凭证的相关内容都有相应的书写要求，对出现笔误后的修正也有严格的规定。

常见的书写错误有以下几类：

- 原始凭证中的大小写金额不相符；
- 对重要凭证要素的不合规涂改，如对原始凭证中的金额、摘要、单位价格等采用挖、补、刮、擦等方法进行改错；
- 重要信息不清楚，如凭证中的书写字迹不清、数目不详、内容不明等。

在取得凭证的当场发现书写错误时，必须当场要求重新开具；如果是已取回的原始凭证，则该原始凭证也是不应入账的。

5. 原始凭证的印章错误

原始凭证上一般都会有加盖的印章，如发票上应有税务章及财务章，支票等票据上应有专用的公章、财务章及个人印鉴等。这些印章是绝不能出错的，如果有错，则可能造成该原始凭证的无效，从而给企业带来损失。

原始凭证中的印章错误经常表现为应该使用发票专用章或财务专用章的使用了其他印章或是没有盖印章。同时，原始凭证中的相关责任人，应当签名以示负责。

符合印章规定的发票，如图 17.2 所示。

17.1.2 原始凭证差错的查找

原始凭证信息是整个会计核算的基础，原始凭证的差错可以引起一系列会计核算的错误，因此对原始凭证的审核是非常严格的。当取得原始凭证时，一般都需要对原始凭证的内容进行常规检查。

1. 对原始凭证的外观因素进行审核

主要查看原始凭证是否合规合法、有无伪造、弄虚作假等。

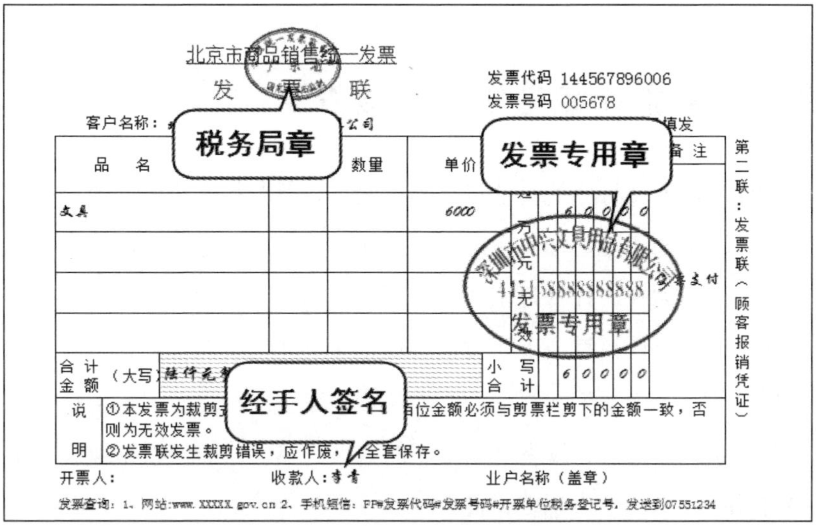

图 17.2　符合印章规定的发票

主要的审核内容有：

- 原始凭证所必须具备的要素是否齐备；
- 原始凭证所填写的文字、数字是否清楚完整；
- 原始凭证如有更正，则其更正方法是否符合规定，有无涂改、人为编造；
- 原始凭证上的相应签章是否具备，如经手人签名、相应的必须加盖的印章是否加盖等。

2．对原始凭证信息内容进行审核

对原始凭证所反映的经济业务进行审核，其内容主要包括：

- 经济业务的摘要是否与数据相符；
- 业务中的经手人是否签章，如收款人、付款人、财务审核等相关人员；
- 对应的相关文件是否已为附件，如相关入库、出库及有关明细的其他凭证等；
- 有无人为利用原始凭证进行舞弊的行为。

17.2 记账凭证常见错误及核查

当会计专业人员将原始凭证审核整理之后，就会将这些原始凭证制作成记账凭证。而记账凭证就是会计在记账时所使用的凭据。记账凭证的主要职能是反映经济业务活动在会计处理上所实行的方法，明确会计处理责任。

记账凭证是会计核算中重要数据的桥梁，是非常重要的会计资料。记账凭证在会计实务中多为手工填写，所以出现错漏也在所难免。但是记账凭证的错误也会造成账簿的错误，最终造成报表的数据失真，从而使根据报表产生的对企业的财务状况的评估出现差错。

17.2.1 记账凭证容易出现的错误

记账凭证的错误，容易出现在两个方面：

（1）来源于原始凭证，是原始凭证错误的继续。

说明：如会计人员取得伪造的原始凭证，而对其真伪未能鉴别，将其填制记账凭证、登记入账。

（2）填制记账凭证时操作的错误，与原始凭证的正确性无关。

说明：如一些填写时的笔误，或会计分录做错等。

记账凭证常见的错误如下。

1. 摘要记录错误

记账凭证的摘要在填写时一般要求言简意赅，字数不宜过多也不宜太少。这方面较为常见的错误如下：

- 摘要过于简单，不能最低限度地说明经济业务活动的情况；
- 记录反映的内容和形式不规范；
- 用语不准确，容易造成误解；
- 文字说明词不达意，与实际情况相距甚远；

- 摘要空缺不写，给舞弊者造成可趁之机。

2. 科目运用错误

在填写会计凭证之前，会先将相应的会计业务写成会计分录，以便记账时能够正确地将该业务金额划归到相应账户中。觉见的科目错误如下。

- 科目应用错误

说明：如将应收与应付、预收与预付、应收账款与其他应收款、应付账款与其他应付款、待摊与预提、虚账户与实账户、固定资产与低值易耗品混淆。

- 内容错误

说明：如混淆了银行支票、汇票和本票的区别，将银行汇票、本票列入银行存款之中，将销售费用列入财务费用或管理费用之中等。

- 对应关系错误

说明：如将科目借方与贷方关系列错，出现多借多贷或者其他对应关系不明等现象。

3. 凭证使用错误

收款凭证、付款凭证和转账凭证的选用发生错误。比较常见的错误有：

- 银行转账业务，使用转账凭证；
- 银行存款与库存现金互转的业务，分别编制收款和付款凭证，出现重复记账。

说明：银行存款与库存现金互转的业务，统一只填写相应的付款凭证。

4. 记账凭证无编号或者编号错误

记账凭证的编号是记账凭证装订和保管的主要依据，一旦编号就不得轻易更改，所以记账凭证无编号是不能记入账簿的。

5. 附件数量和金额错误

记账凭证所附原始凭证的张数应记入记账凭证的相应位置。记账凭证附件所涉金额，也需要汇总后编入记账凭证中。

6. 印鉴错误

印鉴错误主要包括以下几种：

- 对已入账记账凭证未加盖有关印章，或者加盖不全，使已入账的凭证与未入账凭证难以区分；
- 有效的记账凭证与出错作废的凭证难以区分；
- 记账凭证中没有记账、审核等人员的签章等。

17.2.2 记账凭证的常规核查

记账凭证的基本内容我们在前面已经谈到，在检查记账凭证可能出现的问题时，首先应当依据记账凭证的要素，进行相应内容的核查。

（1）检查记账凭证的基本要素是否完整，有无缺少或空白，主要包括以下内容：

- 填制日期、编号、业务内容摘要；
- 附原始凭证张数；
- 会计科目及其借贷方向；
- 填制、出纳、复核、会计主管人员的签章等是否清晰、准确等。

（2）检查会计科目的运用，即：

- 是否符合经济业务的性质和内容；
- 是否符合有关财务制度和会计制度的规定；
- 借贷方向与金额是否正确。

（3）检查记账凭证签章栏。

说明：即核查各级负责人和有关经办人的签章是否齐备。

（4）复核记账凭证的各明细科目金额、合计金额是否正确。

注：多计、少计和误计都不允许出现。

（5）核对记账凭证与对应的账簿记录是否一致，有无出入和账证不符的情况。

（6）与所附的原始凭证核对，视其数量、金额、摘要等是否一致，有无证证不符的现象。

17.3 会计账簿常见错误及核查

账簿是集中反映会计信息的载体，是衔接会计凭证和会计报表的中间环节，因此对会计账簿的检查具有其特殊意义。

17.3.1 会计账簿常见错误及解决方法

会计账簿是记录和反映经济业务信息的主要载体，是经济凭证和财务报表之间的桥梁。其质量水平取决于凭证的质量，又决定了报表的质量。

账簿中的错漏虽然存在于账簿之中，但引发的原因却分布于会计核算的各个阶段。常见的容易造成账簿差错的原因如下：

- 会计凭证错误
- 实物盘点错误
- 财务人员之间交接错误
- 会计工作操作错误和作假等

常见的会计账簿的错误有以下 10 种。

1. 账户设置错误

在建账时，账户设置不合理，从而造成后期会计业务归类困难，或在进行账户的增删调整时，对一些账户的操作有误，也容易引发账户方面的错误。

这类错误只能从根源上杜绝出错的可能性，即在建账时尽量考虑周全，实在不行就按标准的会计账户建账。账户调整时，可根据企业的情况尽可能采用标准的账户名称，以免出错。

2. 记账依据错误

由于记账依据错误，从而造成的账簿出错，这种情况一般发生在：

- 使用未根据经过审核的记账凭证从事记账业务；

- 有关记账凭证不合乎会计制度的要求；
- 有关内部制度处于失控状态。

要防止这样的情况发生，需严格执行企业的财务工作制度，对记账依据应当层层审核，相关人员应通力协作，逐次审定并签名。

3. 账簿使用形式错误

这类错误一般是由于对会计工作的不重视所致。其表现形式为：

- 未使用正式规范的账簿登记业务；
- 以表代账；
- 以单代账；
- 用其他簿籍代账；
- 记账工具及其记录字体、数据不规范。

要避免类似的错误发生，其方法是严格会计规范，认真对待会计核算。

4. 账簿启用、交接错误

账簿的启用和交接都应有严格和必要的相应手续，以将前后责任划分清楚。常见的此类错误如下：

- 在账簿扉页上没有注明启用日期、有关人员姓名、账簿页数、使用期限等；
- 记账人员交接时无相应记录，造成记账工作不衔接。

为了避免此类错误，应当建立账簿启用和交接程序规范，并严格监督执行。

5. 记账错误

记账方面的错误，主要是指以下几种错误：

- 错记，即将有关的记账要素，如数目、摘要等记录反映错误，有关账户借贷方向颠倒，数字的位数倒错，小数点错误，计算错误等；
- 重记，即重复记账，一账两记或多记；
- 漏记，即将业务记录遗漏未记；
- 有关总账和明细账登记顺序和对应关系错误等。

6. 更账错误

关于会计账簿的更正方法，我国的会计相关法律法规有着严格而明确的规定，对于哪些错误可以更正，哪些错误完全不得出现涂改的情况，都有严格规定。所以在对账簿进行更正时，需要对相关的规定有明确的认知。

为了防止在更正账簿时产生错误，可以采取尽量不做修正的方式，最大限度地从源头上杜绝错误产生。

7. 过账错误

过账错误是指账簿的承转错误，即：

- 各类账簿启用转记错误；
- 新页与旧页接转错误；
- 承上页、接下页等页次关系不明确。

这类错误的预防的最好办法就是明确过账规则，同时在记账时认真细致。

8. 结账错误

结账是账簿操作中非常重要的一环，是报表数据的直接来源。也就是说，只有结账后，才能将数据截止在结账点，从而可以生成报表。

结账错误主要表现在以下几个方面：

- 结账截止时间错误，提前或者推迟结账；
- 各账簿未将本期发生的所有业务登记入账；
- 有关收益、费用和应摊销或预提的费用未按权责发生制原则按期计提或摊销后登记入账；
- 各种收入成本费用账户未按规定在结转本年利润后登记入账。

要避免结账错误，需要注意对结账时间的把握，并对结账的意义和方法有着清楚的认识。

9. 有关账簿平衡关系破坏

由于会计做账是按复式记账法的原理，所以账簿之间的数据会依照平衡公式达到平衡。破坏账簿平衡关系的错误主要是指：

- 账证不符
- 账账不符
- 账表不符
- 账实不符
- 账与其他有关资料记录不符

为避免破坏账簿的平衡关系，需要从做会计分录起，就严格按照平衡公式进行账务处理，在记账时严格按复式记账法的规则记录。

10. 账簿保管错误

关于账簿的保管，现行的会计法规对此有明确的规定。在进行保管和管理时，应按照会计档案管理办法进行。常见的账簿保管错误如下：

- 账簿保管不当；
- 会计档案未建即有散失；
- 现存账簿查找困难；
- 造成损坏、残缺、腐烂或丢失。

账簿保管不当的错误，一般出现在财务部门管理缺失时，所以加强财务部门的内部管理就是应对此类错误的良策。

17.3.2 账簿检查的内容

对账簿的核查主要是针对上述容易出现的错误，将相应的位置进行细致检查：

（1）复核、验证有关账簿所记载的收、付、存的数额及其小计、合计数的正确性。

（2）审查账簿的入账登记、过账、改账、结账等操作业务的规范性和合规性，检查其账户对应关系的清晰性。

（3）对有关总账和明细账进行核对分析，保证账账相符。

（4）对账簿中记录业务发生的异常点进行重点检查，并根据异常情况和重要错误的线索，进一步检查相应的会计凭证和实物，查明问题的原因所在。

（5）将账簿检查过程中发现的问题进行归纳分类，收集有关证据数据，可根据不同的性质，将账簿中发现的错误归为一类，将账簿中发现的舞弊归为另一类，列出其造成的危害和影响，并将有关证据材料附于其后。

17.3.3 账簿检查的基本方法

账簿的检查处于会计资料审查分析的中间环节，可以作为报表分析审查的深入和继续，也可以作为凭证检查的延伸和补充。

会计人员在对会计账簿进行检查时，其可以采用的方法是多种多样的，其检查的形式也是多种多样的。对账簿分析检查的具体方法有多种形式，其常用的方法如下。

1. 复核法

复核法又称复算法，这是最传统的账簿检查方法，就是将账簿中的历史数据重新核算一遍，其合计、小计、差额、积数等也重新进行验算，以确保有关金额或数据会计记录的正确性和准确性。

复核法对查账人员的计算能力要求较高，同时工作量也比较大，相应地耗时也久。其优点是只要演算正确，其复核结果的正确性毋庸置疑。

复核法的适用范围仅限于账簿中已经发生的有关数据资料。

2. 审阅法

审阅法是以会计法及会计准则的要求作为判断是非的准绳，通过审查来检查分析有关账簿资料的真实性、合法性和合规性，检查其有无差错、疑点或弊端。运用审阅法对账簿进行分析的主要内容包括以下几方面：

- 审阅账簿记录的有关经济业务是否符合会计核算的基本要求；
- 记账内容是否合规；
- 其记账金额是否与记账凭证相符；
- 内容记载是否齐全；
- 账页是否连号；
- 记账是否符合会计制度和记账规则；

- 有无违反会计法的现象；
- 有无涂改或其他异常迹象；

对明细分类账的记账内容要认真审阅，应对各科目所列内容进行审查，检查是否有以下现象出现：

- 违反国家有关法令、规定；
- 违反财务会计制度；
- 乱列名目，擅自支用等。

审阅法对查账人员的要求很高，要求其自身具有一定的执法能力、观察能力、分析能力和判断能力。审阅的成功与否，取决于查账人员自身的素质和经验水平。

审阅法的适用性较广，在查账工作中经常运用。

3．核对法

根据复式记账法的原理，同一数据不仅存在于凭证、账簿这两个会计记录中，还需要在两个以上账簿中同时登记。核对法就是将有关数据进行互相对照，用以查明：

- 账账、账证、账实、账表是否相符；
- 账簿记录是否正确；
- 有无错账、漏账。

通常情况下，核对法在分析检查账簿时，关注的内容主要有：

（1）记录之间的对比

核对凭证与账簿记录、账簿与账簿记录（总账与明细账）、账与报表记录、账与卡、账与实之间的数额是否相符。

（2）账账之间的对比

核对总分类账借方余额账户的合计数同贷方余额账户的合计数是否相符。

（3）账与账单的核对

如银行打印的对账单、客户认可的往来清单及函证等，同本单位有关账目的数据是否相符。

（4）与其他业务部门的原始记录之间的核对

核对生产记录、发货托运记录、原材料消耗记录、产成品入库记录、废次品记录、考勤记录等同相应的账簿记录所反映的内容、数额是否相等；核对销售合同、外加工合同、联营合同等所记载的内容与金额，同有关账簿记录所反映的内容、金额是否相符。

核对法在查账工作中运用也十分广泛，查账人员常常用之来发现疑点，取得证据，为进一步审查查证提供线索。核对法可由两人合作进行，也可由一人单独进行。

4. 核实法

核实法是将账簿资料与实际情况进行对照，用以验证账实是否相符的一种方法，通常情况下核实法主要通过对实物进行盘点来取得书面证据。其核实的重点是各盘存类账户和结算类账户。

盘存类账户主要是指：库存现金、原材料、燃料、产成品、银行存款、其他货币资金等。

结算类账户主要是指：应收、应付、暂收、暂付等。

核实法只适用于可以账实对照的账簿，是核对法的一个特例情况。核实法的误差主要取决于实物盘点的精细程度，所以对实物数据的要求较高，因而对实物盘点的准确度要求更高。

5. 调节法

调节法是采用合理合法的手段和方法，将一些不太具有可比性的数据进行调整，从而使其可以进行相关的比较，以验证其是否正确的方法。

由于记录业务的角度和方式不同，账簿与账簿之间、业务与业务之间可能存在着差异，而本单位与业务单位的做账时间也不相同，这些原因都会造成相应的数据无法进行合理比对。因此需要采用调节法对此进行处理，以使其对口且具有可比性。

需要应用调节法进行调节的，例如：

- 对银行存款未达账的调节；

说明：即对银行存款日记账余额与银行提供的对账单余额进行核对。

- 对半成品不同的完工程度的调节等。

17.4 会计报表常见错误及核查

会计报表是企业重要的会计资料，是企业财务成果的报告书，所以会计报表对数据的精确度要求很高。同时，由于会计报表是合法的对外发布报表，其编制人员对报表数据的正确性具有一定的法律责任，这使得会计人员在进行会计报表的相关操作时必须格外小心谨慎。

但即使是这样，在对会计报表的审查中还是频频出现问题。这些问题有些是因为操作性错误造成的，还有一些则是因为各种各样的人为原因造成的。操作性错误可以很容易地通过核对数据就查证，可是人为错误却由于原因复杂，常常难以发现。

人为的会计报表错误实际上就是各种会计报表舞弊。虽然很多会计舞弊手法是打着为企业避税等旗号，但是实际上危害极大。

所以本章主要讲述会计报表的人为报表错误及其核查方法。

17.4.1 常见的会计报表错误

会计报表的错误形成的原因是多种多样的，同时其表现形式也不尽相同。通常情况下，会计报表的错误主要表现为以下 4 种。

1. 表表不符

各会计报表的相关报表项目，存在一定的内在关联。如：

- 资产负债表中的未分配利润应等于利润分配表中的未分配利润；
- 利润分配表中的净利润应与损益表中净利润的金额保持一致等。

会计报表的表表不符就是指这些有内在关联的报表项目的数据存在误差，从而造成表表不符。

2. 虚报盈亏

一些单位或个人为了达到一些不法目的，在进行会计报表编制时，对其中的数据进行随意调整，想盈就盈，想亏就亏。这样做可能短期内会有一些效果，如逃税等，但一旦被查处，对企业的影响是非常大的，所以应当避免。

虚报盈亏的主要手段有：

- 人为地加大资产调整利润；
- 为了逃税避免检查而加大成本费用，减小利润等。

3. 表账不符

会计报表的数据全部来源于会计账簿，因此正确的会计报表是可以做到表账相符的。但是有时出于某些目的，在对会计报表的相关项目进行填列时，会对一些数据进行调整，从而造成了报表数据与账簿数据不符。

4. 报表附注不真实

会计报表附注是会计报表的补充，主要是对会计报表不能包括的内容或者披露不详尽的内容作进一步的解释说明，包括：

- 对基本会计假设发生变化；
- 会计报表各项目的增减变动；
- 或有某项或资产负债表日后事项中的不可调整事项的说明；
- 关联方关系及交易的说明等。

报表附注的不真实，虽然并不直接影响报表金额，但是对报表使用者的分析和判断却有很大的影响。

17.4.2 会计报表错误的查找

会计报表是会计人员对当期企业财务状况的集中报道。会计报表的错误会致使管理层对企业的财务状况的分析无效。

对会计报表的查错也是对会计报表的内在质量检查。在会计工作实务中，对会计报表的错误查找，主要是通过以下 3 个方面的检查来实现的。

1. 对会计报表进行常规性审查

对会计报表进行的常规性审查，其内容主要包括：

- 报表编制是否符合规定的手续和程序；

- 各种报表如主表、附表、附注以及财务情况说明书的编制是否齐全；
- 报表的截止日期是否适当，资料来源是否可靠；
- 报表内容是否完整；
- 各项目数据如年初数和期末数及小计、合计、总计等是否正确。

对主要报表应逐一核对，其他报表一般可先核对总数，发现差错和可疑问题后再进行具体核对，对发现的差错和不平衡现象必须查明原因，找出源头。

2. 对报表内在关系的审查

各报表之间存在着一定的内在关系，这些内在关系是报表分析的前提。通过对报表的内在关系进行审查，可以进一步验证报表的正确性，同时还可以研究企业资金运动的联系和趋势。

报表之间的勾稽关系主要表现为以下 4 个方面：

- 前期报表与本期报表的关系

说明：即本期报表中有关项目的期初数等于上期报表的期末数，如资产负债表的期初数等于上年度资产负债表的期末数；利润表的本期报表中的累计数是上期报表的累计数加本期发生数。

- 本期报表内部各项目之间的勾稽关系

说明：如资产负债表中“资产负债=所有者权益”的平衡关系式等；利润表（也叫做收入损益表）中各利润关系是按照报表所列示的加减关系得出的结果。

- 主表与附表之间的关系

说明：一般附表是用以说明主表中某些特定项目，主表中某些项目是附表的计算结果，如利润表（收入损益表）计算的净利润等于利润分配表的净利润数。

- 各类报表之间的勾稽关系

说明：如在利润未作分配之前或非年末的资产负债表中“未分配利润”的期末数与期初数之差等于与利润表（收入损益表）的“净利润”等。

3. 对报表中有关内容的检查

对报表有关内容的检查就是对报表中相关数据的审查和分析，是报表检查的核心。对报表内容的检查，可以验证报表中的数据是否真实正确地反映了企业的财务状况、经营成果和现金流量，并进一步观察企业经营活动的合规性、合法性和有效性。

由于各种会计报表的性质不同，其反映的内容也各不相同，其检查的内容和方法也就不尽相同。常见会计报表的检查内容及方法如下：

（1）资产负债表。

资产负债表是静态报表，其反映了企业在某一时点上的财务状况。资产负债表的数据，主要来源于资产、负债和资本等账户。这类账户一般都与实物相对应，所以在检查时方法就比较多，同时也比较有效。

对资产负债表的数据核查，其内容和方法包括：

- 余额核查；
- 实物盘点；
- 经过调查取证以及平衡分析、结构分析等，以证实报表数据的真实性。

（2）收入损益表。

收入损益表是动态报表，其反映的是某一时期的经营过程和结果。收入损益表的数据主要来源于收入、成本费用等账户。这些账户在月底时会统一划转到利润核查账户中，所以一般无余额，也无实物可供盘点。往往需要通过计算、摊销、分配才能得出收入损益表的报表项目数。

所以对收入损益表数据的核查，应当采用适宜其数据特点的方法，这样才能取得检查的证据，取得检查成果。

17.4.3 报表检查的常见方法

会计报表是会计人员根据会计数据的内在关系编制而成的。会计报表的查错方法有很多种，归根结底也还是根据平衡公式来核查。只是在具体做法上略有不同。

常见的会计报表的检查方法如下。

1. 审阅检查

审阅法也称为顺查法，是报表查错时最常用的方法。其具体做法是按会计报表的编制顺序再一次进行仔细阅读和审视，看其是否存在如下问题：

- 各项目是否齐全；
- 其内容是否充分反映；
- 各项目数据是否按要求填列；
- 文字说明是否准确等。

如发现异常，则应进一步审查其他的有关资料。

2. 计算复核

计算复核就是将报表中的相关数据重新计算检验，特别是对报表中的小计、合计和总计进行复核，对其应有平衡关系进行复核。

3. 相关数据核对

通过对相关数据的核对，确定数据是否正确，具体的作法是核对下列数据是否相符：

- 报表与账簿有关数据是否相符；
- 报表之间的有关数据等是否相符。

如经核对不符，则说明存在问题，应进一步查明原因。

4. 分析法

分析法是指会计人员对报表的相关资料和数据，进行专业的整理和归纳，对其中异常的数据进行相应的分析，从而发现出现问题的环节。在判断出问题所在后，可以继续圈定相应的环节，对其进行重点检查。

附录 A

小企业会计准则

第一章　总 则

第一条　为了规范小企业会计确认、计量和报告行为，促进小企业可持续发展，发挥小企业在国民经济和社会发展中的重要作用，根据《中华人民共和国会计法》及其他有关法律和法规，制定本准则。

第二条　本准则适用于在中华人民共和国境内依法设立的、符合《中小企业划型标准规定》所规定的小型企业标准的企业。

下列三类小企业除外：

（一）股票或债券在市场上公开交易的小企业。

（二）金融机构或其他具有金融性质的小企业。

（三）企业集团内的母公司和子公司。

前款所称企业集团、母公司和子公司的定义与《企业会计准则》的规定相同。

第三条　符合本准则第二条规定的小企业，可以执行本准则，也可以执行

《企业会计准则》。

（一）执行本准则的小企业，发生的交易或者事项本准则未作规范的，可以参照《企业会计准则》中的相关规定进行处理。

（二）执行《企业会计准则》的小企业，不得在执行《企业会计准则》的同时，选择执行本准则的相关规定。

（三）执行本准则的小企业公开发行股票或债券的，应当转为执行《企业会计准则》；因经营规模或企业性质变化导致不符合本准则第二条规定而成为大中型企业或金融企业的，应当从次年 1 月 1 日起转为执行《企业会计准则》。

（四）已执行《企业会计准则》的上市公司、大中型企业和小企业，不得转为执行本准则。

第四条　执行本准则的小企业转为执行《企业会计准则》时，应当按照《企业会计准则第 38 号——首次执行企业会计准则》等相关规定进行会计处理。

第二章　资　产

第五条　资产，是指小企业过去的交易或者事项形成的、由小企业拥有或者控制的、预期会给小企业带来经济利益的资源。

小企业的资产按照流动性，可分为流动资产和非流动资产。

第六条　小企业的资产应当按照成本计量，不计提资产减值准备。

第一节　流动资产

第七条　小企业的流动资产，是指预计在 1 年内（含 1 年，下同）或超过 1 年的一个正常营业周期内变现、出售或耗用的资产。

小企业的流动资产包括：货币资金、短期投资、应收及预付款项、存货等。

第八条　短期投资，是指小企业购入的能随时变现并且持有时间不准备超过 1 年（含 1 年，下同）的投资，如小企业以赚取差价为目的从二级市场购入的股票、债券、基金等。

短期投资应当按照以下规定进行会计处理：

（一）以支付现金取得的短期投资，应当按照购买价款和相关税费作为成本进行计量。实际支付价款中包含的已宣告但尚未发放的现金股利或已到付息期但尚未领取的债券利息，应当单独确认为应收股利或应收利息，不计入短期投资的成本。

（二）在短期投资持有期间，被投资单位宣告分派的现金股利或在债务人应付利息日按照分期付息、一次还本债券投资的票面利率计算的利息收入，应当计入投资收益。

（三）出售短期投资，出售价款扣除其账面余额、相关税费后的净额，应当计入投资收益。

第九条　应收及预付款项，是指小企业在日常生产经营活动中发生的各项债权。包括：应收票据、应收账款、应收股利、应收利息、其他应收款等应收款项和预付账款。

应收及预付款项应当按照发生额入账。

第十条　小企业应收及预付款项符合下列条件之一的，减除可收回的金额后确认的无法收回的应收及预付款项，作为坏账损失：

（一）债务人依法宣告破产、关闭、解散、被撤销，或者被依法注销、吊销营业执照，其清算财产不足清偿的。

（二）债务人死亡，或者依法被宣告失踪、死亡，其财产或者遗产不足清偿的。

（三）债务人逾期 3 年以上未清偿，且有确凿证据证明已无力清偿债务的。

（四）与债务人达成债务重组协议或法院批准破产重整计划后，无法追偿的。

（五）因自然灾害、战争等不可抗力导致无法收回的。

（六）国务院财政、税务主管部门规定的其他条件。

应收及预付款项的坏账损失应当于实际发生时计入营业外支出，同时冲减应收及预付款项。

第十一条　存货，是指小企业在日常生产经营过程中持有以备出售的产成品或商品、处在生产过程中的在产品、将在生产过程或提供劳务过程中耗用的材料和物料等，以及小企业（农、林、牧、渔业）为出售而持有的、或在将来收获为农产品的消耗性生物资产。

小企业的存货包括：原材料、在产品、半成品、产成品、商品、周转材料、委托加工物资、消耗性生物资产等。

（一）原材料，是指小企业在生产过程中经加工改变其形态或性质并构成产品主要实体的各种原料及主要材料、辅助材料、外购半成品（外购件）、修理用备件（备品备件）、包装材料、燃料等。

（二）在产品，是指小企业正在制造尚未完工的产品。包括：正在各个生产工序加工的产品，以及已加工完毕但尚未检验或已检验但尚未办理入库手续的产品。

（三）半成品，是指小企业经过一定生产过程并已检验合格交付半成品仓库保管，但尚未制造完工成为产成品，仍需进一步加工的中间产品。

（四）产成品，是指小企业已经完成全部生产过程并已验收入库，符合标准规格和技术条件，可以按照合同规定的条件送交订货单位，或者可以作为商品对外销售的产品。

（五）商品，是指小企业（批发业、零售业）外购或委托加工完成并已验收入库用于销售的各种商品。

（六）周转材料，是指小企业能够多次使用、逐渐转移其价值但仍保持原有形态且不确认为固定资产的材料。包括：包装物、低值易耗品、小企业（建筑业）的钢模板、木模板、脚手架等。

（七）委托加工物资，是指小企业委托外单位加工的各种材料、商品等物资。

（八）消耗性生物资产，是指小企业（农、林、牧、渔业）生长中的大田作物、蔬菜、用材林以及存栏待售的牲畜等。

第十二条　小企业取得的存货，应当按照成本进行计量。

（一）外购存货的成本包括：购买价款、相关税费、运输费、装卸费、保险费以及在外购存货过程发生的其他直接费用，但不含按照税法规定可以抵扣的增值税进项税额。

（二）通过进一步加工取得存货的成本包括：直接材料、直接人工以及按照一定方法分配的制造费用。

经过 1 年期以上的制造才能达到预定可销售状态的存货发生的借款费用，也计入存货的成本。

前款所称借款费用，是指小企业因借款而发生的利息及其他相关成本。包括：借款利息、辅助费用以及因外币借款而发生的汇兑差额等。

（三）投资者投入存货的成本，应当按照评估价值确定。

（四）提供劳务的成本包括：与劳务提供直接相关的人工费、材料费和应分摊的间接费用。

（五）自行栽培、营造、繁殖或养殖的消耗性生物资产的成本，应当按照下列规定确定：

1. 自行栽培的大田作物和蔬菜的成本包括：在收获前耗用的种子、肥料、农药等材料费、人工费和应分摊的间接费用。

2. 自行营造的林木类消耗性生物资产的成本包括：郁闭前发生的造林费、抚育费、营林设施费、良种试验费、调查设计费和应分摊的间接费用。

3. 自行繁殖的育肥畜的成本包括：出售前发生的饲料费、人工费和应分摊的间接费用。

4. 水产养殖的动物和植物的成本包括：在出售或入库前耗用的苗种、饲料、肥料等材料费、人工费和应分摊的间接费用。

（六）盘盈存货的成本，应当按照同类或类似存货的市场价格或评估价值确定。

第十三条　小企业应当采用先进先出法、加权平均法或者个别计价法确定发出存货的实际成本。计价方法一经选用，不得随意变更。

对于性质和用途相似的存货，应当采用相同的成本计算方法确定发出存货的成本。对于不能替代使用的存货、为特定项目专门购入或制造的存货以及提供的劳务，采用个别计价法确定发出存货的成本。

对于周转材料，采用一次转销法进行会计处理，在领用时按其成本计入生产成本或当期损益；金额较大的周转材料，也可以采用分次摊销法进行会计处理。出租或出借周转材料，不需要结转其成本，但应当进行备查登记。

对于已售存货，应当将其成本结转为营业成本。

第十四条　小企业应当根据生产特点和成本管理的要求，选择适合于本企业的成本核算对象、成本项目和成本计算方法。

小企业发生的各项生产费用，应当按照成本核算对象和成本项目分别归集。

（一）属于材料费、人工费等直接费用，直接计入基本生产成本和辅助生产成本。

（二）属于辅助生产车间为生产产品提供的动力等直接费用，可以先作为辅助生产成本进行归集，然后按照合理的方法分配计入基本生产成本；也可以直接计入所生产产品发生的生产成本。

（三）其他间接费用应当作为制造费用进行归集，月度终了，再按一定的分配标准，分配计入有关产品的成本。

第十五条　存货发生毁损，处置收入、可收回的责任人赔偿和保险赔款，扣除其成本、相关税费后的净额，应当计入营业外支出或营业外收入。

盘盈存货实现的收益应当计入营业外收入。

盘亏存货发生的损失应当计入营业外支出。

第二节　长期投资

第十六条　小企业的非流动资产，是指流动资产以外的资产。

小企业的非流动资产包括：长期债券投资、长期股权投资、固定资产、生产性生物资产、无形资产、长期待摊费用等。

第十七条　长期债券投资，是指小企业准备长期（在1年以上，下同）持有的债券投资。

第十八条　长期债券投资应当按照购买价款和相关税费作为成本进行计量。

实际支付价款中包含的已到付息期但尚未领取的债券利息，应当单独确认为应收利息，不计入长期债券投资的成本。

第十九条　长期债券投资在持有期间发生的应收利息应当确认为投资收益。

（一）分期付息、一次还本的长期债券投资，在债务人应付利息日按照票面利率计算的应收未收利息收入应当确认为应收利息，不增加长期债券投资的账面余额。

（二）一次还本付息的长期债券投资，在债务人应付利息日按照票面利率计算的应收未收利息收入应当增加长期债券投资的账面余额。

（三）债券的折价或者溢价在债券存续期间内于确认相关债券利息收入时采用直线法进行摊销。

第二十条　长期债券投资到期，小企业收回长期债券投资，应当冲减其账面余额。处置长期债券投资，处置价款扣除其账面余额、相关税费后的净额，应当计入投资收益。

第二十一条　小企业长期债券投资符合本准则第十条所列条件之一的，减除可收回的金额后确认的无法收回的长期债券投资，作为长期债券投资损失。

长期债券投资损失应当于实际发生时计入营业外支出，同时冲减长期债券投资账面余额。

第二十二条　长期股权投资，是指小企业准备长期持有的权益性投资。

第二十三条　长期股权投资应当按照成本进行计量。

（一）以支付现金取得的长期股权投资，应当按照购买价款和相关税费作为成本进行计量。

实际支付价款中包含的已宣告但尚未发放的现金股利，应当单独确认为应收股利，不计入长期股权投资的成本。

（二）通过非货币性资产交换取得的长期股权投资，应当按照换出非货币性资产的评估价值和相关税费作为成本进行计量。

第二十四条　长期股权投资应当采用成本法进行会计处理。

在长期股权投资持有期间，被投资单位宣告分派的现金股利或利润，应当按照应分得的金额确认为投资收益。

第二十五条　处置长期股权投资，处置价款扣除其成本、相关税费后的净额，应当计入投资收益。

第二十六条　小企业长期股权投资符合下列条件之一的，减除可收回的金额后确认的无法收回的长期股权投资，作为长期股权投资损失：

（一）被投资单位依法宣告破产、关闭、解散、被撤销，或者被依法注销、吊销营业执照的。

（二）被投资单位财务状况严重恶化，累计发生巨额亏损，已连续停止经营3年以上，且无重新恢复经营改组计划的。

（三）对被投资单位不具有控制权，投资期限届满或者投资期限已超过10年，且被投资单位因连续3年经营亏损导致资不抵债的。

（四）被投资单位财务状况严重恶化，累计发生巨额亏损，已完成清算或清算期超过3年以上的。

（五）国务院财政、税务主管部门规定的其他条件。

长期股权投资损失应当于实际发生时计入营业外支出，同时冲减长期股权投资账面余额。

第三节　固定资产和生产性生物资产

第二十七条　固定资产，是指小企业为生产产品、提供劳务、出租或经营管理而持有的，使用寿命超过1年的有形资产。

小企业的固定资产包括：房屋、建筑物、机器、机械、运输工具、设备、器具、工具等。

第二十八条　固定资产应当按照成本进行计量。

（一）外购固定资产的成本包括：购买价款、相关税费、运输费、装卸费、保险费、安装费等，但不含按照税法规定可以抵扣的增值税进项税额。

以一笔款项购入多项没有单独标价的固定资产，应当按照各项固定资产或类似资产的市场价格或评估价值比例对总成本进行分配，分别确定各项固定资产的成本。

（二）自行建造固定资产的成本，由建造该项资产在竣工决算前发生的支出（含相关的借款费用）构成。

小企业在建工程在试运转过程中形成的产品、副产品或试车收入冲减在建工程成本。

（三）投资者投入固定资产的成本，应当按照评估价值和相关税费确定。

（四）融资租入的固定资产的成本，应当按照租赁合同约定的付款总额和在签订租赁合同过程中发生的相关税费等确定。

（五）盘盈固定资产的成本，应当按照同类或者类似固定资产的市场价格或评估价值，扣除按照该项固定资产新旧程度估计的折旧后的余额确定。

第二十九条　小企业应当对所有固定资产计提折旧，但已提足折旧仍继续使用的固定资产和单独计价入账的土地不得计提折旧。

固定资产的折旧费应当根据固定资产的受益对象计入相关资产成本或者当期损益。前款所称折旧，是指在固定资产使用寿命内，按照确定的方法对应计折旧额进行系统分摊。应计折旧额，是指应当计提折旧的固定资产的原价（成本）扣除其预计净残值后的金额。预计净残值，是指固定资产预计使用寿命已满，小企业从该项固定资产处置中获得的扣除预计处置费用后的净额。已提足折旧，是指已经提足该项固定资产的应计折旧额。

第三十条　小企业应当按照年限平均法（即直线法，下同）计提折旧。小企业的固定资产由于技术进步等原因，确需加速折旧的，可以采用双倍余额递减法和年数总和法。

小企业应当根据固定资产的性质和使用情况，并考虑税法的规定，合理确定固定资产的使用寿命和预计净残值。

固定资产的折旧方法、使用寿命、预计净残值一经确定，不得随意变更。

第三十一条　小企业应当按月计提折旧，当月增加的固定资产，当月不计提折旧，从下月起计提折旧；当月减少的固定资产，当月仍计提折旧，从下月起不计提折旧。

第三十二条　固定资产的日常修理费，应当在发生时根据固定资产的受益对象计入相关资产成本或者当期损益。

第三十三条　固定资产的改建支出，应当计入固定资产的成本，但已提足折旧的固定资产和经营租入的固定资产发生的改建支出应当计入长期待摊费用。

前款所称固定资产的改建支出，是指改变房屋或者建筑物结构、延长使用年限等发生的支出。

第三十四条　处毁固定资产，处毁收入扣除其账面价值、相关税费和清理费用后的净额，应当计入营业外收入或营业外支出。

前款所称固定资产的账面价值，是指固定资产原价（成本）扣减累计折旧后的金额。盘亏固定资产发生的损失应当计入营业外支出。

第三十五条　生产性生物资产，是指小企业（农、林、牧、渔业）为生产农产品、提供劳务或出租等目的而持有的生物资产。包括：经济林、薪炭林、产畜和役畜等。

第三十六条　生产性生物资产应当按照成本进行计量。

（一）外购的生产性生物资产的成本，应当按照购买价款和相关税费确定。

（二）自行营造或繁殖的生产性生物资产的成本，应当按照下列规定确定：

1. 自行营造的林木类生产性生物资产的成本包括：达到预定生产经营目的前发生的造林费、抚育费、营林设施费、良种试验费、调查设计费和应分摊的间接费用等必要支出。

2. 自行繁殖的产畜和役畜的成本包括：达到预定生产经营目的前发生的饲料费、人工费和应分摊的间接费用等必要支出。

前款所称达到预定生产经营目的，是指生产性生物资产进入正常生产期，可以多年连续稳定产出农产品、提供劳务或出租。

第三十七条　生产性生物资产应当按照年限平均法计提折旧。

小企业（农、林、牧、渔业）应当根据生产性生物资产的性质和使用情况，并考虑税法的规定，合理确定生产性生物资产的使用寿命和预计净残值。

生产性生物资产的折旧方法、使用寿命、预计净残值一经确定，不得随意变更。

小企业（农、林、牧、渔业）应当自生产性生物资产投入使用月份的下月起按月计提折旧；停止使用的生产性生物资产，应当自停止使用月份的下月起停止计提折旧。

第四节　无形资产

第三十八条　无形资产，是指小企业为生产产品、提供劳务、出租或经营管理而持有的、没有实物形态的可辨认非货币性资产。

小企业的无形资产包括：土地使用权、专利权、商标权、著作权、非专利技术等。

自行开发建造厂房等建筑物，相关的土地使用权与建筑物应当分别进行处理。外购土地及建筑物支付的价款应当在建筑物与土地使用权之间按照合理的方法进行分配；难以合理分配的，应当全部作为固定资产。

第三十九条　无形资产应当按照成本进行计量。

（一）外购无形资产的成本包括：购买价款、相关税费和相关的其他支出（含相关的借款费用）。

（二）投资者投入的无形资产的成本，应当按照评估价值和相关税费确定。

（三）自行开发的无形资产的成本，由符合资本化条件后至达到预定用途前发生的支出（含相关的借款费用）构成。

第四十条　小企业自行开发无形资产发生的支出，同时满足下列条件的，才能确认为无形资产：

（一）完成该无形资产以使其能够使用或出售在技术上具有可行性。

（二）具有完成该无形资产并使用或出售的意图。

（三）能够证明运用该无形资产生产的产品存在市场或无形资产自身存在市场，无形资产将在内部使用的，应当证明其有用性。

（四）有足够的技术、财务资源和其他资源支持，以完成该无形资产的开发，并有能力使用或出售该无形资产。

（五）归属于该无形资产开发阶段的支出能够可靠地计量。

第四十一条　无形资产应当在其使用寿命内采用年限平均法进行摊销，根据其受益对象计入相关资产成本或者当期损益。

无形资产的摊销期自其可供使用时开始至停止使用或出售时止。有关法律规定或合同约定了使用年限的，可以按照规定或约定的使用年限分期摊销。

小企业不能可靠估计无形资产使用寿命的，摊销期不得低于 10 年。

第四十二条　处置无形资产，处置收入扣除其账面价值、相关税费等后的净额，应当计入营业外收入或营业外支出。

前款所称无形资产的账面价值，是指无形资产的成本扣减累计摊销后的金额。

第五节　长期待摊费用

第四十三条　小企业的长期待摊费用包括：已提足折旧的固定资产的改建支出、经营租入固定资产的改建支出、固定资产的大修理支出和其他长期待摊费用等。

前款所称固定资产的大修理支出，是指同时符合下列条件的支出：

（一）修理支出达到取得固定资产时的计税基础 50%以上。

（二）修理后固定资产的使用寿命延长 2 年以上。

第四十四条　长期待摊费用应当在其摊销期限内采用年限平均法进行摊销，根据其受益对象计入相关资产的成本或者管理费用，并冲减长期待摊费用。

（一）已提足折旧的固定资产的改建支出，按照固定资产预计尚可使用年限分期摊销。

（二）经营租入固定资产的改建支出，按照合同约定的剩余租赁期限分期摊销。

（三）固定资产的大修理支出，按照固定资产尚可使用年限分期摊销。

（四）其他长期待摊费用，自支出发生月份的下月起分期摊销，摊销期不得低于 3 年。

第三章　负　债

第四十五条　负债，是指小企业过去的交易或者事项形成的，预期会导致经济利益流出小企业的现时义务。

小企业的负债按照其流动性，可分为流动负债和非流动负债。

第一节　流动负债

第四十六条　小企业的流动负债，是指预计在 1 年内或者超过 1 年的一个正常营业周期内清偿的债务。

小企业的流动负债包括：短期借款、应付及预收款项、应付职工薪酬、应交税费、应付利息等。

第四十七条　各项流动负债应当按照其实际发生额入账。

小企业确实无法偿付的应付款项，应当计入营业外收入。

第四十八条　短期借款应当按照借款本金和借款合同利率在应付利息日计提利息费用，计入财务费用。

第四十九条　应付职工薪酬，是指小企业为获得职工提供的服务而应付给职工的各种形式的报酬以及其他相关支出。

小企业的职工薪酬包括：

（一）职工工资、奖金、津贴和补贴。

（二）职工福利费。

（三）医疗保险费、养老保险费、失业保险费、工伤保险费和生育保险费等社会保险费。

（四）住房公积金。

（五）工会经费和职工教育经费。

（六）非货币性福利。

（七）因解除与职工的劳动关系给予的补偿。

（八）其他与获得职工提供的服务相关的支出等。

第五十条　小企业应当在职工为其提供服务的会计期间，将应付的职工薪酬确认为负债，并根据职工提供服务的受益对象，分别下列情况进行会计处理：

（一）应由生产产品、提供劳务负担的职工薪酬，计入产品成本或劳务成本。

（二）应由在建工程、无形资产开发项目负担的职工薪酬，计入固定资产成本或无形资产成本。

（三）其他职工薪酬（含因解除与职工的劳动关系给予的补偿），计入当期损益。

第二节　非流动负债

第五十一条　小企业的非流动负债，是指流动负债以外的负债。

小企业的非流动负债包括：长期借款、长期应付款等。

第五十二条　非流动负债应当按照其实际发生额入账。

长期借款应当按照借款本金和借款合同利率在应付利息日计提利息费用，计入相关资产成本或财务费用。

第四章　所有者权益

第五十三条　所有者权益，是指小企业资产扣除负债后由所有者享有的剩余权益。

小企业的所有者权益包括：实收资本（或股本，下同）、资本公积、盈余公积和未分配利润。

第五十四条　实收资本，是指投资者按照合同协议约定或相关规定投入到小企业、构成小企业注册资本的部分。

（一）小企业收到投资者以现金或非货币性资产投入的资本，应当按照其在本企业注册资本中所占的份额计入实收资本，超出的部分，应当计入资本公积。

（二）投资者根据有关规定对小企业进行增资或减资，小企业应当增加或减少实收资本。

第五十五条　资本公积，是指小企业收到的投资者出资额超过其在注册资本或股本中所占份额的部分。

小企业用资本公积转增资本，应当冲减资本公积。小企业的资本公积不得用于弥补亏损。

第五十六条　盈余公积，是指小企业按照法律规定在税后利润中提取的法定公积金和任意公积金。

小企业用盈余公积弥补亏损或者转增资本，应当冲减盈余公积。小企业的盈余公积还可以用于扩大生产经营。

第五十七条　未分配利润，是指小企业实现的净利润，经过弥补亏损、提取法定公积金和任意公积金、向投资者分配利润后，留存在本企业的、历年结存的利润。

第五章 收 入

第五十八条 收入，是指小企业在日常生产经营活动中形成的、会导致所有者权益增加、与所有者投入资本无关的经济利益的总流入。包括：销售商品收入和提供劳务收入。

第五十九条 销售商品收入，是指小企业销售商品（或产成品、材料，下同）取得的收入。

通常，小企业应当在发出商品且收到货款或取得收款权利时，确认销售商品收入。

（一）销售商品采用托收承付方式的，在办妥托收手续时确认收入。

（二）销售商品采取预收款方式的，在发出商品时确认收入。

（三）销售商品采用分期收款方式的，在合同约定的收款日期确认收入。

（四）销售商品需要安装和检验的，在购买方接受商品以及安装和检验完毕时确认收入。安装程序比较简单的，可在发出商品时确认收入。

（五）销售商品采用支付手续费方式委托代销的，在收到代销清单时确认收入。

（六）销售商品以旧换新的，销售的商品作为商品销售处理，回收的商品作为购进商品处理。

（七）采取产品分成方式取得的收入，在分得产品之日按照产品的市场价格或评估价值确定销售商品收入金额。

第六十条 小企业应当按照从购买方已收或应收的合同或协议价款，确定销售商品收入金额。

销售商品涉及现金折扣的，应当按照扣除现金折扣前的金额确定销售商品收入金额。现金折扣应当在实际发生时，计入当期损益。

销售商品涉及商业折扣的，应当按照扣除商业折扣后的金额确定销售商品收入金额。

前款所称现金折扣，是指债权人为鼓励债务人在规定的期限内付款而向债务人提供的债务扣除。商业折扣，是指小企业为促进商品销售而在商品标价上给予的价格扣除。

第六十一条　小企业已经确认销售商品收入的售出商品发生的销售退回（不论属于本年度还是属于以前年度的销售），应当在发生时冲减当期销售商品收入。

小企业已经确认销售商品收入的售出商品发生的销售折让，应当在发生时冲减当期销售商品收入。

前款所称销售退回，是指小企业售出的商品由于质量、品种不符合要求等原因发生的退货。销售折让，是指小企业因售出商品的质量不合格等原因而在售价上给予的减让。

第六十二条　小企业提供劳务的收入，是指小企业从事建筑安装、修理修配、交通运输、仓储租赁、邮电通信、咨询经纪、文化体育、科学研究、技术服务、教育培训、餐饮住宿、中介代理、卫生保健、社区服务、旅游、娱乐、加工以及其他劳务服务活动取得的收入。

第六十三条　同一会计年度内开始并完成的劳务，应当在提供劳务交易完成且收到款项或取得收款权利时，确认提供劳务收入。提供劳务收入的金额为从接受劳务方已收或应收的合同或协议价款。

劳务的开始和完成分属不同会计年度的，应当按照完工进度确认提供劳务收入。年度资产负债表日，按照提供劳务收入总额乘以完工进度扣除以前会计年度累计已确认提供劳务收入后的金额，确认本年度的提供劳务收入；同时，按照估计的提供劳务成本总额乘以完工进度扣除以前会计年度累计已确认营业成本后的金额，结转本年度营业成本。

第六十四条　小企业与其他企业签订的合同或协议包含销售商品和提供劳务时，销售商品部分和提供劳务部分能够区分且能够单独计量的，应当将销售商品的部分作为销售商品处理，将提供劳务的部分作为提供劳务处理。

销售商品部分和提供劳务部分不能够区分，或虽能区分但不能够单独计量的，应当作为销售商品处理。

第六章　费 用

第六十五条　费用，是指小企业在日常生产经营活动中发生的、会导致所有者权益减少、与向所有者分配利润无关的经济利益的总流出。

小企业的费用包括：营业成本、营业税金及附加、销售费用、管理费用、财务费用等。

（一）营业成本，是指小企业所销售商品的成本和所提供劳务的成本。

（二）营业税金及附加，是指小企业开展日常生产经营活动应负担的消费税、营业税、城市维护建设税、资源税、土地增值税、城镇土地使用税、房产税、车船税、印花税和教育费附加、矿产资源补偿费、排污费等。

（三）销售费用，是指小企业在销售商品或提供劳务过程中发生的各种费用。包括：销售人员的职工薪酬、商品维修费、运输费、装卸费、包装费、保险费、广告费、业务宣传费、展览费等费用。

小企业（批发业、零售业）在购买商品过程中发生的费用（包括：运输费、装卸费、包装费、保险费、运输途中的合理损耗和入库前的挑选整理费等）也构成销售费用。

（四）管理费用，是指小企业为组织和管理生产经营发生的其他费用。包括：小企业在筹建期间内发生的开办费、行政管理部门发生的费用（包括：固定资产折旧费、修理费、办公费、水电费、差旅费、管理人员的职工薪酬等）、业务招待费、研究费用、技术转让费、相关长期待摊费用摊销、财产保险费、聘请中介机构费、咨询费（含顾问费）、诉讼费等费用。

（五）财务费用，是指小企业为筹集生产经营所需资金发生的筹资费用。包括：利息费用（减利息收入）、汇兑损失、银行相关手续费、小企业给予的现金折扣（减享受的现金折扣）等费用。

第六十六条　通常，小企业的费用应当在发生时按照其发生额计入当期损益。

小企业销售商品收入和提供劳务收入已予确认的，应当将已销售商品和已提供劳务的成本作为营业成本结转至当期损益。

第七章　利润及利润分配

第六十七条　利润，是指小企业在一定会计期间的经营成果。包括：营业利润、利润总额和净利润。

（一）营业利润，是指营业收入减去营业成本、营业税金及附加、销售费用、管理费用、财务费用，加上投资收益（或减去投资损失）后的金额。

前款所称营业收入，是指小企业销售商品和提供劳务实现的收入总额。投资收益，由小企业股权投资取得的现金股利（或利润）、债券投资取得的利息收入和处臲股权投资和债券投资取得的处臲价款扣除成本或账面余额、相关税费后的净额三部分构成。

（二）利润总额，是指营业利润加上营业外收入，减去营业外支出后的金额。

（三）净利润，是指利润总额减去所得税费用后的净额。

第六十八条　营业外收入，是指小企业非日常生产经营活动形成的、应当计入当期损益、会导致所有者权益增加、与所有者投入资本无关的经济利益的净流入。

小企业的营业外收入包括：非流动资产处臲净收益、政府补助、捐赠收益、盘盈收益、汇兑收益、出租包装物和商品的租金收入、逾期未退包装物押金收益、确实无法偿付的应付款项、已作坏账损失处理后又收回的应收款项、违约金收益等。

通常，小企业的营业外收入应当在实现时按照其实现金额计入当期损益。

第六十九条　政府补助，是指小企业从政府无偿取得货币性资产或非货币性资产，但不含政府作为小企业所有者投入的资本。

（一）小企业收到与资产相关的政府补助，应当确认为递延收益，并在相关资产的使用寿命内平均分配，计入营业外收入。

收到的其他政府补助，用于补偿本企业以后期间的相关费用或亏损的，确认为递延收益，并在确认相关费用或发生亏损的期间，计入营业外收入；用于补偿本企业已发生的相关费用或亏损的，直接计入营业外收入。

（二）政府补助为货币性资产的，应当按照收到的金额计量。

政府补助为非货币性资产的，政府提供了有关凭据的，应当按照凭据上标明的金额计量；政府没有提供有关凭据的，应当按照同类或类似资产的市场价格或评估价值计量。

（三）小企业按照规定实行企业所得税、增值税、消费税、营业税等先征后返的，应当在实际收到返还的企业所得税、增值税（不含出口退税）、消费税、营业税时，计入营业外收入。

第七十条　营业外支出，是指小企业非日常生产经营活动发生的、应当计入当期损益、会导致所有者权益减少、与向所有者分配利润无关的经济利益的净流出。

小企业的营业外支出包括：存货的盘亏、毁损、报废损失，非流动资产处臵净损失，坏账损失，无法收回的长期债券投资损失，无法收回的长期股权投资损失，自然灾害等不可抗力因素造成的损失，税收滞纳金，罚金，罚款，被没收财物的损失，捐赠支出，赞助支出等。通常，小企业的营业外支出应当在发生时按照其发生额计入当期损益。

第七十一条　小企业应当按照企业所得税法规定计算的当期应纳税额，确认所得税费用。

小企业应当在利润总额的基础上，按照企业所得税法规定进行纳税调整，计算出当期应纳税所得额，按照应纳税所得额与适用所得税税率为基础计算确定当期应纳税额。

第七十二条　小企业以当年净利润弥补以前年度亏损等剩余的税后利润，可用于向投资者进行分配。

小企业（公司制）在分配当年税后利润时，应当按照公司法的规定提取法定公积金和任意公积金。

第八章　外币业务

第七十三条　小企业的外币业务由外币交易和外币财务报表折算构成。

第七十四条　外币交易，是指小企业以外币计价或者结算的交易。

小企业的外币交易包括：买入或者卖出以外币计价的商品或者劳务、借入或者借出外币资金和其他以外币计价或者结算的交易。

前款所称外币，是指小企业记账本位币以外的货币。记账本位币，是指小企业经营所处的主要经济环境中的货币。

第七十五条　小企业应当选择人民币作为记账本位币。业务收支以人民币以外的货币为主的小企业，可以选定其中一种货币作为记账本位币，但编报的财务报表应当折算为人民币财务报表。

小企业记账本位币一经确定，不得随意变更，但小企业经营所处的主要经济环境发生重大变化除外。

小企业因经营所处的主要经济环境发生重大变化，确需变更记账本位币的，应当采用变更当日的即期汇率将所有项目折算为变更后的记账本位币。

前款所称即期汇率，是指中国人民银行公布的当日人民币外汇牌价的中间价。

第七十六条　小企业对于发生的外币交易，应当将外币金额折算为记账本位币金额。外币交易在初始确认时，采用交易发生日的即期汇率将外币金额折算为记账本位币金额；也可以采用交易当期平均汇率折算。

小企业收到投资者以外币投入的资本，应当采用交易发生日即期汇率折算，不得采用合同约定汇率和交易当期平均汇率折算。

第七十七条　小企业在资产负债表日，应当按照下列规定对外币货币性项目和外币非货币性项目进行会计处理：

（一）外币货币性项目，采用资产负债表日的即期汇率折算。因资产负债表日即期汇率与初始确认时或者前一资产负债表日即期汇率不同而产生的汇兑差额，计入当期损益。

（二）以历史成本计量的外币非货币性项目，仍采用交易发生日的即期汇率折算，不改变其记账本位币金额。

前款所称货币性项目，是指小企业持有的货币资金和将以固定或可确定的金额收取的资产或者偿付的负债。货币性项目分为货币性资产和货币性负债。货币性资产包括：库存现金、银行存款、应收账款、其他应收款等；货币性负债包括：短期借款、应付账款、其他应付款、长期借款、长期应付款等。非货币性项目，是指货币性项目以外的项目。包括：存货、长期股权投资、固定资产、无形资产等。

第七十八条　小企业对外币财务报表进行折算时，应当采用资产负债表日的即期汇率对外币资产负债表、利润表和现金流量表的所有项目进行折算。

第九章　财务报表

第七十九条　财务报表，是指对小企业财务状况、经营成果和现金流量的结构性表述。小企业的财务报表至少应当包括下列组成部分：

（一）资产负债表

（二）利润表

（三）现金流量表

（四）附注

第八十条　资产负债表，是指反映小企业在某一特定日期的财务状况的报表。

（一）资产负债表中的资产类至少应当单独列示反映下列信息的项目：

1. 货币资金

2. 应收及预付款项

3. 存货

4. 长期债券投资

5. 长期股权投资

6. 固定资产

7. 生产性生物资产

8. 无形资产

9. 长期待摊费用

（二）资产负债表中的负债类至少应当单独列示反映下列信息的项目：

1. 短期借款

2. 应付及预收款项

3. 应付职工薪酬

4. 应交税费

5. 应付利息

6. 长期借款

7. 长期应付款

（三）资产负债表中的所有者权益类至少应当单独列示反映下列信息的项目：

1. 实收资本

2. 资本公积

3. 盈余公积

4. 未分配利润

（四）资产负债表中的资产类应当包括流动资产和非流动资产的合计项目；负债类应当包括流动负债、非流动负债和负债的合计项目；所有者权益类应当包括所有者权益的合计项目。

资产负债表应当列示资产总计项目，负债和所有者权益总计项目。

第八十一条　利润表，是指反映小企业在一定会计期间的经营成果的报表。

费用应当按照功能分类，分为营业成本、营业税金及附加、销售费用、管理费用和财务费用等。

利润表至少应当单独列示反映下列信息的项目：

（一）营业收入

（二）营业成本

（三）营业税金及附加

（四）销售费用

（五）管理费用

（六）财务费用

（七）所得税费用

（八）净利润

第八十二条　现金流量表，是指反映小企业在一定会计期间现金流入和流出情况的报表。

现金流量表应当分别经营活动、投资活动和筹资活动列报现金流量。现金流量应当分别按照现金流入和现金流出总额列报。

前款所称现金，是指小企业的库存现金以及可以随时用于支付的存款和其他货币资金。

第八十三条　经营活动，是指小企业投资活动和筹资活动以外的所有交易和事项。小企业经营活动产生的现金流量应当单独列示反映下列信息的项目：

（一）销售产成品、商品、提供劳务收到的现金。

（二）购买原材料、商品、接受劳务支付的现金。

（三）支付的职工薪酬。

（四）支付的税费。

第八十四条　投资活动，是指小企业固定资产、无形资产、其他非流动资产的购建和短期投资、长期债券投资、长期股权投资及其处置活动。

小企业投资活动产生的现金流量应当单独列示反映下列信息的项目：

（一）收回短期投资、长期债券投资和长期股权投资收到的现金。

（二）取得投资收益收到的现金。

（三）处置固定资产、无形资产和其他非流动资产收回的现金净额。

（四）短期投资、长期债券投资和长期股权投资支付的现金。

（五）购建固定资产、无形资产和其他非流动资产支付的现金。

第八十五条　筹资活动，是指导致小企业资本及债务规模和构成发生变化的活动。小企业筹资活动产生的现金流量应当单独列示反映下列信息的项目：

（一）取得借款收到的现金。

（二）吸收投资者投资收到的现金。

（三）偿还借款本金支付的现金。

（四）偿还借款利息支付的现金。

（五）分配利润支付的现金。

第八十六条　附注，是指对在资产负债表、利润表和现金流量表等报表中列示项目的文字描述或明细资料，以及对未能在这些报表中列示项目的说明等。

附注应当按照下列顺序披露：

（一）遵循小企业会计准则的声明。

（二）短期投资、应收账款、存货、固定资产项目的说明。

（三）应付职工薪酬、应交税费项目的说明。

（四）利润分配的说明。

（五）用于对外担保的资产名称、账面余额及形成的原因；未决诉讼、未决仲裁以及对外提供担保所涉及的金额。

（六）发生严重亏损的，应当披露持续经营的计划、未来经营的方案。

（七）对已在资产负债表和利润表中列示项目与企业所得税法规定存在差异的纳税调整过程。

（八）其他需要在附注中说明的事项。

第八十七条　小企业应当根据实际发生的交易和事项，按照本准则的规定进行确认和计量，在此基础上按月或者按季编制财务报表。

第八十八条　小企业对会计政策变更、会计估计变更和会计差错更正应当采用未来适用法进行会计处理。

前款所称会计政策，是指小企业在会计确认、计量和报告中所采用的原则、基础和会计处理方法。会计估计变更，是指由于资产和负债的当前状况及预期经济利益和义务发生了变化，从而对资产或负债的账面价值或者资产的定期消耗金额进行调整。前期差错包括：计算错误、应用会计政策错误、应用会计估计错误等。未来适用法，是指将变更后的会计政策和会计估计应用于变更日及以后发生的交易或者事项，或者在会计差错发生或发现的当期更正差错的方法。

第十章　附则

第八十九条　符合《中小企业划型标准规定》所规定的微型企业标准的企业参照执行本准则。

第九十条　本准则自 2013 年 1 月 1 日起施行。财政部 2004 年发布的《小企业会计制度》（财会〔2004〕2 号）同时废止。